◎国家自然科学基金项目（72171207）

◎教育部人文社会科学规划基金项目（19YJA630030）

网约车新政下利益相关者的博弈行为分析及监管机制

Study on Game Behaviors and Regulatory Mechanism of Stakeholders in China Based on New Policies of Ride-sourcing Services

◎雷丽彩 高 尚 著

中国矿业大学出版社

China University of Mining and Technology Press

· 徐州 ·

图书在版编目（CIP）数据

网约车新政下利益相关者的博弈行为分析及监管机制 /
雷丽彩，高尚著 . —徐州：中国矿业大学出版社，2022.8

ISBN 978-7-5646-5443-6

Ⅰ.①网… Ⅱ.①雷… ②高… Ⅲ.①出租汽车－旅
客运输－交通运输管理－研究－中国 Ⅳ.① F572.7

中国版本图书馆 CIP 数据核字 (2022) 第 112843 号

书　　名	网约车新政下利益相关者的博弈行为分析及监管机制	
	Wangyueche Xinzheng xia Liyi Xiangguanzhe de Boyi Xingwei	
	Fenxi ji Jianguan Jizhi	
著　　者	雷丽彩　高　尚	
责任编辑	章　毅　徐　玮	
出版发行	中国矿业大学出版社有限责任公司	
	（江苏省徐州市解放南路 邮编 221008）	
营销热线	(0516)83884103　83885105	
出版服务	(0516)83995789　83884920	
网　　址	http://www.cumtp.com　**E-mail**: cumtpvip@cumtp.com	
印　　刷	湖南省众鑫印务有限公司	
开　　本	710 mm×1000 mm　1/16　印张 16.5　字数 255 千字	
版次印次	2022 年 8 月第 1 版　2022 年 8 月第 1 次印刷	
定　　价	98.00 元	

（图书出现印装质量问题，本社负责调换）

雷丽彩　管理学博士，毕业于南京大学工程管理学院，湘潭大学商学院教授，博士生导师，湖南省普通高校青年骨干教师。主要研究方向为行为运作管理、信息系统与电子商务。先后主持国家自然科学基金青年项目和面上项目、教育部人文社科项目、湖南省教育厅优秀青年项目和中国博士后科学基金面上资助项目（一等资助）等。先后在《系统工程理论与实践》《中国软科学》《管理科学》以及*Electronic Commerce Research*等国内外核心期刊发表学术论文多篇。

高　尚　南京大学工程管理学院博士生，国家公派法国 IESEG 管理学院访问学者。主要研究方向为项目管理、行为决策理论及其在经济管理中的应用。参与国家自然科学基金项目、教育部人文社科项目以及华为项目管理技术标准研究咨询合作项目多项。在《管理工程学报》《系统管理学报》《预测》以及 *Electronic Commerce Research*、*Transport* 等国内外核心期刊发表学术论文多篇。

前　言

随着全球信息技术的快速发展和"互联网+"时代的到来，在共享经济蓬勃发展的浪潮下，网约车应运而生。网约车经营服务，也叫互联网专车服务，在交通运输部等联合发布的《网络预约出租汽车经营服务管理暂行办法》（交通运输部 等，2016）（下文简称为"网约车新政"）中被定义为"以互联网技术为依托构建服务平台，整合供需信息，使用符合条件的车辆和驾驶员，提供非巡游的预约出租汽车服务的经营活动"。网约车新政中将巡游出租车和预约出租车都归类为出租汽车，所谓的巡游出租车近似于传统"扬手即停"的出租车，而预约出租车的方式包括网络预约和电话预约，目前以网络预约为消费常态，本书中的网约车特指网络预约出租车。

网约车市场是一个典型的双边市场，市场中形成了一个以网约车平台为中介，联结司机和乘客的三位一体的商业生态系统，三者相互依赖、相互影响。而网约车新政的正式实施以及垄断巨头的酝酿诞生，意味着网约车行业面临更多的行政许可和更少的补贴，同时也为各个利益相关者提供了进行博弈的多重可能性，触发网约车行业多元利益相关者的新一轮自主博弈。因此，在网约车新政实施的背景下，研究我国网约车利益相关者之间错综复杂的博弈关系和系统演化机理，对于更好地推进城市交通供给侧结构性改革、探索分享经济时代政府监管方式的创新路径，以及贯彻"十三五"规划中积极发展分享经济的目标具有重要的现实意义。

为了正确认识网约车新政的正式实施对我国网约车利益相关者之间博弈关系和市场均衡的影响，进一步分析我国网约车利益相关者的有限理性行为特征，以便找出其在决策活动时的系统性规律，减少非理性决策行为，促进我国网约车安全监管的理性决策和可持续发展。在此过程中，我们以行为决策理论为基础，探讨符合客观实际的决策行为机制，并研究由此产生的出租车市场均衡形成机制以及城市交通系统的演化过程。从分析网约车平台、司机和乘客等个体的利益诉求和行为特征出发，自下而上地研究网约车市场中多个利益相关者之间的利益冲突和博弈关系。在此基础上，考虑主体的有限理性行为特征，并进一步探讨这些特征对我国网约车市场的均衡和利益相关者之间博弈关系的影响。最后从宏观层面探究整个出租车市场中网约车与传统出租车的博弈关系，为我国网约车监管和城市交通规划、管理和控制策略的制定提供更合理的分析视角和科学的决策依据。

然而，近几年关于网约车市场运营管理的研究主要是从理论探讨和案例分析角度出发，大多停留在定性的描述和推理阶段，而将定量分析方法应用于网约车市场的研究还比较少见，缺少对该问题更为细致的定量分析及操作措施的可行性解释。关于网约车涉及的多元利益相关者之间错综复杂的博弈关系的研究也长期以来被政府管理部门和学术界所忽略，尚未引起足够的重视，而且已有的与网约车相关的定量模型和方法绝大部分是建立在绝对理性假设下的传统期望效用理论的评价体系之上，不能真实地反映有限理性下网约车利益相关者的决策行为。

因此，本书针对我国网约车运营和监管实践中多元利益相关者的自主博弈关系，基于有限理性视角，采用理论推演与计算实验相结合的研究手段，综合运用行为决策理论和博弈理论等分析方法来探究在我国文化、历史与体制情景下网约车利益相关者的有限理性博弈行为。主要研究工作包括：系统地梳理了网约车市场利益相关者的博弈关系，从而为建立网约车市场运营管理中平台、司机和乘客的博弈模型打下理论基础。鉴于现实网约车市场中决策主体存在有限理性特征，研究可以进一步推广到考虑有限理性行为的博弈模型，并深入探讨网约车市场与传统出租车市场之间的竞争与合作博弈关系，以解决实际问题。

　　本书在揭示网约车新政正式实施的复杂情景下利益相关者的个体行为特征和探析利益相关者的决策行为准则方面可望有一定的突破，这不仅对于丰富行为博弈的理论和方法、揭示与解释网约车市场均衡的自组织演变规律有着重要的理论意义和学术价值，同时也为我国网约车安全监管、交通规划、管理和控制策略的制定提供新的分析视角和决策依据。

冯丽彩

2022年6月

目　录

第1章 绪 论

1.1 选题背景及意义

出行打车难、司机违约拒载加价、车站机场排起长队等现象在交通出行市场屡见不鲜，不少城市居民面临着出行难的问题，但打车难也给出行市场带来了新的商机。近年来，随着全球信息技术的快速发展和"互联网+"时代的到来，网络化潮流正在席卷全世界，以Airbnb、Uber（国内称优步）和滴滴出行为代表的共享经济（sharing economy）迅速崛起，使人们生活的各个方面都受到巨大的影响，城市居民的交通出行领域也不例外（Cohen et al.，2014；Ganapati et al.，2018）。在共享经济之风的劲吹下，网约车[①]也应运而生。根据唐维红等（2022）发布的《中国移动互联网发展报告（2022）》，截至2021年12月，我国网约车用户规模增至4.53亿，网约车出行已成为城市居民出行的重要方式。作为网约车行业的代表性企业——滴滴出行，根据滴滴出行递交的IPO招股书显示，截至2021年滴滴出行在我国的年活跃用户达到3.77亿，年活跃司机达1 300万。作为一种创新的共享经济模式和O2O（online to office）商业模式，围绕网约车平台、司机和乘客的网约车模式在供给、需求、环境和技术等一系列综合要素的共同作用下迅速发展壮大（网约车模式的要素框架图如图1-1所示）。

---

① 网约车经营服务，也叫互联网专车服务，在交通运输部等联合发布的《网络预约出租汽车经营服务管理暂行办法》中被定义为"以互联网技术为依托构建服务平台，整合供需信息，使用符合条件的车辆和驾驶员，提供非巡游的预约出租汽车服务的经营活动"。

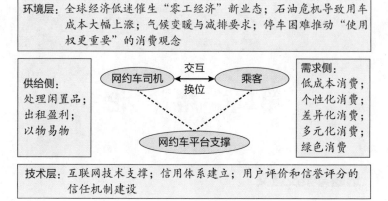

图1-1　网约车模式的要素框架图

作为互联网企业探索服务行业 O2O 的先行领域，网约车从出现伊始，在深刻影响城市整体交通状况、城市居民出行方式以及司机生活的同时，也对原有的以特许经营为基础的传统出租车行业造成了巨大的冲击，在全世界都引发了广泛的关注、争议和冲突。2010年，以易到用车等为代表的网约车平台公司相继成立。随着2014年优步进入中国，快的打车、滴滴出行、优步等网约车平台公司在短短一年时间内迅速发展壮大。为了规范网约车运营，从2014年下半年开始，北京、上海、广州、成都、济南等地针对滴滴出行和优步等网约车公司平等开展一系列严格的执法行动；然而，2015年5月，上海市交通委员会突然宣布与滴滴出行合作研究网约车试点方案。在全国各地围绕网约车的合法性及其监管路径的博弈日趋激烈的环境下，2016年7月27日，交通运输部联合公安部等七部门正式公布了《网络预约出租汽车经营服务管理暂行办法》[①]，网约车获得"合法身份"；同年8月1日，滴滴出行和优步宣布合并，而后，各地网约车细则也相继公布。2018年5月14日，交通运输部发布了《交通运输部关

[①]《网络预约出租汽车经营服务管理暂行办法》是为更好地满足社会公众多样化出行需求，促进出租汽车行业和互联网融合发展，规范网络预约出租汽车经营服务行为，保障运营安全和乘客合法权益，由交通运输部、工业和信息化部、公安部、商务部、工商总局、质检总局、国家网信办于2016年7月27日颁布的法规，自2016年11月1日起实施。

于印发〈出租汽车服务质量信誉考核办法〉的通知》[①]，网约车行业正式纳入服务质量信誉考核，明确运输安全和服务质量的底线。2019年全国两会提出进一步落实政府规制和平台管制[②]。2019年12月28日，交通运输部公布《交通运输部 工业和信息化部 公安部 商务部 市场监管总局 国家网信办关于修改〈网络预约出租汽车经营服务管理暂行办法〉的决定》，对2016年颁布的网约车新政进行第一次修正（交通运输部 等，2020）。2022年11月30日，交通运输部公布《交通运输部 工业和信息化部 公安部 商务部 市场监管总局 国家网信办关于修改〈网络预约出租汽车经营服务管理暂行办法〉的决定》，对2016年颁布的网约车新政进行第二次修正（交通运输部 等，2022）。

网约车新政的出台以及垄断巨头的孕育诞生，意味着网约车行业将面临更多的行政许可和更少的补贴，同时也将触发网约车行业的利益相关者，如乘客、司机与网约车平台以及传统出租行业的新一轮自主博弈。首先，从司机角度来看，由于网约车所具有的"共享经济"本质，司机不用像出租车司机一样面对严格的准入管制，也不需要向出租车公司缴纳"份子钱"，因此吸引了大批尝鲜者。然而，网约车新政的出台虽然使司机获得了"合法身份"，但是他们也面临更加严格的监管和限制条件；同时，网约车平台的补贴力度降低使得很多司机还没来得及享受共享经济的成果，就被推向去与留的十字路口。其次，从乘客方面来看，网约车新政的实施保证乘客能获得更为安全、可靠的服务，乘客出行的满意度和质量得到大幅度提升，但是乘客也面临着出行成本上涨的压力。在网约车新政实施和垄断巨头诞生的背景下，乘客对网约车平台或App

---

① 《交通运输部关于印发〈出租汽车服务质量信誉考核办法〉的通知》旨在建立完善出租汽车行业信用体系，提升出租汽车服务水平，促进出租汽车行业持续健康发展，更好地满足旅客高品质、多样化、个性化出行需求，切实增强人民群众获得感、幸福感和安全感。其中，出租汽车企业含巡游出租汽车企业和网络预约出租汽车经营者，驾驶员含巡游出租汽车驾驶员和网络预约出租汽车驾驶员。

② 2019年3月5日，在第十三届全国人民代表大会第二次会议上，交通运输部部长李小鹏在"部长通道"上提出"政府要加强监管责任，企业要履行好主体责任"。

的使用意愿将如何变化？再次，从传统出租车行业的角度来看，传统出租车行业将网约车服务作为直接竞争对手，认为网约车服务对传统出租车行业构成极大的威胁，使得曾经能够靠驾驶出租车来维持生计的巡游出租车司机如今面临与网约车司机竞争的困境。因此，在网约车新政实施的背景下研究我国网约车行业利益相关者之间的博弈关系，可为政府有关部门制定相应的监管措施提供更好的决策支持，具有比较重要的现实意义。

交通出行系统是完全的不确定性系统，受到信息获取、个体的认知能力、价值趋向、风险偏好、心理预期、动机态度以及人际互动等复杂因素的综合影响，制约了决策者完全理性地按照效用最大化的理论模型做出行决策（张波等，2013）。在不确定和不可控的环境下，网约车利益相关者的非理性因素，如损失规避、风险偏好、锚定效应和过度自信等心理特征，特别是认知、情感与偏好、学习与能力等对网约车利益相关者的演化博弈过程和结果存在显著的影响，使得其决策和行为往往与理论指导的要求相去甚远，甚至可能背道而驰。而且，国内外现有关于网约车的研究多集中于探讨网约车合法化及其安全监管的法律问题，并且这些研究大多停留在定性描述和推理阶段，而定量分析的研究结论则绝大部分是建立在基于绝对理性假设的传统期望效用理论的评价体系之上的。所谓绝对理性假设是指面临决策时，假设决策者对决策问题有完全清晰的认知、明确的目标、无限的认知能力、明确稳定的偏好等等。这使得传统的网约车规制博弈理论与方法的研究也都是基于这样的假设基础上的。

然而，随着行为决策理论（behavioral decision theory）的发展和实践，许多实验研究结论表明，在不确定性条件下，人们的决策行为呈现有限理性的特征（Simon，1955）。为了更贴近现实，在网约车新政实施背景下考虑我国网约车市场利益相关者的有限理性行为特征，探究它们作为影响网约车市场可持续发展的重要因素，能进一步发挥现有网约车运营和监管实践的作用。本书在决策主体有限理性的假设下，从决策者认知与心理特征这样一个独特的视角来考察网约车新政实施背景下我国网约车利益相关者之间的演化博弈关系，其中主要探讨网约车利益相关者可能存在的有限理性心理与行为特征，以及其对演化博弈结果和最优决策的影响机理。这符合我国网约车利益相关者实际的决策行为，也符合当今决策科学理论发展的趋势。

另外，国内外现有的关于网约车市场运营管理的研究缺少对利益相关者有限理性行为特征的考量，并且对基于网约车市场多元利益相关者博弈关系的定量仿真模型的采用尚处于起步阶段，但结合有限理性行为的模型化研究方法已经逐渐成为发展趋势。因此，针对我国网约车安全监管的定量研究以及行为决策理论研究成果较为薄弱的现状，本书从决策主体的有限理性行为特征出发，分析影响我国网约车市场均衡和利益相关者之间博弈关系的因素，进而构建符合我国国情的科学合理的网约车监管及规范机制，为"互联网＋"时代网约车的运营监管实践提供可借鉴的方法和建议，具有较为重要的理论和实践意义。

1.2 国内外研究现状及发展动态分析

网约车从兴起之初，就引起了媒体和社会大众的广泛关注和争议，也是学者们讨论的热点问题之一。纵观国内外文献，关于"互联网＋"时代的传统出租车和网约车运营监管和规制路径的研究已经有一定的积累，近几年关于网约车出行行为的研究也已经取得了较大的进展。但是总体上，关于网约车监管的研究大多停留在定性的描述和推理阶段，缺乏针对该问题的更为细致的定量分析及操作措施的可行性解释，关于网约车多元利益相关者之间错综复杂的博弈关系的研究更是长期以来被政府管理部门和学术界所忽略，尚未引起足够的关注。因此，为了正确认识有限理性行为特征对网约车利益相关者博弈关系和结果的影响，以便找出网约车利益相关者在决策活动中的系统性规律，减少或消除非理性决策行为，促进我国网约车行业的理性决策和可持续发展，需要对我国网约车众多利益相关者的认知、动机、学习与能力等有限理性行为特征及其对博弈关系和结果的影响机理进行深入的研究，才能设计出科学有效的网约车监管机制。本书的研究不仅可以丰富有限理性博弈的理论和方法，同时也可为我国网约车的监管实践提供可资借鉴的决策方法和建议，对我国网约车行业的稳定发展具有重要的理论价值和实践意义。

1.2.1　网约车监管和发展路径的研究现状

1.2.1.1　网约车发展策略的研究现状

在共享经济时代，网约车行业的迅速崛起给网约车平台还有司机都带来了机遇，也给乘客乃至整个社会都带来了巨大的福利，但在获得巨大发展的同时网约车市场也面临着新一轮的运营难题，即网约车平台在为人们带来便利服务的同时，也需要进一步考虑网约车普及带来的运营管理问题，以及如何借鉴或是探索一条适合我国网约车市场发展的路径。

关于网约车市场发展策略的研究已经有大量的成果。Chihiro 等（2016）以优步发展轨迹为例，分析了共享经济平台生态系统架构的制度因素，并提出了网约车行业的社会、经济和技术这三大趋势的共同演化模式。雷切尔·博次蔓等（2015）以 Uber 为例介绍了互联网思维下的协同消费商业模式。谈婧（2018）从分享经济的角度介绍了优步在中国市场的实战经验与故事。Wirtz 等（2016）对 Uber 在美国的发展以及在全球内的扩展进行了回顾，并分析了优步在中国市场与滴滴出行竞争的问题，认为滴滴出行更理解当地市场的需求，并可以有效地为消费者提供差异化服务。

也有相关学者对网约车的定价策略进行了研究，常缨征（2014）分析了网约车平台采取价格战策略的原因。耿磊（2015）基于双边市场理论，构建了以网约车平台为中介的司机和乘客双边市场的定价模型，并引入广告商，研究拓展多边市场的定价问题。杨浩雄等（2016）在平台价格补贴的背景下建立了网络约车与出租车的竞争博弈模型，并分析了平台价格补贴变化对网络约车与出租车的价格、市场需求和利润的影响。卢珂等（2018a）考虑了用户对网约车的服务质量偏好，并运用双边市场理论的研究方法，对网约车平台的定价策略问题进行了数值仿真和分析。杨浩雄等（2020）通过引入复杂系统理论进行了仿真实验，发现使用适当的网约车价格可以缓解交通拥堵，而提高价格不一定会增加交通拥堵。赵道致等（2020）将用户等待时间视为衡量网约车服务质量的指标，探讨了不同服务质量下网约车与传统出租车共存的条件以及均衡定价策略。孙中苗等（2021）对不同竞争情形下的网约车平台动态定价模型进行了讨论分析。彭向等（2021）利用生灭过程理论和排队论，建立了司机与乘客的供需函数，并引入静态定价和动态定价两种策略，考虑平台的不同定价策略对社会福利产生的影响。

关于网约车市场运营模式的问题，曹祎等（2016）研究了网约车平台背景下出租车运营的网络均衡问题，以及出租车运营速度等微观问题，进一步研究了网约车平台使用率对社会福利产生的影响。Ramezani 等（2018）提出了一个网络规模的出租车调度模型，考虑到正常的交通流量和出租车动态的相互影响，以匹配空出租车和等候的乘客。Barann 等（2017）开发了一对一的 TRS（taxi ridesharing）方法，匹配具有类似起点和终点的乘车模式，并通过分析开放性的数据集来评估他们的方法。周乐欣等（2020）设计了乘客和司机分别进行报价的网约车平台双边报价交易机制以实现乘客与司机的自由匹配。

1.2.1.2　网约车合法化问题的研究现状

网约车服务合法化已经引发了很大的争议，网约车服务作为传统出租车行业的直接竞争对手，被出租车行业认为是一种违背现行法律和不公正竞争的非法运营服务。有相关文献提出网约车服务对传统出租车行业构成威胁（Lobel，2016）。也有文献提出反对网约车服务并不是针对一个行业总体上的经济衰退而言的，而是指曾经能够靠驾驶出租车来维持生计的出租车司机如今面临与网约车司机竞争的困境（Rubinstein，2014；Perez，2016）。当前大量的研究指出，出租车行业垄断地位的打破有助于市场良性竞争。网约车平台具有高效可靠的匹配机制、定价机制以及评级体系，与出租车不同，网约车服务能够更有效地利用和安排车辆资源，表现出明显的效率优势，尤其是在缩短等候时间及降低搜寻成本方面（Rayle et al.，2016）。有部分文献的研究成果表明，网约车服务带来了潜在的收益：司机进入网约车市场，可以获得潜在收入，对消费者而言可节约一定的出行成本，带来潜在储蓄，以前为停车预留的城市空间资源得以保护，盘活了更多的闲置资源（私家车）等 (Rogers, 2015)。也有学者认为如果规划人员和监管机构认识到网约车市场的前景，网约车可能将构成城市公共交通的一个重要组成部分（Austin et al., 2012；King et al., 2016）。Jin 等（2018）系统回顾了现有文献中网约车对城市的发展效率、公平性和可持续性的影响，并提出网约车对经济效率有一个积极的影响。De Souza Silva 等（2018）根据巴西的立法，分析了个体接入网约车服务的法律问题，提议巴西政府立法将网约车服务禁止或合法化，并提出了到底是赋予网约车服务公共属性还是私人属性的问题。石晓阳等（2020）利用中国276个地级市2004—2017年的数据，研究发现网约车在一定程度上会对公共交通起到替代作用，而明确网约车服务合法化可以减弱这种作用，反过来可促进公共交通的使用。袁韵等（2020）根据成都市"滴滴出行"网约车的使用和空气质量数据，研究交通拥堵与空气污染的关系，结果显示两者之间存在一种动态平衡的、双向的交互影响机制。Xiang 等（2019）研究发现通过增强最后一公里的交通出行方式，网约车服务作为公共交通的补充，可以有效地缩短人们的出行时间，改善公共交通运输系统。

网约车平台合法性问题包括网约车平台在市场中的合法地位，以及合法化所衍生的保险法律问题、市场监管问题、对传统出租车的冲击问题和相关政策制定问题等。网约车平台在市场中的合法地位一直备受争议。张学军（2016）认为，应该承认"专车"服务的合法地位。Herbert（2016）探讨了女性专用打车软件的合法性问题。也有学者对网约车平台合法化后面临的问题进行了研究。Davis（2015）对优步等形式的保险的法律问题进行了研究。刘慧萍等（2015）认为网约车风险变化需要保险保障，网约车的地位属性影响其保险策略并且会推动保险创新；通过进一步分析营利性和非营利性网约车的保险困境，认为应赋予网约车合法的地位，并从准入制度、保险期限及险种、保险费率等方面对网约车保险立法进行了研究。刘连泰（2017）提出网约车合法化克减了原有出租车营运牌照持有人的财产权，破坏了原有出租车投资者基于公平竞争权的合理投资预期，构成对原有出租车营运牌照的管制性征收，使原有出租车经营者的利润遭受冲击。华忆昕等（2020）探讨了在网约车平台并购情境下出租车市场福利的变化，提出传统巡游出租车应抓住机遇实现与网约车的技术融合，促进社会福利增长。

2016年7月交通运输部出台文件确定了网约车的合法地位。但与此同时，各地方在具体执行及地方性法规的制定中仍然需要进一步研究。2016—2017年各大城市纷纷出台网约车管理办法，其中北京、上海、天津等城市都对网约车司机的户口、车辆的牌照及规格做了严格限制，以降低网约车数量激增造成的交通拥堵、环境污染以及对传统出租车行业的冲击等外部性影响（甄艺凯，2017）。2016年12月21日，北京市交通委员会联合多部门发布了《北京市网络预约出租汽车经营服务管理实施细则》（以下简称《细则》），《细则》内容涵盖了网约车平台公司、驾驶员、车辆许可条件、网约车经营服务申请办理流程、网约车经营许可审核、网约车经营规范、网约车监督检查和法律责任等多方面的具体管理制度。网约车的合法地位及由网约车出行所引起的相关法律问题，已经引起了学术界及实践界的广泛讨论。当前，由网约车出行所引起的违法犯罪行为时有发生，因此有必要对网约车运营中所涉及的法律问题进行深入研究。

1.2.1.3　网约车市场规制政策的研究现状

随着我国经济的高速发展，网约车市场迅速兴起，网约车服务在方便公众出行、降低营运成本的同时，也带来价格秩序混乱、安全隐患增多等问题。而政府相关部门对于网约车市场的监管就显得尤其重要。政府相关部门应该加强网约车管理中的法律规范建设，完善网约车的政府监管体系，在政策制定时既要鼓励创新又需要考虑网约车平台、司机以及乘客的利益。当前在网约车平台规制政策方面的研究主要包括规制政策评价、政策制定思路、具体规制政策建议，以及对出租车市场管制的思考等。

网约车市场规制的相关研究也已经产生了大量的成果。针对网约车的市场准入规制问题，有学者提出美国和加拿大的大多数城市更偏向于"特许经营权"形式的直接准入规制，而欧洲国家则通过更严格的资质审查（质量规制）形成间接准入规制（Aquilina，2011）。侯登华（2015）在阐述网约车经营模式和发展阶段的基础上，比较并分析了新加坡、美国、英国和法国等不同国家对网约车的监管路径。周丽霞（2015）全面介绍了优步的运营模式，提出了借鉴美国对 Uber 的监管经验，从准入条件、司机要求、车辆要求、保险服务和隐私保护等方面对网约车进行管理。王静（2016）从法律的角度探讨了网约车的安全监管及其规制范式。Flores 等（2017）对加利福尼亚州旧金山的案例进行研究，考察政府如何对网约车进行监管。张米宁（2019）以英国伦敦市为例，对 Uber 在伦敦的发展与监管进行了深入研究，总结归纳其经验对中国网约车市场监管的启示。任佳艺等（2020）通过借鉴美国网约车发展中的规制经验并结合本国国情，提出了政府 - 网约车平台相互协作的动态合作监管体制。黄庆余（2020）基于公共运营商视角，认为平台应加强对网约车司机的监管，而政府应把监管重心由限制平台司机资质转移至事后监管。曹磊（2020）主要从法律角度出发，分析了地方政府对网约车市场监管的规制措施与完善路径。陈昭（2021）从动态演化视角出发，以网约车市场为例，剖析了新兴产业监管模式演化的路径和特征，并对其内在机制和深层逻辑进行了探讨。

另外，也有学者研究了政府监管所带来的经济效应（Noble，2014）。Çetin 等（2013）通过实证研究表明政府监管对纽约出租车市场的消极影响，政府监管通过提高出租车市场的牌照价格，进而引发出租车公司垄断租金的形成，以及出租车费用上涨的一系列负面的连锁反应。Bengtsson（2015）设计实验验证政府管制对出租车市场运行效率的影响，实验结果表明政府管制下的非正式协议能提高成本效率，如出租车"一口价"情景下，出租车司机会选择最短的路线，从而避免因绕道产生的时间、汽油等成本，实现帕累托改进。Schneider（2015）针对洛杉矶、纽约、芝加哥等城市将 Uber 视为对现有交通体系的威胁，认为政府监管机构需对国家交通体系进行长期规划，将网约车作为现代公共交通服务发展的机会。郑华良等（2020）以 Q 市出租汽车规制为例，研究发现基于政府支持共享经济和信息技术广泛应用的背景下，网约车规制中政治型、市场型、管理型交易费用都在降低。王仁和等（2020）通过过程追踪法进行案例分析，提出了以"挑战－应对"为特征的网约车行业监管模式，并认为此种模式能够有效促进技术和商业模式创新。

　　还有学者重点探讨了网约车新政出台后政府对网约车的监管问题，提出"一般许可"和"政＋企监管"的监管路径更符合网约车发展前景（杨星星 等，2016；邹伶媛，2016）。罗清和等（2016）运用博弈方法比较分析了政府对网约车采取不同规制策略后的市场结果，在总结西方发达国家"规制（regulation）-放松规制（deregulation）- 再规制（reregulation）"的经验基础上，提出了适合我国国情的网约车监管路径选择。宋心然等（2017）采用成本收益分析方法对北京市网约车规制细则进行了分析，认为北京市网约车规制立法成本过高，收益相对有限，应当调整相关规制立法，探索符合网约车行业特点的规制模式。吴艳（2017）在网约车新政的背景下以网约车规制为例，研究了"互联网＋"的政府规制逻辑，通过实定法依据与辅助性原则进行合法性与正当性论证，得出了政府规制的必要性。陈越峰（2017）以网约车规制为例，提出了"互联网＋"的规制难点在于通过"互联网＋"形成的新业态、新模式所引发的规制问题，各种业态错综复杂，并非简单套用传统业态的规制框架就能解决的。也有学者考虑到政府监管的局限性，提出了在网约车平台和政府监管部门的演化博弈模型中加入媒体，探究媒体的第三方监督作用，引导网约车行业健康发展（付淑换 等，2020）。

1.2.1.4　网约车对居民出行行为和城市交通影响的研究现状

　　Chihiro 等（2016）认为，网约车是出租车行业的"颠覆性创新"，其影响不亚于一次革命。网约车平台的出现对城市交通产生了很大影响，主要体现在对居民出行方式的选择、城市交通的拥堵程度，以及对出租车市场的冲击等方面。如何处理网约车与传统出租的利益冲突关系？如何弥补网约车的管理漏洞，如何改善网约车引起的城市拥堵等问题？国内外已经有不少学者利用问卷调研来探究网约车服务对居民出行行为的影响。Rasouli 等（2014）通过问卷调研，比较分析了网约车和传统出租车在用户体验方面的差异，指出了使用网约车的用户群体往往更年轻、结伴出游的频率也更高，对大多数乘客而言，价格是毫无争议的首要维度，安全和等待时长为并列第二的考虑要素。Chen（2015）通过在匹兹堡进行的一项调查，研究比较了传统运输服务与新型网约车服务之间的用户差异，并确定网约车出行用户的态度和出行习惯。Dawes（2016）调查了美国人对 Uber 等平台的态度感知，研究了人们对平台和技术的态度、对城市规制的观点以及使用平台的原因，并对平台在其出行方式选择中的比重进行了调查。Rayle 等（2016）对旧金山的专车使用情况进行调查，关注了专车服务的使用者特征。刘凯强等（2016）以合肥市为例，通过访谈方法研究了网约车对出租车市场的影响。杨建春等（2020）在考虑顾客心理契约并结合客户生命周期的情境下设计问卷，研究比较了不同阶段网约车用户心理契约的特点。左文明等（2020）以价值共创理论为核心设计问卷进行调研，指出了用户在使用网约车服务过程中感受到的省时、便利和愉悦越大，他们使用网约车服务的频率越可能增加。杨偲琪等（2021）基于用户感知理论，对7个代表性省份的网约车用户进行了调查，发现用户选择网约车服务时的偏好排序依次是价格、乘坐体验和安全性。

除此之外，也有学者利用博弈理论、回归分析等数学工具建构数学模型来定量分析解决网约车市场的运营问题。尹贻林等（2016）从博弈理论的角度探讨了新兴移动打车软件对我国传统出租车市场均衡的影响，并按照乘客对移动打车软件不同的接受程度，比较分析了移动打车软件自身的发展前景。度巍等（2016）通过构建出租车运营市场仿真模型，分析了存在打车软件服务的情况下出租车司机载客与乘客的打车行为。周溪召等（2018）探究打车软件对乘客打车行为的影响，揭示了使用打车软件是否改变乘客候车时间长短的变化规律，并基于路网混合随机均衡模型理论，进一步构建了基于弹性需求的打车软件随机用户均衡模型。崔航等（2017）构建了城镇居民出行需求系统动力学模型，仿真模拟居民出行需求的变化，同时将网约车相关数据与其他公共交通数据进行对比分析，发现网约车的出现丰富了城镇居民的出行方式，也在一定程度上替代了部分出租车需求，并使居民的出行消费理念发生改变。Contreras等（2017）利用多项线性回归分析，并使用多模态时间序列的出行数据集来估计网约车对内华达州拉斯维加斯市的出租车行业的影响。Qian等（2017）通过建立网约车市场利益相关者的Stackelberg博弈模型，证实了网约车司机和乘客之间的确存在机会主义的寻租行为，并论证了网约车市场竞争中均衡点的存在性问题。袁亮等（2018）基于Logistic模型分析了城市居民打车出行时对于网约车与出租车的选择意愿及其影响因素。于跃等（2019）基于演化博弈理论的分析方法，考虑乘客出行效用和出行成本两个维度，构建了乘客出行方式选择行为的演化博弈模型。Sun等（2019）构建了政府和网约车平台的演化博弈模型，为政府如何有效管制网约车市场提供了理论参考。Marquet（2020）采用截断泊松回归模型对芝加哥市的网约车出行数据进行了分析，发现地区可步性、到公交站点的距离与网约车需求呈正向相关关系，认为网约车在一定程度上能够对公共交通供应起到补充作用。还有学者从居民通勤视角出发，基于非对称演化博弈模型，构建了合乘共享情境下的车主与乘客的出行收益函数并进行仿真模拟，为平台和政府发展顺风车业务提出了建议（于跃 等，2021）。

从研究成果来看，关于网约车市场运营问题的研究大多采用理论探讨和案例分析方法，停留在定性的描述和推理阶段，而定量分析的研究结论则绝大部分是建立在基于绝对理性假设下的传统期望效用理论的评价体系之上的，缺乏符合客观实际的网约车安全监管问题的操作措施，关于网约车涉及的多元利益相关者之间错综复杂的博弈关系的研究也长期以来被政府管理部门和学术界所忽略，尚未引起足够的关注。

1.2.2　不确定条件下的个体有限理性行为及其应用的研究现状

行为决策是近年来经济管理领域最前沿的研究方向之一，一些无法用传统理论解释的行为和现象，运用行为决策理论都可以得到较好的解释。饶育蕾等（2010）把导致行为偏差的心理因素分解为个体认知偏差、个体心理偏差及群体心理偏差等类型，以便人们更加内在地认识自身行为背后的心理动因（饶育蕾 等，2010）。我们采用饶育蕾等的方法对决策者的心理因素进行分类：首先，在个体认知偏差方面，针对投资者的情感偏差问题，林树等（2010）通过心理学实验揭示投资者的情绪波动与交易行为之间的规律性关系，研究表明在极端的市场环境下，交易行为的"非理性"和"过分理性"具有显著的不对称性。Meissner 等（2013）通过实验研究了情境规划（scenario planning）方法和决策质量以及框定偏差（framing bias）之间的关系，表明与其他的战略规划工具相比，情境规划法能有效减少和消除决策者的框定偏差。李广海（2007）认为决策个体的部分认知偏差源于其意识深处的思维惯性，如习惯性地遵循以前的思路来思考和解决问题。Jones 等（2000）指出顾客对产品的选择习惯可成为产品转换障碍。Morgan 等（1994）认为转换成本可以反映顾客对现有供应商的依赖程度。Ping（1993）认为当变更供应商所需的转换成本较高时，顾客倾向于保持对现有供应商的忠诚。Oliver（1999）从心理学角度将忠诚度的形成过程分解为认知、情感、意向和行为四个步骤。李成功（2015）结合手机打车软件的特点，指出顾客满意度与顾客忠诚度之间存在显著的正相关关系。赵传林等（2014）将满意水平引入有限理性出行者路径选择问题中。杨慧等（2014）验证在航空领域乘客行为具有损失规避性、敏感度递减性、反射效应和参考点依赖性的有限理性特征。邓爱民等（2014）从实证角度研究网络环境下顾客忠诚度的影响因素与作用机制。其次，在决策者的个体心理偏差方面，Landier 等（2009）认为过度自信在企业家和管理者这一群体身上表现得极为明显，陈其安（2007）从理论上深入探讨了企业经营者的过度自信心理对其决策过程和决策结果的影响机理。Hardin 等（2012）运用短视的损失厌恶（myopic loss

aversion，MLA）理论来阐明影响决策问题的框架的一些关键因素。Yechiam
等（2013）则通过实验探讨了损失厌恶（loss aversion）的内涵，结果表明决策者对损失的敏感心理对提高认知绩效有积极正面的影响，但这并不等同于损失厌恶。在深度不确定、不完全信息的情景下，少数人的认知和心理偏差会演变为系统性的群体偏差，如羊群效应的市场群体行为（饶育蕾 等，2012）。马粤娴等（2016）提出了团队群体性组织偏差行为的产生机制模型，重点探究了团队领导力和道德疏离对群体行为的影响，有助于管理者发现、评估和降低该群体偏差。以上研究凸显了行为决策理论揭示和解决现实问题的重要意义。雷丽彩等（2018）基于有限理性的视角，考虑决策者不同的个性特征（如固执程度和说服能力）对大型工程复杂大群体决策的影响，并引入决策主体的记忆和学习机制，使得大型工程群体决策的管理方法更加贴近和符合项目决策者实际的决策心理和行为特征。纳西姆·尼古拉斯·塔勒布（2019）提出了少数派的偏好和选择影响整个群体行为的重整化机制。王耀东（2021）在工程情景下分析了公众群体认知偏差生成的社会动力学机制，并提出了多个相关主体的社会协同过程的纠正策略。基于有限理性的视角，利用观点动力学对大型工程复杂大群体决策的个体观点交互过程和自主博弈行为进行仿真和分析，考虑决策者不同的个性特征（如固执程度和说服能力）对个体策略选择行为和群体交互进程的影响，进而引入决策主体的记忆和学习机制，使得大型工程群体决策的管理方法更加贴近和符合项目决策者实际的决策心理和行为特征。

交通系统是典型的不确定性系统，受信息获取、认知能力、价值趋向、风险偏好以及理性程度等因素的综合影响，现实中出行者的决策和行为很难做到完全理性和效用最大化（Rasouli et al.，2014）。近年来，居民出行行为研究已成为交通系统规划与管理领域的热点问题之一，国内外学者们在质疑传统的完全理性假设下的交通出行行为研究框架的同时，也在日益关注人们在交通出行决策活动中所表现出来的有限理性的行为特征，试图寻求一个更加符合实际的决策理论。鲜于建川等（2012）利用结构方程模型研究了家庭成员间的相互关系对个体活动和出行选择方面的影响。Wu 等（2013）在考虑出行者路径选择过程中的有限理性行为的基础上构建了一个 day-to-day 的动态演化模型，并利用时间序列分析方法来分析出行者的路径选择行为随时间变化的相关性。左志等（2014）考虑出行者有限理性的特点，运用交互与多准则决策（TODIM）方法，建立了不同交通方式选择的 Probit 模型，并讨论了模型中参数变化对交通方式划分的影响。Garcia-Sierra 等（2015）通过文献综述，从行为经济学的视角探讨了出行者的有限理性行为（如损失规避、锚定偏差等）和社会偏好（如自我认同问题和自我价值实现等）对日常出行路径选择的影响。万轶凌等（2015）以可持续出行为目标导向，从心理学角度对交通出行行为发生的各个环节（信息、规范与价值、态度、行为意图、行为过程、行为结果）进行了综述。肖海燕等（2015）利用博弈理论，建立了出行者出行方式选择行为的博弈模型，并将一次博弈模型扩展至重复博弈模型，得到了出行者合作策略稳定运行的条件。Dixit 等（2015）采用实验经济学的方法，探讨了不确定性条件下被试者的风险损失态度对出行的路线选择、出发时间和出行模式选择等决策行为的影响。Zou 等（2016）构建了一个关于出行者的出发时间和出行模式选择的 Agent 模型，探讨不完全信息下出行者基于贝叶斯更新的学习行为对出行模式和出发时间决策的影响。Chowdhury 等（2016）通过文献回顾的方法系统分析了乘客选择公共交通（public transport，PT）服务的使用意愿的影响因素，提出了公共交通系统间的换乘是影响乘客使用意愿的关键因素之一。栾琨等（2016）引入空间知识获取、学习及认知更新、方案搜索等关键行为要素，构建了有限理性下的出行决策过程理论框架，表明有限理性下个体出发时间选择行为并非我们通常所认为的寻求全局最优解，而是存在感知阈值。雷丽彩等（2020a，2021）将过度自信、公平关切和利他性偏好等有限理性行为纳入网约车运营管理研究，解决网约车平台的补贴契约设计、出行定价等实际问题。

大量的研究文献表明，个体行为决策研究领域已经取得了丰富的研究成果，而最有代表性的成果主要集中在金融市场中的投资者行为和商品市场中的消费者行为的领域。相对来说，学术界关于"互联网＋"背景下城市居民的出行决策行为研究的代表性成果不多，比如关于网约车利益相关者之间的演化博弈行为、网约车的使用意愿、网约车使用个体和群体行为的分类研究、成因研究、特征研究和实证研究等都还没有形成统一的认识和范式。从研究成果来看，国外在个体和群体行为决策方面的研究已有一定的突破，采用模型化研究方法已经逐渐成为发展趋势；国内的研究成果主要以统计调查定性分析为主，定量仿真模型的应用尚处于起步阶段。

1.2.3 博弈理论及其应用的研究现状

经济学家和管理学家们发现一切社会关系和管理活动背后的人类行为中包含了丰富的博弈关系，即多个利益智能体之间相互作用的关系，博弈理论是一种研究多个智能体之间相互作用关系的重要理论方法。博弈理论研究主要为探究各个行为主体在决策过程中采取的策略对结果的影响以及在此策略下的均衡问题。

博弈理论以研究决策主体间的行为为出发点，探索行为间的相互作用对决策的影响及其均衡问题，以达到优化决策的目的。Stackelberg 博弈是一种两阶段的完全信息动态博弈，作为博弈理论中一个重要的理论部分，被广泛运用于各个领域，例如经济领域、信息领域、社会科学领域以及一些新兴领域。雷丽彩等（2010）将期权契约引入航空货运业，构建了关于期权定价的 Stackelberg 博弈模型，以研究签订期权契约对航空公司和货运代理商的最优决策选择的影响。王勇等（2012）引入参照点效应构建了一个考虑公平偏好的 Stackelberg 博弈模型，分析了公平偏好对供应链均衡策略的影响。王冲等（2013）通过 Stackelberg 博弈以探究在单一供应商与零售商情形中期权合约对供应链决策问题的影响程度。乔晗等（2014）研究了各国对航空碳税的四种态度，即不抗拒、拒绝、反制征税和可信威胁，并建立了 Stackelberg 模型以确定双方国家和航空公司的最优选择。张辰等（2016）分析了旅客忠诚度对航空公司自销和分销模型的影响。代业明等 (2017) 提出了关于多个电力零售商和多个用户的 Stackelberg 博弈模型，来最大化他们各自的收益，并证明了 Stackelberg 博弈均衡的存在性。龚本刚等（2019）考虑消费者渠道和低碳双重偏好因素，建立了产能约束下双渠道供应链成员的 Stackelberg 博弈模型，比较分析了不同情形下产能约束、消费者渠道偏好和低碳偏好对供应链决策的影响，并对收益共享契约协调机制进行了设计与改进。李波等（2019）针对消费者对实体渠道和网络渠道偏好的不同，建立了制造商和零售商的 Stackelberg 博弈的定价策略模型，验证了电子商务下风险规避的制造商对供应链决策的策略影响。Leenders 等（2019）建立了生产部门和公用事业部门的重复 Stackelberg 博弈模型，结果表明在该方法下的生产计划可以有效降低生产部门和公用事业部门的整体成本。

此外，在经济、社会科学等领域也有广泛应用的博弈模型——Cournot 寡头竞争模型，它最早是由法国经济学家奥古斯丁·古诺（Augustin Cournot）在 1838年出版的《财富理论的数学原理研究》一书中提出的。早期，Cournot 模型是静态完全信息非合作博弈模型，用于研究一个双头垄断产业中两个寡头企业的产量调整问题。后来，学者们为了研究不同环境下的 Cournot 博弈行为，对 Cournot 模型本身进行了不断的拓展，主要包括两个方向：一个方向是将静态模型向动态模型拓展；另一个方向是将完全信息模型向不完全信息模型拓展。近年来，很多学者对 Cournot 寡头竞争模型展开了充分的研究。马国顺等（2017）在非线性成本函数的假定条件下，对经典 Cournot 竞争模型进行改进，建立了成本与产量之间基于对数成本函数的 Cournot 模型，改进后的 Cournot 模型与现实问题贴近度更高。左晓露等（2017）分别建立了关于充电设施投资市场中政府和私人企业投资的双寡头 Cournot 和 Stackelberg 博弈模型，并对结果进行了对比分析，为电动汽车充电设施投资提供了策略支持。Sato（2017）从寡头垄断理论的角度出发，考察了在 Cournot 竞争博弈背景下，环境费用作为减少工业非点源污染的政策措施的有效性。Zhang 等（2019）将电力市场的多供应商交易系统视为非合作的 Cournot 博弈，通过理论推导得到了唯一的纳什均衡，以及对应的最优策略，最终有效地模拟了不同类型能源供应商的能源交易活动。Bimpikis 等（2019）考虑了在互联网市场中生产同质商品的公司之间的 Cournot 竞争博弈模型，结果确定了底层互联网结构中均衡结果与供应路径的创新性联系。

但在实际博弈过程中可能存在信息不对称，如何在各方利益相冲突的情形下，降低代理人逆向选择和道德风险，使委托人设计最优契约以激励代理人，已成为管理学家研究的热点问题之一。委托代理理论研究的核心是由于委托人与代理人之间利益发生冲突并且存在信息的不对称而产生所谓的委托代理问题，其中心任务是委托人如何设计最优契约来激励代理人，从而达到自身受益最大化（Sappington，1991）。Holmstrom 等（1987）通过建立委托代理框架，研究在信息不对称的情况下委托人如何设计有效的激励契约，从而引导代理人在考虑自身利益下采用对委托人最有利的行为。

传统的委托代理模型是建立在完全理性的假定上的，而实际上，决策者在决策中并非完全理性，可能存在各种偏见。国内外学者们也开始质疑完全理性假设下的委托代理研究框架，日益关注人们在委托代理关系中所表现出来的过度自信倾向，如 Busenitz 等（1997）认为委托人和代理人在决策过程中都存在过度自信的倾向；同时，Shefrin（2001）也提出在委托代理框架下，激励相容约束不能忽视代理人过度自信的影响。因此，过度自信作为最经得起考验的一种认知偏误发现，广泛存在于委托代理关系中，尤其是代理人的过度自信倾向对委托代理激励机制设计的影响更是受到学者们的广泛关注与探讨。刘新民等（2010）分析了在代理人过度自信的影响下，代理人解聘补偿对最优合同设计与委托代理双方的影响。温新刚等（2012）则在动态多任务环境下引入解聘补偿以探究双边道德风险对契约机制的影响。Sandroni 等（2013）研究了保险市场中代理人存在过度自信行为时的合同设计问题，并分析了代理人的过度自信水平对激励机制的影响。王垒等（2015）通过梳理委托代理理论由单边道德风险到双边道德模型的演化，提出了三边道德风险理论框架。陈克贵等（2015）

探讨了完全理性的委托人对过度自信的代理人的最优激励机制设计问题。罗琰等（2016）考虑委托人、代理人同时存在双边过度自信及风险厌恶的委托代理模型。吴士健等（2017）将过度自信、补偿性契约引入电商中，探讨电商、农户、产地经纪人三方的道德风险规避问题。吴孝灵等（2016）基于政府对PPP项目补偿决策的困境，将私人投资者的过度自信倾向引入PPP项目的公私契约合作研究中。王垒等（2019）通过构建包含国有股东、非国有股东和国企高管三方的博弈模型，分析了在异质委托情境下国企高管的过度自信对国有股东和非国有股东纳什均衡合同中最优契约激励系数的影响机理。

演化博弈是对经典博弈的延伸与发展，集成了动态过程分析和博弈理论分析（Smith，1974；陈占夺，2018）。由于演化博弈有限理性的假设和策略演化的思想建立在更为现实的基础之上，在近几十年来取得了非常迅速的发展，引起了经济学、管理学、理论生物学以及物理学等各界人士的广泛关注，极大地扩展了其应用的范围和领域。在未来的几十年内，演化博弈也将继续成为这些学界尤其是经济管理学界最前沿、最热闹的研究之一（王先甲 等，2011）。黄凯南（2009）系统地梳理了演化博弈和演化经济学两种理论的基本分析结构及其发展，尝试考察两种理论存在的互补性和差异性，揭示演化博弈在演化分析中的作用和局限。王先甲等（2011）介绍了演化博弈理论中策略进化的思想，提出有限理性的实质是怎么去学习，进而探讨了演化博弈中的各种学习模型，提出了用演化博弈去解释现实中复杂网络的设想，讨论了演化博弈框架下合作的进化及合作机制的研究进展。徐岩等（2011）借助演化博弈理论考虑了大群体成员下的战略联盟成员策略演化过程，从人群工作互动角度探讨了策略演化过程中扰动的来源，并引入白噪声来反映演化过程中受到的随机干扰，建立了随机动力系统，探讨了战略联盟演化过程中成员行为稳定性的问题。Wang等（2016）利用Lyapunov方法探讨了马尔科夫式演化博弈（Markov-type evolutionary games，MtEGs）的稳定性问题，而Szabó等（2016）探讨了空间演化博弈中的混合战略问题。Leboucher等（2016）利用演化博弈理论提出了一种改进的粒子群优化（particle swarm optimization，PSO）算法。

正是由于演化博弈理论能很好地揭示有限理性的主体应该怎么去决策（或怎么去学习）的心理机制和行为机制，更加真实地反映了在不确定性条件下人们在对博弈局势的认识与学习中如何确定动态演化的行为选择规则，为演化博弈理论及其应用研究提供了广阔的空间，学者们纷纷将其理论进行拓展并应用到各类实际问题中。例如，将演化博弈的方法应用于IPO（initial public offerings）市场中风险投资家和外部投资者之间策略选择的互动机制（郑君君 等，2012），创新型中小企业与商业银行的信贷行为（梁益琳 等，2012），重大突发公共卫生事件的情景预测模型与防控措施（刘德海 等，2012），食品供应商与制造商的质量投入策略（许民利 等，2012；晚春东 等，2018），双寡头再制造的进入决策（郭军华 等，2013），地方政府与相关企业间的区域高耗能产业退出机制（郭本海 等，2012），地方政府之间的环境规制博弈（潘峰 等，2014）以及多属性逆向拍卖的分组评标行为（刘旭旺 等，2015），我国的土地囤积与土地监察的困境（Zhang et al.，2015），碳减排标签政策（Zhao et al.，2016），高新技术企业的技术创新模式选择（戴圆圆 等，2013；Ozkan-Canbolat et al.，2016），供应商和制造商之间的绿色采购博弈（Ji et al.，2015），煤矿安全监管的问题（Liu et al.，2015a；Liu et al.，2015b），考虑个人效用的团队成员知识共享策略（崔亚梅 等，2016），OPEC与Seven Sisters之间关于石油市场支配地位博弈（Wood et al.，2016），网络化智能电网的需求侧管理与控制（Zhu et al.，2016），科技成果转化路径优化（孙涛，2019）等问题。

针对电子商务环境下的交易行为，周春林等（2010）通过电子商务中交易双方博弈模型的构建与分析，提出了电子商务市场中商家与消费者的博弈均衡解为（诚实，购买），影响这一均衡解的关键因素是商家选择诚实策略的收益大于等于商家选择不诚实策略的收益。蹇洁等（2014）构建了第三方网络交易平台与网店经营主体的进化博弈模型，得出不同情况下的进化稳定策略，给出了强化网络交易监管的若干建议与对策。董瑞等（2016）从网络交易平台管理者角度构造平台控制变量，运用演化博弈理论分析方法和自动控制工具，分析了网络交易双边平台两类用户的买卖行为的演化稳定策略。Hernández 等（2018）基于智慧城市建设中的拼车问题，通过演化博弈理论分析了人们拼车出行的稳定策略。卢珂等（2018b）基于演化博弈理论构建了网约车出行市场规制的三方演化博弈模型，对政府管理部门、网约车出行平台和司机三方演化路径及稳定策略进行数值仿真和分析。Lei 等（2018,2019）、雷丽彩等（2020b）基于演化博弈的理论框架，建立了网约车平台、乘客和司机两两之间的演化博弈模型，激励平台对市场进行严格管理，可以有效地改善司乘互评机制。在此基础上，Lei 等（2020）基于演化博弈理论构建了网约车平台、司机和乘客的三方演化博弈模型，并对该模型的博弈行为演化过程及演化稳定策略进行探讨，以此研究网约车出行市场规制策略的问题。

博弈理论已成为社会经济和管理领域重要的研究工具，它对经济形势的远期预测和各种社会普遍现象的诠释具有重要的理论支撑作用。综观国内外文献，博弈理论被学者们应用到社会经济和管理领域的各类实际问题中，并在电子商务交易行为的研究方面取得了一定的成果。

近几年关于"互联网+"时代的出租车和网约车运营监管和规制路径的理论成果也已有一定的积累，交通出行方面的研究取得较大的进展。但是总体上，关于网约车安全监管的研究大多停留在定性描述和推理阶段，而且已有的网约车相关的定量模型和方法绝大多数都是基于绝对理性下期望效用度量体系而得到的，不能真实地反映有限理性下网约车利益相关者的决策行为。但在有限理性视角下关于网约车多元利益相关者之间的利益碰撞和博弈关系的研究，尤其是对网约车运营管理的细致的定量分析及操作措施的可行性解释已成为当前学界和业界广泛关注的问题之一。因此，必须从根本上改变关于网约车利益相关者绝对理性的假设，在更符合实际的有限理性假设下，研究网约车新政实施背景下利益相关者（主要是平台、司机和乘客三方）各自的利益诉求和决策行为规则，并在此基础上，探析利益相关者之间错综复杂的博弈关系，研究网约车市场均衡和系统状态的演化过程和演化机理，制定基于有限理性决策规则的网约车安全监管和控制措施。

本书拟在有限理性假设条件下，从行为决策理论的角度，研究网约车新政实施背景下利益相关者各自的利益诉求和个体行为特征，建立符合客观决策行为特征的效用度量体系，探讨网约车利益相关者决策行为机理和规则。同时在个体有限理性假设下，借助演化博弈理论、Stakelberg 博弈理论、Cournot 博弈理论和委托代理理论等分析方法，通过理论推演和仿真实验，研究网约车市场从微观个体行为到宏观系统涌现的演变过程和机理。本书探析个体有限理性特征对网约车市场多元利益相关者的行为决策的影响机理，揭示网约车市场自组织演变和实现供需均衡的非理性行为因素，这不仅从网约车的视角丰富了行为博弈的理论和方法，同时也为我国网约车市场监管面临的政策困境提供一个有效的分析框架和可实践操作的治理策略，并且为我国网约车安全监管、交通规划、管理和控制策略的制定提供了新的分析视角和决策依据。

1.3 研究目标

本书面向我国网约车利益相关者之间错综复杂的博弈关系，从决策者有限理性行为特征这样一个独特的视角来分析国内网约车市场发展背后的某些驱动因素，基于有限理性的视角，运用博弈理论、认知心理学和行为决策的理论与方法，采用实证分析、理论推演和计算实验相结合的研究手段，针对决策者自身的认知、动机、学习与能力等有限理性因素对网约车利益相关者之间博弈关系的影响，从以下三个角度进行探讨：①在网约车新政出台以及行业垄断巨头酝酿诞生的背景下，我国网约车众多利益相关者之间存在怎样的自主博弈关系？运用博弈理论分析我国网约车利益相关者之间错综复杂的博弈关系；②在国内网约车市场的发展过程中，各利益相关者存在怎样的认知、动机、学习与能力等有限理性行为特征？这些行为特征将对网约车各利益相关者的决策活动以及他们之间的演化博弈关系带来怎样的影响？③在系统地分析网约车利益相关者的有限理性行为特征及其对演化博弈关系的影响机理后，利益相关者应该如何认清自己在决策活动中可能存在的非理性行为？在此基础上，研究提炼适合我国国情和经济体制的网约车利益相关者理性选择与纠偏的途径和方法，构建考虑有限理性行为的我国网约车的发展路径和规制范式。

1.4 本书的主要研究工作

1.4.1 本书主要研究内容

纵观国内外文献，关于"互联网＋"时代的传统出租车和网约车运营监管和规制路径的研究已经有一定的积累，近几年关于交通出行行为的研究也已经取得了较大的进展。但是总体上，这些研究较少从定量分析的角度探讨网约车新政的出台对网约车市场均衡和城市居民出行行为的影响，难以为政府管理部门提供可资借鉴的具体措施。

因此，在网约车新政背景下，我们需要打破传统的基于完全理性假设所制定的出行市场的监管机制，正确识别网约车市场利益相关者的博弈关系以及他们的非理性行为，量化和提出网约车利益相关者在决策活动中的系统性规律和适应性策略，从而引导和发挥非理性行为的积极影响，减少或消除其负面影响，促进我国网约车行业的高效决策和可持续发展。

本书主要针对我国网约车行业多元利益相关者之间盘根错节的博弈关系，考虑决策主体的有限理性行为特征，研究我国网约车行业利益相关者的认知、动机与个体学习等有限理性行为特征及其对网约车市场均衡和利益相关者之间博弈关系的影响，构建符合我国国情的科学合理的网约车监管及规范机制。本书的主要研究内容集中在以下三个方面（研究内容的体系结构如图1-2所示）：网约车市场运营管理研究；考虑有限理性行为的博弈研究；网约车平台与传统出租车行业的竞争博弈研究。

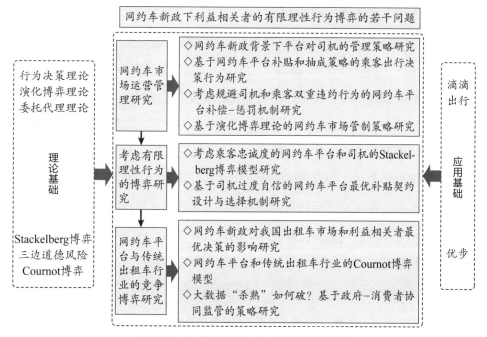

图1-2　本书主要研究内容的体系结构图

网约车新政下出租车市场利益相关者实现合作博弈和达成市场稳定发展的关键是构建科学的、有效的、便于应用和分析的数学模型，而关于多元利益相关者之间利益碰撞和博弈关系的定量研究还未产生足够的成果，因此开展本研究并实现预期研究目标的难点是相应数学模型的建立，也是本研究必须解决的关键问题，具体为：网约车平台对司机管理策略的演化博弈模型，基于网约车平台补贴和抽成策略的乘客出行决策模型，规避司乘双重违约行为的平台补偿－惩罚机制模型，政府规制下网约车平台、司机和乘客的三方演化博弈模型，网约车平台、司机和巡游出租车公司的 Stackelberg 博弈模型，网约车平台最优补贴契约设计机制模型，出租车市场利益相关者最优决策的影响模型，网约车平台与巡游出租车公司的 Cournot 博弈模型，政府－消费者协同监管下大数据"杀熟"行为的演化博弈模型的建立问题。

本书拓展了有限理性博弈的理论和方法在网约车运营管理中的应用，研究成果丰富了关于网约车行业持续发展的理论意义和实践意义。

1.4.2 技术路线与研究思路

本书遵循自下而上、从微观到宏观、从实践到理论再到实践的"机制－行为－过程－结果－机制"螺旋式上升的技术路线（图1-3）：根据现有关于网约车新政、滴滴出行、优步等网约车发展和监管实践的案例资料，对我国网约车监管实践中的问题进行总结提炼。首先，从分析复杂问题情景下网约车平台、司机和乘客等微观个体的利益诉求和行为特征出发，基于博弈理论和行为决策理论的理论基础，探究我国网约车市场多元利益相关者之间错综复杂的博弈关系；其次，在中观层面针对各利益相关者的有限理性行为特征对博弈关系和的影响机理等关键问题进行系统深入的研究。最后，在整个出租车市场的宏观层面，构建适应我国国情和经济体制的网约车发展路径和规制范式。

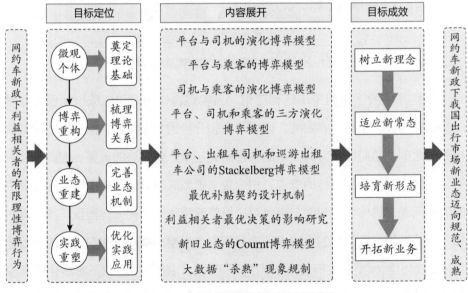

图1-3　本书的逻辑架构和技术路线图

具体研究思路如下：

（1）网约车新政背景下网约车平台对网约车司机的管理策略。网约车新政的出台尽管使网约车获得了"合法身份"，但同时也对网约车平台和司机提出了更严格的行政许可和资质审核要求：一方面，网约车新政要求网约车平台按照相关规定对网约车车辆和驾驶员的准入进行严格审核和清理，变相增加平台的运营成本；另一方面，对司机而言，由于网约车所具有的"共享经济"本质，网约车司机不用像巡游出租车司机一样面对严格的准入管制，也不需要向出租车公司缴纳"份子钱"，由此吸引了大批尝鲜者，然而，网约车新政要求强化驾驶员监管、提高行业进入门槛，可能引发部分网约车司机面临要么选择"逃离"平台，要么选择"非法营运"的问题。

选取网约车平台与网约车司机作为博弈参与人，假设网约车平台有两种行动可供选择——严格管理和消极管理，网约车司机也有两类行为可供选择——合法营运与非法营运，在合理性假设的基础上构建网约车平台和司机的演化博弈模型。根据演化博弈的支付矩阵，求解网约车平台和司机各自的期望收益以及复制动态方程，然后通过对不同条件下该演化博弈的策略稳定性、复制动态相位图以及仿真算例的均衡策略动态演化路径图进行比较分析，探讨网约车新政实施背景下网约车平台和司机之间的博弈行为演化过程及演化稳定策略，为实现网约车平台"严格管理"提供借鉴和参考。

（2）基于网约车平台补贴和抽成策略的乘客出行决策行为研究。网约车平台是典型的双边市场，司机和乘客都依赖于平台公司的出行资源即时匹配和服务费用在线支付，双方对平台的需求及参与规模都会影响另一方的收益和参与数量。为了培养司机和乘客对网约车的使用习惯，进一步抢夺市场份额，网约车平台在市场开拓期曾通过打折、优惠、降价、返券等方式进行不计成本的"烧钱大战"。随着网约车新政的实施和垄断巨头的酝酿诞生，一方面，用户使用网约车出行的习惯基本养成，多家网约车平台开始降补贴、提车价；另一方面，网约车平台对司机端由"补贴模式"转换为"抽成模式"，使得很多司机处在去与留的十字路口，不断流失的司机资源进一步影响网约车的市场供应量。因此，网约车平台需要制定合理的乘客端补贴和司机端抽成策略，从而使得网约车市场的供需关系达到稳定和平衡。而乘客则需根据网约车市场供应量以及平台的补贴力度选择是否乘坐网约车出行。

网约车平台与乘客之间存在关于价格（补贴）的先后竞争关系，属于动态博弈模型中的先行定价模型，因此可将其视为 Stackelberg 博弈，其中网约车平台为领导者（leader），乘客为追随者（follower）：平台先确定合理的乘客端补贴力度和司机端抽成力度；乘客再决定是否乘坐网约车出行。据此构建平台和乘客的 Stackelberg 博弈模型，并运用逆向归纳法求解该 Stackelberg 博弈模型的均衡解，首先通过理论推导求解作为追随者的乘客的最优决策行为，并将其带入，进一步求解领导者——网约车平台的最优补贴策略以及抽成力度。然后通过算例仿真分别分析乘客对网约车市场的期望需求量、期望收益与网约车平台的补贴力度和抽成力度的演化关系，以及网约车平台的期望利润与其补贴力度和抽成力度的演化关系。在网约车新政实施的背景下，网约车平台将如何制定乘客端补贴和司机端抽成策略以实现利益最大化，而乘客又应如何选择其最优出行方式是本书将要解决的主要问题。

（3）考虑规避司机和乘客双重违约行为的网约车平台补偿－惩罚机制研究。网约车合同属于客运合同，乘客在网约车平台上发出订车信息，信息到达平台，即构成要约；司机通过平台抢单，当抢单司机的信息到达平台，即构成承诺，具备上述两个条件，客运合同即可生效。在网约车合同成立之后，由于机会主义行为倾向，司机和乘客往往会发生相互违约行为，使得合作博弈难免走入"囚徒困境"，成为困扰司机营运和乘客出行的关键问题之一。在网约车新政实施的背景下，作为司机和乘客的中介方，网约车平台应该如何充分发挥其监管作用，以多大的力度进行监管，从而减少司机和乘客的违约行为进而保护双方的积极性，是政府有关部门和网约车平台面临的重要问题。因此，本书假设网约车司机和乘客都有两种策略（"履约"或"违约"）可供选择，运用演化博弈理论分析方法，构建政府部门监管下规避司机与乘客机会主义倾向的双重违约行为的演化博弈模型，同时运用自动控制工具，以网约车平台为控制方构造补偿－惩罚4个控制变量，通过调节控制力的大小影响司机和乘客的支付矩阵，分析网约车平台的控制措施对司机和乘客演化动态的稳定性和演化轨迹的影响，并利用数值仿真实验对模型进行检验。

（4）基于演化博弈理论的网约车市场管制策略研究。以滴滴出行、易到用车、神州专车等网约车平台为代表的"互联网＋交通"新业态的出现，创新性地改变了城市居民的出行方式，同时也导致网约车市场利益相关者之间产生矛盾冲突和博弈行为。特别是当前政府对网约车市场的规制策略尚未形成有效监管，导致网约车市场乱象丛生，这在一定程度上会影响网约车市场和谐稳定的发展。为了提升网约车市场的服务水平，促进网约车行业持续健康发展，更好地满足乘客高品质、多样化、个性化的出行需求，切实增强人们的获得感、幸福感和安全感，2018年5月，交通运输部发布了《出租汽车服务质量信誉考核办法》，明确运输安全和服务质量的底线，网约车行业正式被纳入服务质量信誉考核。网约车新政及《出租汽车服务质量信誉考核办法》的出台，使得网约车行业将面临更多的行政许可限制和更少的补贴，同时也将触发网约车行业的利益相关者如乘客、司机与网约车平台以及传统出租车行业的新一轮自主博弈。

因此，在政府规制策略下，考虑网约车平台有两种行动可供选择——严格管理和消极管理，司机有两类行为可供选择——合法营运与非法营运，乘客也有两类行为可供选择——积极合作与消极合作，在此假设基础之上，构建了网约车市场中平台、司机和乘客的三方演化博弈模型，并通过理论分析和数值仿真对博弈行为演化过程及演化稳定策略进行探讨，为网约车市场和谐稳定地发展提供策略支持。

（5）考虑乘客忠诚度的网约车平台和司机的 Stackelberg 博弈模型研究。在出租车市场中，将"忠诚乘客"定义为直接向巡游出租车公司购买出租车服务的顾客。也就是说这类乘客出行只要选择出租车，就必然会选择巡游出租车服务，这可能与过去的出行习惯有关，他们不愿意尝试新的出行方式或者尝试新的出行方式的学习成本较高。而"不忠诚乘客"则是指在出行时先通过网约车平台查询到达目的地的网约车价格，并同自己的保留价格进行比较，若最低价格仍高于其保留价格，则放弃网约车转而采取其他出行方式。根据

Blackwell 等（1999）提出的价值 – 忠诚驱动模型，顾客的价值（即顾客对感知"收益"与"损失"的权衡价值）影响顾客的忠诚度，因此，本研究假设忠诚乘客的比例与出租车价格有关，即出租车价格越高，其忠诚乘客的比例越低。

同时，根据我国网约车市场的现状，假设市场有 n 个完全同质的司机和唯一的网约车平台，其中出租车司机可以选择两种服务模式，即只提供扬手即停的巡游出租车服务（称为单渠道出租车服务模式），以及既提供巡游出租车服务同时也可以通过网约车平台竞争抢单来提供网约车服务（称为双渠道出租车服务模式），司机采用哪种方式提供出租车服务主要取决于两种模式的利润回报的大小。本书在考虑乘客忠诚度的情况下，首先分析单渠道出租车服务模式下司机的最优决策，然后分析双渠道出租车服务模式下网约车平台的利润和最优定价，以及司机的渠道选择最优策略。

（6）基于司机过度自信的网约车平台最优补贴契约设计与选择机制研究。网约车市场中司机端和乘客端之间是基于出行供需的依赖关系，具有典型的"双边规模效应"，促进双边市场供需的正向循环。因此，在网约车市场中，为了吸引更多司机加入网约车行业和乘客使用网约车出行，充分调动司机接单的积极性和乘客使用网约车的意愿，网约车平台根据司机的接单情况、成交率、评价星级等对司机设置不同的奖励补贴策略，以及给予乘客适当的优惠补贴。由于网约车平台、司机和乘客间的信息不对称性、机会主义行为倾向以及契约的不完备性，司机和乘客往往会发生相互违约行为，使得合作博弈难免走入"囚徒困境"，成为困扰司机营运和乘客出行的关键问题之一。

基于网约车市场运营决策的信息不对称性和契约的不完备性，通过建立网约车平台、司机和乘客的三边道德风险规避委托代理模型，在乘客和司机参与约束和激励相容约束的共同作用下，分析网约车平台最优补贴契约设计的影响因素。同时，将司机对网约车市场环境不利条件和有利条件的过度自信倾向引入委托代理模型中，通过理论推导与数值仿真的方法，对比分析与完全理性情况下的结果差异。由此，在设计网约车合理的补贴契约和成果分享机制时考虑司机过度自信倾向及市场环境相关因素的影响，将使得结论更贴近现实。

（7）网约车新政对我国出租车市场和利益相关者最优决策的影响研究。网约车新政的出台也触发了网约车行业的相关利益主体如乘客、司机与网约车平台以及传统出租行业的新一轮自主博弈，使网约车行业在"互联网＋"的时代潮流中机遇与挑战并存：从司机角度来看，网约车司机虽然获得了"合法身份"，在载客营运时再也不用担心被交警罚款，但同时也面临更加严格的监管和限制条件以及营运成本上涨的压力；其次，从乘客方面来看，网约车新政的实施保证乘客能获得更为安全可靠的服务，出行的质量和满意度得到大幅度提升，但是可能会导致出行成本增加；最后，网约车平台一贯坚持的回馈给乘客和司机的补贴力度在网约车新政出台后是否会减少，而这是否会进一步影响司机的从业意愿以及乘客对网约车 App 的使用意愿呢？因此，研究网约车新政的实施能否改善我国网约车市场现状，以及网约车新政对我国网约车市场均衡和利益相关者的最优决策产生的影响，为政府制定相应的监管措施提供更好的决策支持，具有比较重要的现实意义。

本书着眼于网约车新政背景下供求关系对原有均衡价格的共同作用。首先，明确了网约车价格的影响因素，并通过构建"收益－成本"定价模型得出移动打车软件的定价方式；其次，基于市场供求理论集中分析了网约车新政出台后，网约车在市场均衡价格、定价方式、补贴力度以及政府价格管制等方面的变动，并运用博弈理论探讨网约车行业的上述因素变动对乘客、网约车司机及打车软件的行为选择的影响，以便更好地探索不同主体的最优决策。本书所做研究旨在建构网约车与传统出租车市场的良性竞争平台，促进打车软件提升服务质量及传统出租车行业转型升级，以带动城市交通客运体系良性健康地发展。

（8）网约车平台和巡游出租车公司的 Cournot 寡头竞争博弈模型。尽管长期以来政府对出租车行业实行经营许可和总量控制政策，不允许其他人进驻出租车市场，但是在互联网以及市场的共同推动下，网约车迅速崛起，并对传统出租车行业构成威胁，被认为是一种违背现行法律和不公正竞争的非法运营服务（Lobel，2016）。网约车新政出台后，网约车服务合法化，网约车与传统出租车两大新旧业态之间的碰撞愈加明显，双方的博弈与竞争也进一步加剧。同时，在网约车新政对网约车提出更加严格的质量规制和监管措施的背景下，网约车和巡游出租车企业的服务趋于同质化，每个企业需要决定投放的出租车数量，此时网约车平台和巡游出租车公司之间的博弈为典型的 Cournot 寡头竞争博弈。

考虑在网约车市场上有两家网约车平台（如滴滴出行和优步）进行水平竞争，将网约车平台和巡游出租车公司之间的博弈看作是典型的 Cournot 寡头竞争博弈，情形一是构建两个网约车平台采取不合作策略时与巡游出租车企业的三方 Cournot-Nash 博弈模型，即网约车平台作为相对独立的主体与巡游出租车公司进行 Cournot 寡头竞争，三方同时决定各自最优的出租车投放数量以使自己的利润目标最大化。情形二是构建网约车平台采取合作策略时三方的 Cournot 寡头竞争与合作博弈模型，即将两个网约车平台视作整体与巡游出租车公司进行 Cournot 博弈，基于双方总利润最大化的决策目标来确定最优的总产量，接着网约车平台之间进行产量决策协调和利润分配。最后，对两种情况下的 Cournot 博弈的 Nash 均衡解进行比较分析，探讨网约车平台的合作动机以及网约车平台合作对网约车的价格（补贴）和出租车数量的影响。

（9）大数据"杀熟"如何破？基于政府－消费者协同监管的策略研究。目前我国消费者权益保护法还未明确将电商市场的大数据"杀熟"行为纳入规制范围，政府未对"杀熟"现象形成有效管制。以网约车市场为例，网约车大数据"杀熟"指网约车平台运用大数据收集乘客的信息，通过复杂算法分析其出行偏好、出行习惯、收入水平等信息，对老用户实行价格歧视的行为。也就是说，出行同一段路程，打车软件对不同用户收取的价格不同。但《中华人民共和国消费者权益保护法》相关条例规定，消费者在接受服务的过程中享有对真实价格的知情权和公正透明交易的公平权，同时企业需承担保障消费者个人信息安全的义务。电商市场大数据"杀熟"的行为极大地侵害了消费者的合法权益。

电商市场频频被披露隐性存在的大数据"杀熟"现象,暴露出电商市场存在平台道德风险问题的隐患。因此,本书重点关注政府监管的"他组织"行为和消费者利他性惩罚的"自组织"行为对平台道德风险问题的约束作用。首先建立政府监管主导下电商平台"杀熟"定价行为及用户消费渠道选择的演化博弈模型,探究政府的惩罚力度和消费者的公平关切水平对网约车平台"杀熟"定价行为演变的影响。在此基础之上,考虑消费者的利他性惩罚行为,建立政府与消费者协同监管机制下的演化博弈模型,探究消费者自组织行为形成的前提条件及其对平台定价行为的影响效果。研究结果对电商市场大数据"杀熟"行为监管机制的设计具有一定的启示。

第2章 网约车市场利益相关者冲突分析

2.1 引　言

网约车作为交通运输业与"互联网+"融合下的新产物，其出现给城市整体交通状况、城市居民出行方式、司机服务模式等带来一定程度的变化，同时也引发了对原有以特许经营为基础的传统出租车行业利益格局的巨大冲击。因出租车市场涉及巡游出租车公司、网约车平台、司机、乘客等众多利益相关者，其关系错综复杂。同时，由于各自所处地位、信息掌握程度、心理预期、利益诉求等多方面存在差异，各利益相关者间存在矛盾是不可避免的。尤其是在网约车新政颁布后，网约车平台一家独大，意味着"网约车"身份合法化后，将面临更多的行政监管以及更少的价格补贴，更激发了网约车行业利益相关者的新一轮自主博弈。为了有效协调我国网约车不同利益相关者之间的冲突关系，为网约车市场的监管提供决策依据，本章将对我国网约车行业以及行业不同利益相关者之间的博弈关系进行系统的梳理。

2.2　网约车的定义

在国家号召科技创新、大力推进"互联网+"，以及发展共享经济的背景下，网约车的出现和兴起表明城市居民对利用移动互联网等高科技技术解决"打车难"问题，打破旧有出租车市场格局以满足出行便捷、经济、安全的迫切需求和决心。2010年易到用车成立，开启了我国网约车时代。此后，滴滴出行、快的打车、优步等平台相继进入市场，这些平台所提供的网约车服务门类繁杂，但一直未有明确界定。根据服务提供车辆的差异，网约车服务大致可分为以下几类：

（1）网络出租车：传统出租车行业的司机通过加入网约车平台，利用"互联网＋"技术进行信息资源整合，实现乘客用车信息就近实时匹配。此种提供服务的车辆带有明显出租车标识。除采用线上接单、线下服务的模式外，同传统出租车巡游方式并无显著差异。司机选择加入网约车平台，究其原因是采用传统搜寻方式（即司机通过"扫马路"的方式搜求路边是否有潜在乘客，并为乘客提供实时用车服务）存在一定运气。据统计，乘客采用传统招手即停的方式打车成功率约为60%，平均等车时间超10分钟。而在出行高峰期，出租车需求量是当时供应量的3倍以上，进一步加剧出行的供需矛盾，导致拒载、宰客等问题普遍存在。同时，非繁忙时段、非繁华地段，乘客、司机之间信息不对称，导致一方面乘客抱怨"打车难""打车贵"，而另一方面出租车司机、出租车公司诉苦"空载率高"的尴尬局面。因而，更多的出租车司机选择闲暇时段采用"网约"方式提供用车服务。

（2）专车：定位于中高端出行群体，提供个性化、舒适型的中高端商务用车优质服务。相对于价格，该消费群体更加注重良好的乘车环境、高品质的出行体验，网约车平台通过移动互联网技术为中高端消费群体提供随时随地、专人专车服务，以搭建中国商务用车服务市场。专车车辆全部使用网约车平台公司从专业汽车租赁公司租入的价位在20万元以上的中高端小轿车，并标有专车显著标识。专车司机均经过网约车平台层层筛选、专业培训，由网约车平台聘用，提供标准化商务礼仪服务。

（3）顺风车、拼车：属于私人小客车合乘，是一种由出行路线相同或相近的人选择在约定的时间段合乘一辆小客车的出行方式。网约车平台在此项服务中只为双方提供信息服务，对有相同出行路线需求的乘客进行实时匹配，并将匹配结果传送至对方移动终端。车主主要利用节假日或者通勤时段将自有车辆的座位租出以提供此项服务，其并非以盈利为目的，旨在为对到达时间相对不急切、对价格相对敏感的合乘者提供服务，并按人头收取低于单独叫车成本的固定费用，以达到与合乘人分摊部分出行成本的绿色出行目的。

随着网约车行业的蓬勃发展，为提高网约车行业的运行效率和服务质量。2016年7月27日，网约车新政的发布使得我国成为首度公开承认网约车身份合法的国家。并在《网络预约出租汽车经营服务管理暂行办法》中将巡游出租车和预约出租车都划归为出租汽车。巡游出租车类似于传统"扬手即停"的出租车，而预约出租车包括网络预约和电话预约两种方式，目前多数采用网络预约方式。因此，本书主要研究对象为网络预约出租车。具体而言，本书所指网约车，即以滴滴平台上提供的出租车服务为代表，运营车辆拥有明显出租车标识，其运营模式为"网约 + 巡游"。采用网络预约方式主要是：乘客根据自身打车需求向网约车平台发送自己的位置信息及目的地，平台利用移动互联网定位技术和大数据技术大致计算出乘车费用，再将乘客的打车信息发布到附近的网约车出租车司机 App 终端上。司机在终端上抢单，并将司机接单信息反馈到订单处理中心。平台数据中心进行实时撮合，将接单司机的信息传输到乘客的客户端上。司机到达乘客上车点，双方进行联系并确认身份，送达目的地后乘客利用移动支付技术在平台上付款并对司机的服务进行评价。

从信息经济学的视角来看，对网约车供需信息的实时整合能有效应对长期以来出行市场存在的信息不对称性，解决资源配置失灵的问题；从资源环境的视角分析，通过共享资源，网约车可充分运用闲置的存量资源，促进客运业要素的开放化、共享化，推动资源的优化配置及经济效率的提升（董成惠，2017；沈开举 等，2017）；从市场供求理论的角度分析，网约车供求信息的及时集成以及司机和乘客的精准匹配，提高了司机接单的稳定性和灵活性，也在一定程度上缓解了人们打车难的问题（谢志刚，2015），这吸引更多司机和乘客进入网约车市场，体现了市场的双边规模效应。

2.3　网约车利益相关者的界定

近年来，随着中国经济发展进程的不断加快，城市居民对于出租车的需求日益扩大。而出租车行业一直以来采用特许经营，使得出租车行业市场开放度不够，供需矛盾难以缓和。根据弗里曼（2006）对利益相关者的界定，并结合我国网约车市场的行业特征，本书所研究的网约车利益相关者包括以下五类，并对其进行界定与简化说明：

（1）网约车平台：依照《网络预约出租汽车经营服务管理暂行办法》第二条对网约车平台公司的定义，网约车平台在旅客客运服务中所扮演的角色主要是利用自身所掌握的互联网络技术构建一个连接司机与乘客的网络服务平台，依照乘客用车需求实时、就近地推送最合适接单的司机与车辆信息，达到整合供需信息、撮合交易的目的，自动计算确定承运价格，并从每单服务中抽取少量佣金，实现交易费用的自动划转。

（2）巡游出租车公司：从道路运输管理部门取得有期限的车辆经营权，从事出租车经营服务的企业法人。即传统的巡游出租车公司从政府手中有偿获取出租车市场客运经营权，对出租车市场中的车辆与驾驶员进行整体管控，规定投入客运出租车服务的车辆必须按要求标识"出租车"字样、安装出租车计价器等，同时巡游出租车公司按照《出租汽车驾驶员从业资格管理规定》，对驾驶员进行监督管理以确保出租车服务质量。而巡游出租车公司并不参与具体的客运服务，主要通过将出租车市场客运经营权有偿转让给司机，通过每月收取"份子钱"盈利。

（3）网约车司机：是指通过网约车平台注册，利用网约车平台发布的乘客用车需求接单，并与之对应的乘客联系，操控车辆将乘客安全送至目的地的驾驶员。目前，网约车平台提供多种多样的网约车服务，网约车平台与网约车司机的合作形式亦多样化。既有专职司机，主要是提供网约车专车服务的网约车司机，网约车平台与专职司机采用雇佣形式；也有兼职司机，主要是指提供顺风车或拼车服务的司机以及部分在车内装载网约车接单系统的出租车司机。前者加入网约车市场提供网约车服务，主要为降低搜客成本、减少"空驶率"，以便在有限的行车过程中获利最大化，而后者主要是为了分摊出行成本。本书所指网约车司机即加入网约车行业的出租车司机这一群体。

（4）乘客：搭乘交通工具从一地点到达另一地点实现空间位置移动的人群。乘客出行一般会综合自身的出行习惯、路程、时间、费用、舒适度等多方面因素考虑选择最合适的交通工具。

（5）政府：一直以来，我国出租车市场采用出租车经营许可制管理。大多数城市对出租车采取牌照管制，对城市中投入运营的出租车数量进行控制。网约车这一新事物的出现，引发社会各界的广泛关注。2016年网约车新政颁布，意味着政府承认网约车身份合法，同时也对网约车市场加强监管。而监管者的态度与行为必将牵动网约车市场各利益相关者的抉择。

2.4　复杂问题情景下网约车平台、司机和乘客的利益诉求和行为特征分析

网约车涉及政府监管部门、网约车平台、司机、乘客和巡游出租车公司以及背后的投资人、汽车租赁公司等众多利益相关者。网约车新政背后涉及的是各方复杂的利益博弈，关乎地方社会治理、交通发展等方面。本书主要关注网约车新政背景下网约车平台、司机和乘客三方的利益诉求和冲突关系，具体如表2-1所示。

2.4.1　复杂问题情景下网约车平台的利益诉求和冲突关系

随着移动互联网技术的发展以及智能手机的普及，依托于移动互联网平台的共享经济在各个行业逐渐涌现，并对人们的生活方式产生了较大的影响，尤其是在交通出行领域。网约车平台以移动互联网技术为依托，通过整合供需信息在出行用户和司机、车辆之间实现匹配，提供出行服务。从2010年中国出现网约车开始，围绕网约车的合法性及其监管路径的争议就日趋激烈。2016年7月26日国务院办公厅印发了《国务院办公厅关于深化改革推进出租汽车行业健康发展的指导意见》，7月27日，交通运输部联合公安部等七个部门联合发布了《网络预约出租汽车经营服务管理暂行办法》，宣告网约车的合法性。

表2-1　复杂问题情景下网约车平台、司机和乘客的利益诉求和冲突关系

网约车利益相关者	利益诉求	冲突关系
平台	合理的补贴契约机制，扩大网约车市场规模，增加市场份额和利润，同时维持网约车市场的可持续发展	①平台的运营模式受到网约车新政的管制；②平台降补贴、提抽成造成司机和乘客流失；③平台与平台、平台与巡游出租车公司之间通过高额补贴来争取稀缺的乘客和驾驶员资源，互相抢夺市场份额，进行竞争与合作
司机	网约车新政赋予网约车合法的身份，同时平台对司机端的补贴力度尽可能大，但抽成力度尽可能小，从而使得司机的利润实现最大化	①网约车新政使得网约车司机和车辆面临更为严格的行政许可和资质审查，司机的营运成本面临上涨的压力；②多家网约车平台对司机端实行低补贴和高抽成，使得司机的营运收入下降；③乘客无故违约以及恶意差评等行为影响司机网约车服务的积极性
乘客	以最低的出行成本满足随时随地出行的个性需求，同时平台给予较高的优惠补贴	①网约车新政背景下多家网约车平台开始降补贴、提车价，使得乘客网约车出行成本上涨；②司机无故违约以及乘车安全风险等影响乘客出行方式的选择

在网约车市场发展初期，为了培养司机和乘客对网约车的使用习惯，网约车平台便开启了用高补贴、高奖励"抢用户"和"抢司机"的"烧钱大战"模式，补贴大战从一个方面来说是平台之间互相抢夺市场份额（零和博弈），但是从另一个方面来说，网约车平台补贴大战的意义更多在于与巡游出租车市场进行竞争，在市场初期培养消费者乘坐网约车的习惯（正和博弈），这给传统出租车行业造成巨大的冲击，倒逼行业推进综合改革，网约车与传统出租车两大新旧业态碰撞明显，双方的博弈与竞争也进一步加剧。

虽然这种模式曾使网约车市场规模在短时间内获得爆发式增长，但是补贴"烧钱"的模式并非企业发展的长久之计。一方面，随着网约车新政的正式实施，网约车被纳入出租车管理，政府管制要求网约车平台不得以低于成本的价格进行不正当竞争，使得资本回归理性，价格战渐行渐远，多家网约车平台开始降补贴、提车价，并加大对司机端的抽成力度，这在一定程度上影响了乘

客对网约车的持续使用意愿，同时也使不少司机处在去与留的十字路口。另一方面，网约车出行市场蓬勃发展的同时也带来了社会问题、法律冲突和监管难题，尤其是网约车平台的消极管理和网约车司机的非法运营带来的乘客财产及人身安全等问题。现有学者提出虽然网约车平台缩减了出行服务成本，提高了社会整体效用，但同时交通管理部门应将支持创新与保障消费者权益作为制定策略的基准（卢珂 等，2018b）。

2.4.2 复杂问题情景下网约车司机的利益诉求和冲突关系

在网约车市场发展初期，网约车平台为了打破僵局、吸引司机与乘客，对司机和乘客采用低提成和高额补贴策略，此时搭乘网约车的消费者数量、网约车司机利润随平台补贴大幅度上升，网约车服务行业也迅猛发展，这在客观上反映网约车平台实行高额补贴策略的合理性。而随着网约车新政的出台，网约车的合法化，政府对网约车司机和车辆方面提出了更加严格的要求，司机准入之前以及之后要进行资质审查，如果发现问题，平台公司有权要求司机限期进行整改，如果司机不履行，可以将司机进行停运或禁运处理，另外，网约车车辆也要符合网约车新政的具体标准和营运要求。准入门槛的提高，使得绝大多数的网约车司机和车辆都无法达到要求。我国网约车市场出现"一家独大"的局面，多家网约车平台陆续取消优惠活动，对司机端由"补贴模式"转换为"抽成模式"，补贴"烧钱"的模式逐渐消失。在新的政策和规则下，网约车司机的满意度和从业意愿大大降低，不少司机选择退出网约车行业。

对于网约车司机而言，由于存在机会主义违约倾向和降低努力投入的道德风险，司机在进行网约车服务的过程中，可能会搭载路边扬手的乘客，取消网约车订单而发生违约行为，或是出现接单积极性不高、服务不规范等行为，从而损害乘客的出行利益。而在网约车市场发展初期，与网约车相关的管理条例还没有落实，政府和平台对司机并没有采取相应的惩治措施，导致网约车市场并没有健康地发展。为了使网约车市场有序地运行，政府强化对市场的规制力度，但同时也使网约车司机和车辆面临更严格的行政许可和资质审查，准入门槛提高、营运成本上涨等多方因素的综合影响使得司机面临继续从事网约车服务（又包括合法营运和非法营运）或是离开网约车市场的抉择。在政府监管下，平台应该制定合理的司机端补偿措施和惩罚措施，以达到规避司机违约行为，同时激励司机合法营运和提升服务水平的目的，这保证了网约车司机和网约车平台利益目标的一致性。

2.4.3　复杂问题情景下网约车乘客的利益诉求和冲突关系

网约车的快速发展给城市交通状况和居民出行带来了巨大的改变，网约车高效可靠的出行资源和即时的匹配系统能大大减少乘客的等候时间和搜寻成本，满足人们随时随地出行的个性化需求，提升乘客的出行体验。已有研究者通过问卷调研分析网约车用户的出行模式特征，Chen（2015）通过在匹兹堡地区进行网约车用户出行调查，比较传统运输服务与网约车服务之间的用户特征差异，并确定用户使用网约车服务时的态度和出行习惯，进一步将网约车用户出行特征的调查结果进行整合并建立出行行为数据库，得出网约车服务对出行习惯的影响；Dawes（2016）借助在线调查公司在美国各地分发的标准化的问卷调查，了解个体对 Uber、Lyft 和网约车技术的态度；Rayle 等（2016）在旧金山对网约车使用状况进行调查研究（关于受访者的出发地和目的地、出行目的、以前的出行模式、可替代模式的选择、汽车拥有权以及该地区基本人口统计等问题）。

但从乘客角度考虑网约车市场利益相关者博弈关系的研究还很少，由于乘客存在机会主义倾向，在等待司机接送过程中，乘客可能会乘坐路过的巡游出租车，取消网约车订单而发生违约行为，从而损害司机的利益，影响市场正常的运行。随着网约车新政的正式实施和行业垄断巨头的酝酿诞生，多家网约车平台开始降补贴、提车价，乘客乘坐网约车出行面临"打车难"和出行成本上涨的双重压力，使得其对网约车的持续使用意愿降低，转而选择其他的出行方式如巡游出租车、公交车、轨道交通等。因此，在网约车新政背景下，平台应该制定合理的乘客端补贴契约，同时建立有效的司乘互评机制，以达到规避乘客的机会主义违约倾向，提升乘客使用网约车的意愿的目的，这保证了网约车乘客和网约车平台利益目标的一致性。

2.5　网约车利益相关者的博弈关系分析

由于我国出租车市场的需求日益扩大，市场涉及乘客、司机、网约车平台和巡游出租车行业等数量众多的利益相关者，且各主体的价值趋向、风险偏好、心理预期、动机态度以及利益诉求等方面存在差异，因此不同利益相关者之间不可避免地会产生矛盾，引起冲突。尤其是网约车新政的出台以及垄断巨头的酝酿诞生，更激发了网约车行业多元利益相关者的新一轮自主博弈，使得我国网约车市场监管的复杂性急剧增加，我国出租车市场多元利益相关者之间的博弈关系简图如图2-1所示。

为了有效协调我国网约车行业的不同利益相关者之间的冲突关系，为网约车市场的监管提供决策依据，本书拟对我国网约车行业不同利益相关者之间的博弈关系进行系统分析，基于第2章网约车市场利益相关者自主博弈关系的梳理，从网约车市场微观层面（第3章、第4章、第5章和第6章），分别建立了网约车平台、司机和乘客之间的两两自主博弈模型以及网约车市场三方的演化博弈模型，在此基础之上，考虑个体行为特征（第7章和第8章），分析网约车利益相关者的有限理性行为特征对博弈关系和均衡解的影响机理，引入乘客忠诚度和司机过度自信倾向的有限理性行为特征，直至最终考虑整个出租车市场宏观层面（第9章、第10章和第11章），在第9章和第10章建立了网约车平台与传统出租车市场的竞争博弈，第11章以网约车平台为例，探究电商市场大数据"杀熟"现象如何破，从而促进我国网约车市场的稳定和可持续发展。

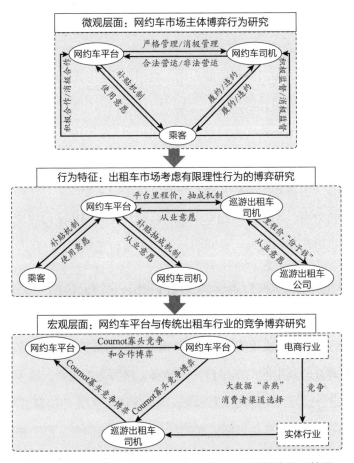

图2-1　我国出租车市场多元利益相关者之间的博弈关系简图

2.5.1　网约车平台与司机的演化博弈模型

第3章基于前文对网约车市场利益相关者博弈关系的梳理，在网约车新政正式实施的背景下，选取网约车平台和司机作为博弈参与人，假设网约车平台的纯策略集为 $S^1=\{e^1,e^2\}=\{$严格管理，消极管理$\}$，网约车司机的纯策略集 $S^2=\{e^3,e^4\}=\{$合法营运，非法营运$\}$。由此建立新政背景下网约车平台和司机演化博弈的支付矩阵，详细描述见第3章。

作为网约车市场的利益主体，一方面平台为了降低运营成本获得更大的收益，会根据司机的营运情况实施管理（严格管理或消极管理），另一方面司机由于机会主义倾向和追求利益最大化，会根据平台的管理策略而调整自己的营运策略（合法营运或非法营运），因此第3章运用演化博弈理论分析方法，从不同角度分别探讨了新政实施背景下网约车平台和网约车司机之间博弈行为的演化稳定策略。针对网约车平台与网约车司机不同的演化稳定策略，为了使网约车行业朝着一个良好的态势发展，政府监管部门需要改变对网约车平台的补偿力度和惩罚力度，加强对网约车平台的监管，使网约车平台更能积极主动地对网约车司机进行严格管理，从而引导网约车司机正常营运。

2.5.2　网约车平台与乘客的 Stackelberg 博弈模型

第4章主要基于 Stackelberg 博弈理论，分析网约车平台最优补贴和抽成策略以及乘客的最优出行决策的博弈关系，由于平台与乘客之间存在关于价格（补贴）的先后博弈，其中网约车平台为领导者，乘客为追随者，属于动态博弈模型中的先行定价模型，可将其视为 Stackelberg 博弈，双方的博弈过程如下：

（1）网约车平台首先根据以往的经验以及市场信息，推断乘客的最优出行行为（是否乘坐网约车出行），并据此制定最佳的乘客端补贴力度和司机端抽成力度。

（2）随着网约车新政的正式实施，多地网约车实行市场调节价，已经实现了乘客与司机之间价格信息对称，在网约车平台定价决策的基础上，乘客则根据网约车平台的补贴力度以及自身的支付意愿决定是否乘坐网约车出行：当乘客乘坐网约车所支付的费用扣除网约车平台的补贴力度小于乘客的支付意愿时，乘客选择网约车出行；否则，乘客放弃选择网约车出行，转而选择其他出行方式。此外，乘客的出行决策还取决于网约车市场的供需关系，如果网约车出行市场中乘客的需求远大于市场的实际供给，乘客在线下单后没有司机及时应答抢单，经常不能及时叫到网约车，等待时间普遍较长，用户体验差，网约车无法满足乘客随时随地便捷出行的需求，久而久之乘客就会放弃网约车，改而选择其他的出行方式。

（3）网约车平台依靠疯狂补贴"烧钱"从而跑马圈地的模式虽然曾使网约车市场在短时间内出现爆发式增长，但是补贴"烧钱"的模式并非长久之计。随着网约车新政的正式实施以及垄断巨头的酝酿诞生，网约车获得"合法"的身份，资本回归理性，价格战渐行渐远，多家网约车平台开始降补贴、提车价，并加大对司机端的抽成力度，一定程度上影响了乘客对网约车的持续使用意愿，同时也使不少司机处在去与留的十字路口。针对网约车车辆"供过于求"或"供不应求"以及因网约车平台补贴成本过高出现的补贴"烧钱"的现象，研究优化了网约车平台的乘客端补贴和司机端抽成策略，缓解司机和乘客资源流失的风险，并提高双方的收益，实现社会收益的帕累托改进。

2.5.3　规避司机与乘客双重违约行为的演化博弈模型

第5章以网约车司机和乘客作为博弈参与人，假设网约车司机和乘客都有两种策略可供选择——"履约"或"违约"，司机与乘客之间的市场竞争结构如下：双方首先通过网约车平台下单和抢单从而达成契约关系，然后乘客在等候网约车到来的过程中有两种选择：要么按契约规定等候乘坐网约车，即选择"履约"策略；要么选择乘坐巡游出租车或其他车辆，从而取消预约订单，即选择"违约"策略。同理，司机抢单后也面临两种选择：要么履约搭载网约车乘客；要么在赶往约定地点的过程中，搭载街边扬招的其他乘客，或者由于其他主观方面的原因，不再前往预约地点搭载网约车乘客，即选择"违约"策略。

作为网约车市场的中介方，网约车平台利用其监管职能，通过采用补偿－惩罚的控制措施，对网约车司机和乘客的交易行为进行监督：一方面对博弈中的违约方进行惩罚，从而抑制司机和乘客机会主义倾向的违约行为；另一方面对被违约方进行补偿，有效保护其使用积极性。关于补偿－惩罚控制措施下规避网约车司机与乘客双重违约行为的演化博弈的支付矩阵详见第5章。

根据演化博弈的支付矩阵，得到网约车司机和乘客各自的期望收益以及复制动态方程，然后通过对不同条件下该演化博弈的策略稳定性以及复制动态相位图进行分析，并通过算例仿真比较分析网约车平台的补偿 – 惩罚措施的不同调控力度对司机履约率和乘客履约率的影响。因此，通过调节补偿力度和惩罚力度来改变博弈双方的收益矩阵，进而影响网约车司机和乘客的选择行为，最终目的是提升（履约，履约）在所有四个策略对中所占的比率，从而减少博弈双方选择"违约"行为的比例，避免"囚徒困境"的结局出现。针对网约车市场中司机和乘客机会主义倾向的双重违约现象，研究结论有助于完善网约车平台的治理措施，促进网约车司机和乘客双方合作行为的达成。

2.5.4 在政府规制下网约车平台、司机和乘客的三方演化博弈模型

在前文的研究基础之上，第6章构建了在政府规制下网约车市场中平台、司机和乘客三方主体的演化博弈模型，选取网约车平台、司机和乘客作为博弈参与人，假设网约车平台的纯策略集为 $S^1=\{e^1, e^2\}=\{$ 严格管理，消极管理 $\}$，网约车司机的纯策略集 $S^2=\{e^3, e^4\}=\{$ 合法营运，非法营运 $\}$，乘客的纯策略集 $S^3=\{e^5, e^6\}=\{$ 积极合作，消极合作 $\}$。由此建立网约车平台、司机和乘客三方演化博弈的支付矩阵，详细描述见第6章。

根据网约车市场三方博弈的支付矩阵，得到网约车平台、司机和乘客各自的期望收益以及复制动态方程，然后分别对三方主体的演化路径及稳定性进行分析，并进一步考虑网约车市场三方共同作用的演化策略稳定性，最后通过算例仿真分析，从政府对平台和司机的管制角度出发，探讨政府实施奖励和惩罚措施对网约车市场三方主体博弈稳定性的影响，得到不同初始策略下网约车平台、司机和乘客策略的动态演化路径。研究表明政府对网约车市场的奖励措施和惩罚措施能极大地影响网约车平台、司机和乘客的合作关系，有助于进一步完善政府的规制策略。

2.5.5　基于乘客忠诚度的网约车平台、司机和巡游出租车公司的 Stackelberg 博弈模型

网约车新政背景下政府加入市场管制，乘客乘坐网约车的安全性在一定程度上得到提升，但新规对从事网约车服务的车辆与司机资质有了更严格的要求，从而导致司机加入网约车行业的从业意愿大大降低。另一方面，服务提供方（司机）的减少必将直接影响服务的接受方（乘客）接受服务的等待时间，进而又会影响双方对网约车平台的使用。就网约车平台来说，乘客是否愿意使用网约车软件约车出行以及司机是否愿意通过网约车平台接单这两方面将对网约车平台的运营产生直接影响。

第7章引入乘客忠诚度的有限理性特征，考虑司机与网约车平台以及巡游出租车公司的三方自主博弈关系。巡游出租车公司、网约车平台和出租车司机之间是关于价格制定的 Stackelberg 博弈：巡游出租车公司制定出租车里程价，网约车平台确定网约车里程价以及要支付给出租车司机的佣金或补贴，最后出租车司机根据巡游出租车公司和网约车平台的定价策略选择出租车服务模式，包括"单渠道"和"双渠道"的服务模式。本研究探讨乘客忠诚占比、对价格的敏感度对司机从事网约车意愿的影响机制，旨在提高司机的从业意愿，进而提升乘客的出行满意度，增加乘客的使用意愿，为网约车平台如何更好地吸引乘客、司机使用网约车 App，以及为实现三方共同获利提供建议。

2.5.6　基于过度自信倾向的网约车平台、司机和乘客三边道德风险规避委托代理模型

随着网约车新政的正式实施和行业垄断巨头的酝酿诞生，网约车被正式纳入出租车管理，政府管制要求网约车平台不得以低于成本的价格进行不正当竞争，资本回归理性，价格战渐行渐远，于是多家网约车平台开始降补贴、提车价，而且对司机端由"补贴模式"转换为"抽成模式"，不仅在一定程度上影响了乘客对网约车的使用意愿，同时也使不少司机开始退车离场。因此，在

价格优势不再明显的当下，网约车平台运营者应该如何制定合理的补贴策略，从而使网约车市场的供需关系达到稳定和平衡，是政府有关部门和网约车平台面临的重要问题之一。

第8章建立网约车平台、司机和乘客三方的委托代理模型：网约车平台为委托方，负责制定契约，委托司机提供网约车服务，并决定分给司机端和乘客端的最优补贴力度以及平台的最优抽成力度（即收益分成比例）；司机为代理人，负责提供网约车服务，乘客则需要根据网约车平台和司机的最优决策行为而决定其是否乘坐网约车。同时，基于现有文献对代理人过度自信倾向的探讨，进一步考虑代理人（司机）对网约车市场不利条件和有利条件的过度自信倾向，通过理论推导和数值仿真，比较分析司机的过度自信倾向对网约车平台最优补贴契约和收益的影响，并讨论如何通过补贴契约、努力成本等因素对司机的努力程度和乘客的使用意愿进行诱导，探索提升网约车市场收益的有效途径。

第8章研究拓展了网约车市场利益相关者博弈关系的研究视角，尤其是将司机对网约车市场不利条件和有利条件过度自信倾向纳入讨论有助于更全面地考察利益相关者的心理和行为偏差对行为决策的影响，使得网约车平台制定的补贴策略更贴近现实，从而对既有研究成果形成补充。

2.5.7 网约车平台、司机和乘客的最优行为决策模型

作为互联网企业探索服务业行业 O2O 的先行领域，为了提高软件的使用率，增强用户对打车软件的黏性，网约车平台在市场开拓期间对乘客和司机采取高额补贴，这一度成为社会热门话题。网约车相较于传统出租车具有明显的价格优势，降低了乘客的出行成本，使打车软件使用率急速增长；另一方面，可观的利润也吸引广大私家车和出租车加入网约车行业，间接增加了出租车司机的营运收入，提高了出租车的服务水平，形成网络出行行业的蓬勃发展态势（Seow et al.，2010）。培养用户的使用习惯是留住用户的第一步，当人们能够感受到打车软件 App 可以很好地满足自己随时随地出行的消费需求时，那么

他们对软件的依赖程度就越大，持续使用意愿也就越强（赵延昇 等，2015）。但是也有学者质疑网约车的大力补贴政策是否能真正改善城市居民出行"打车难"的现状，而网约车平台本身又是否有足够的盈利能力维持长期的生存？这已成为网约车行业在理论和实践发展过程中亟待解决的问题。

第9章首先系统地分析了网约车新政出台对于网约车市场均衡价格、补贴力度以及政府价格管制等方面的影响，在此基础上，运用博弈理论分别探讨在网约车新政背景下乘客、网约车司机及打车软件平台各自的最优行为选择。基于上述分析可知，网约车合法化后，打车软件放弃了高额补贴、不计前期投资成本的资本运作模式，"烧钱大战"已成历史，价格上涨成为必然趋势。补贴力度回落、驾驶成本增加影响了乘客的出行成本和司机的从业意愿，打车软件的用户黏性有所下降。以上事实将促使中国出行市场回归商业本质，探索合适的盈利模式，重回用服务和品质赢得市场的时代。

2.5.8　网约车平台和巡游出租车公司的 Cournot 寡头竞争博弈模型

第10章在第9章分析的网约车新政对我国出租车市场均衡以及网约车利益相关者最优决策进行系统分析的基础上，进一步基于博弈理论阐述我国网约车市场上存在的多家网约车平台以及它们与传统出租车公司的博弈关系。面对消费者多样化的出行需求，网约车的兴起与快速发展对传统出租车行业带来巨大冲击，严重挤压传统出租车的生存空间。由此，传统巡游出租车的运营体制与预约出租车的运营模式之间矛盾加剧，双方呈现日趋激烈的竞争博弈。

第10章考虑两个网约车平台（如滴滴出行和优步）在公平竞争的情况下，与巡游出租车公司进行 Cournot 博弈，进而构建三方的 Cournot-Nash 寡头竞争博弈模型，考虑网约车平台分别采取合作策略和不合作策略时三方的最优决策结果，对两种情况下的 Cournot 博弈的 Nash 均衡解进行比较分析，探讨网约车平台之间的合作动机，以及网约车平台合作策略对网约车价格（补贴）和出租车数量的影响机制。在网约车新政背景下研究我国网约车平台之间以及预约出租车与传统巡游出租车之间错综复杂的博弈关系，为政府制定相应的监管措施提供更好的决策支持与借鉴，具有比较重要的现实意义。

2.5.9 电商市场大数据"杀熟"现象的规制策略研究：以网约车平台为例

第11章基于电商市场频频被披露隐性存在的大数据"杀熟"现象，暴露出电商市场存在平台道德风险问题的隐患。以美国两大网约车平台 Uber 和 Lyft 为例，由于网约车动态收费模式导致支付价格不确定，他们也遭遇过大数据"杀熟"的诚信危机，为了重获乘客的信任，维护企业形象，它们及时推出同一路线固定收费的服务模式，以应对乘客对平台存在大数据"杀熟"的质疑，并上线乘客等车时间越长费用越低的新功能，降低乘客出行费用，同时平台的品牌效应和规模效应在一定程度上又吸引乘客重新选择网约车出行。

因此，第11章首先以政府监管为主导，建立电商平台"杀熟"定价行为及用户消费渠道选择的演化博弈模型，结果表明：政府的惩罚力度对平台道德风险问题的规避起决定性作用，当政府惩罚力度足够大时，系统稳定于（网络消费，公平定价）的理想情形；但如果政府惩罚力度不足，消费者的公平关切水平在一定程度上可以影响电商平台的定价策略，系统均衡结果将趋向于（网络消费，"杀熟"定价）或者不存在演化稳定策略，电商市场就会陷入平台大数据"杀熟"的困境。那么，电商市场应如何破除大数据"杀熟"所造成的信任危机？基于此建立政府和消费者协同监管机制下的演化博弈模型，研究得到：社会收益与监督成本是影响消费者监督策略的关键因素，社会收益与监督成本的差值越大，消费者选择"积极监督"行为的演化速度就越快；而且，当政府惩罚力度不足时，消费者监督带来的舆论压力和声誉损失可以有效约束平台的"杀熟"行为，倒逼平台进行"公平定价"。该研究结果对电商市场大数据"杀熟"行为监管机制的设计具有一定的启示。

第3章　新政背景下网约车平台对
网约车司机的管理策略

3.1 引　言

近年来，网约车等新业态的兴起给乘客带来了新体验，同时也导致新旧矛盾交织以及利益关系碰撞。随着网约车新政的正式实施，政府管理部门对网约车平台和司机提出了更为严格的要求。《网络预约出租汽车经营服务管理暂行办法》第十二条①和第十四条②规定，网约车司机及车辆进入网约车市场应满足相关的具体标准和营运要求，并经政府部门及平台核查与考核后，达到市场准入资质才可以进行营运。《网络预约出租汽车经营服务管理暂行办法》第

---

① 《网络预约出租汽车经营服务管理暂行办法》第十二条：拟从事网约车经营的车辆，应当符合以下条件：（一）7座及以下乘用车；（二）安装具有行驶记录功能的车辆卫星定位装置、应急报警装置；（三）车辆技术性能符合运营安全相关标准要求。车辆的具体标准和营运要求，由相应的出租汽车行政主管部门，按照高品质服务、差异化经营的发展原则，结合本地实际情况确定。

② 《网络预约出租汽车经营服务管理暂行办法》第十四条：从事网约车服务的驾驶员，应当符合以下条件：（一）取得相应准驾车型机动车驾驶证并具有3年以上驾驶经历；（二）无交通肇事犯罪、危险驾驶犯罪记录，无吸毒记录，无饮酒后驾驶记录，最近连续3个记分周期内没有记满12分记录；（三）无暴力犯罪记录；（四）城市人民政府规定的其他条件。

十六条^①、第十七条^②和第十八条^③规定，网约车平台公司应当保证网约车司机具有合法从业资格，保证行驶车辆具备合法营运资质，技术状况良好，安全性能可靠，应当记录司机、乘客在其服务平台发布的用户注册信息、身份认证信息、信息内容、订单日志、网上交易日志、行驶轨迹日志、上网日志等数据并备份，承担承运人责任，保证运营安全，保障乘客合法权益（交通运输部 等，2016）。

在网约车新政实施和行业垄断巨头酝酿诞生的背景下，网约车平台和网约车司机会发生怎样的自主博弈行为呢？在这一过程中，影响双方博弈的均衡结果和稳定性的因素有哪些？为了回答上述问题，本章尝试借助演化博弈理论，深入研究新政出台背景下网约车平台和网约车司机之间的行为演化关系，在政府的监管调控下，对其博弈行为演化过程及演化稳定策略进行探讨，并分析影响演化博弈均衡结果的关键因素，为政府制定科学合理的网约车安全监管机制提供借鉴和参考。

---

① 《网络预约出租汽车经营服务管理暂行办法》第十六条：网约车平台公司承担承运人责任，应当保证运营安全，保障乘客合法权益。

② 《网络预约出租汽车经营服务管理暂行办法》第十七条：网约车平台公司应当保证提供服务车辆具备合法营运资质，技术状况良好，安全性能可靠，具有营运车辆相关保险，保证线上提供服务的车辆与线下实际提供服务的车辆一致，并将车辆相关信息向服务所在地出租汽车行政主管部门报备。

③ 《网络预约出租汽车经营服务管理暂行办法》第十八条：网约车平台公司应当保证提供服务的驾驶员具有合法从业资格，按照有关法律法规规定，根据工作时长、服务频次等特点，与驾驶员签订多种形式的劳动合同或者协议，明确双方的权利和义务。网约车平台公司应当维护和保障驾驶员合法权益，开展有关法律法规、职业道德、服务规范、安全运营等方面的岗前培训和日常教育，保证线上提供服务的驾驶员与线下实际提供服务的驾驶员一致，并将驾驶员相关信息向服务所在地出租汽车行政主管部门报备。网约车平台公司应当记录驾驶员、约车人在其服务平台发布的信息内容、用户注册信息、身份认证信息、订单日志、上网日志、网上交易日志、行驶轨迹日志等数据并备份。

3.2　新政背景下网约车平台与网约车司机的演化博弈模型

网约车新政的出台尽管使网约车获得了"合法身份"，但同时也意味着网约车行业将面临更多的行政许可和更少的补贴，对于网约车平台和网约车司机也提出了更严格的要求。一方面，新政要求网约车平台按照相关规定对网约车司机进行严格监管，增加了网约车平台的运营成本；另一方面，对于网约车司机而言，由于网约车所具有的"共享经济"本质，网约车司机本不用像巡游出租车司机一样面对严格的准入管制，也不需要向出租车公司缴纳"份子钱"，由此吸引了大批尝鲜者，然而，新政对网约车司机提出的更加严格的监管和限制条件，使得网约车司机还没来得及咀嚼分享经济的成果，就被推向去与留的十字路口。

3.2.1　网约车平台与网约车司机博弈模型的建立

在网约车新政实施的背景下，选取网约车平台与网约车司机作为博弈参与人，假设网约车平台有两种行动可供选择——严格管理和消极管理："严格管理"策略是指网约车平台按照新政的规定严格审查网约车司机，清理不具备合法营运资格的司机；"消极管理"策略是指网约车平台未能符合新政的规定对网约车司机进行审查，允许没有达到标准的网约车司机继续营运。而网约车司机也有两类行为可供选择——合法营运与非法营运："合法营运"策略是指网约车司机按照新政的要求达到准入标准而进行营运；"非法营运"策略是指网约车司机未能按照新政的要求达到准入标准而进行的不合法的营运。记 e^1 表示"严格管理"，e^2 表示"消极管理"，e^3 表示"合法营运"，e^4 表示"非法营运"，则网约车平台的纯策略集 $S^1=\{e^1, e^2\}=\{$ 严格管理，消极管理 $\}$，网约车司机的纯策略集 $S^2=\{e^3, e^4\}=\{$ 合法营运，非法营运 $\}$。在网约车平台和网约车司机之间，可做如下合理性假设：

假设1：假设网约车司机选择"合法营运"和"非法营运"策略的概率分

别为 x 和 $1-x$；而网约车平台选择"严格管理"策略和"消极管理"策略的概率分别为 y 和 $1-y$。

假设2：当网约车司机选择"非法营运"策略时，其付出的惩罚成本为 $C_{11}>0$（例如政府监管部门对非法营运行为进行行政罚款或扣分处理，或暂扣不符合条件的车辆等处罚），同理，当网约车司机选择"合法营运"策略时，其付出的成本为 $C_{12}>0$（为达到新政所要求的网约车运营标准，网约车司机对车辆进行改良的费用以及办理相关法定程序所花费的时间成本等），而且由于新政对网约车司机提出了更严格的行政审核和限制条件，因此假设网约车司机"合法营运"所花费的成本一定小于"非法营运"而受到的惩罚成本，即 $C_{12}<C_{11}$，否则网约车司机没有动力选择"合法营运"策略。假设网约车司机从事"合法营运"和"非法营运"所获得的有形收入相等，均为 $R_{11}>0$。

假设3：当网约车平台选择"严格管理"策略时，其在严格管理过程中所花费的时间和物质成本为 $C_{21}>0$。当网约车平台对非法营运的司机进行管理和处理后（如通过"封号"等措施禁止网约车司机非法营运），平台的网约车供应量急剧递减，给平台运营带来的最大的风险成本为 $C_{22}>0$。另外，考虑到网约车平台在管理过程中的不断调整，风险成本与非法营运的司机比例呈正相关关系，所以平台的风险成本为 $C_{22}(x)=(1-x)C_{22}$。在网约车新政实施背景下，网约车平台选择"严格管理"策略所带来的声誉激励效应为 $R_{21}>0$。而当网约车平台选择"消极管理"策略时，所受到的惩罚成本为 $C_{23}>0$（例如政府监管部门对未按照网约车新政规定执行严格审核和监管程序的网约车平台停止提供网约车接入服务或处以罚款等）。

假设4：网约车正常营运时，通过资源共享，有效调动并充分利用闲置的资源，促进了客运行业要素的开放与共享，提高了经济效率，进而缓解了城市居民出行难的问题（谢志刚，2015），导致整个社会的福利上升，网约车平台获得的治理效益为 $R_{22}>0$；而网约车司机非法营运时，会对城市交通拥堵以及居民出行安全带来一定的负面影响，导致整个社会的福利降低，网约车平台对网约车治理的损失为 $C_{24} > 0$。

由此建立网约车平台和网约车司机之间博弈的支付矩阵如表3-1所示。

表3-1 网约车平台与网约车司机之间博弈的支付矩阵

网约车司机	网约车平台	
	严格管理	消极管理
合法营运	$R_{11}-C_{12}, R_{21}-C_{21}+R_{22}$	$R_{11}-C_{12}, R_{22}-C_{23}$
非法营运	$R_{11}-C_{11}, R_{21}-C_{21}-(1-x)C_{22}-C_{24}$	$R_{11}, -C_{24}-C_{23}$

3.2.2 博弈模型的均衡解

根据支付矩阵，可以算出在网约车新政实施的背景下以及政府有关部门的管制下，网约车司机的期望收益为：

$$E_{合法营运} = f_{VD} = y(R_{11}-C_{12}) + (1-y)(R_{11}-C_{12}) = R_{11}-C_{12} \tag{3-1}$$

$$E_{非法营运} = f_{ID} = y(R_{11}-C_{11}) + (1-y)R_{11} = R_{11}-yC_{11} \tag{3-2}$$

$$E_{平均} = f_D = xf_{VD} + (1-x)f_{ID} = R_{11}-xC_{12}-yC_{11}+xyC_{11} \tag{3-3}$$

则网约车司机的复制动态方程为：

$$F(x) = \mathrm{d}x/\mathrm{d}t = x(f_{VD}-f_D) = x(1-x)(yC_{11}-C_{12}) \tag{3-4}$$

同理，在网约车新政实施的背景下以及政府有关部门的管制下，网约车平台的期望收益为：

$$E_{严格管理} = f_{SP} = x(R_{21}-C_{21}+R_{22}) + (1-x)\left[R_{21}-C_{21}-(1-x)C_{22}-C_{24}\right]$$

$$= -(1-x)^2 C_{22}-C_{21}+R_{21}-(1-x)C_{24}+xR_{22} \tag{3-5}$$

$$E_{消极管理} = f_{LP} = x(R_{22}-C_{23}) + (1-x)(-C_{24}-C_{23}) = xR_{22}+(x-1)C_{24}-C_{23} \tag{3-6}$$

$$E_{平均} = f_P = yf_{SP} + (1-y)f_{LP} = -y(1-x)^2 C_{22}-yC_{21}-(1-x)C_{24}+yR_{21}-(1-y)C_{23}+xR_{22} \tag{3-7}$$

则网约车平台的复制动态方程为：

$$F(y) = \mathrm{d}y/\mathrm{d}t = y(f_{SP}-f_P) = y(1-y)\left[-(1-x)^2 C_{22}-C_{21}+C_{23}+R_{21}\right] \tag{3-8}$$

3.3　模型演化动态的策略稳定性分析

根据前面的分析，网约车司机"合法营运"所花费的成本一定小于"非法营运"而受到的惩罚成本，即 $C_{12} < C_{11}$，因此，本书根据网约车平台"严格管理"时的净收益（收入与成本的差额，即 $R_{21}-C_{21}-C_{22}$）与其"消极管理"时的收益 $(-C_{23})$ 值的大小，分成以下几种情形分别讨论网约车平台与网约车司机之间演化博弈的策略稳定性。

3.3.1　网约车平台"严格管理"的净收益大于其"消极管理"的净收益的稳定性分析

当网约车平台选择"严格管理"策略的净收益大于其选择"消极管理"策略的净收益，即情形①：$R_{21}-C_{21}-C_{22} > -C_{23}$ 时，则可以得到 $-C_{21}+C_{23}+R_{21} > C_{22}$，则 $-(1-x)^2C_{22}-C_{21}+C_{23}+R_{21} > 0$ 恒成立，因此不存在内点均衡点。

根据式（3-4）和式（3-8）的复制动态方程联立求解，可知演化博弈系统的4个局部均衡点分别为：$(0,0)$、$(0,1)$、$(1,0)$、$(1,1)$。由 $F(x)$ 与 $F(y)$ 构成的雅克比矩阵为：

$$J = \begin{bmatrix} (1-2x)(yC_{11}-C_{12}) & x(1-x)C_{11} \\ 2(1-x)y(1-y)C_{22} & (1-2y)\left[-(1-x)^2C_{22}-C_{21}+C_{23}+R_{21}\right] \end{bmatrix} \quad (3-9)$$

通过计算雅克比矩阵的行列式符号以及特征值，对4个均衡点的稳定性进行分析，结果如表3-2所示。在4个均衡点中，只有点 $B(1,1)$ 具有局部稳定性，点 $A(1,0)$ 为不稳定点，点 $O(0,0)$ 和 $C(0,1)$ 为鞍点。根据表3-2可得网约车平台与网约车司机之间演化博弈的复制动态关系相位图，如图3-1所示。

由图3-1可知，由于网约车平台"严格管理"的净收益大于其"消极管理"的净收益，网约车平台"严格管理"的概率 y 逐渐增加，而在 $y < C_{12}/C_{11}$ 的情况下，由于网约车平台"严格管理"的概率较小，网约车司机选择"非法营运"策略的概率在逐渐递增，而当 $y > C_{12}/C_{11}$ 时，由于网约车平台选择"严格管理"的概率变得较大，所以网约车司机选择"合法营运"策略的概率也随之递增。此时，$B(1,1)$ 成为演化博弈的唯一演化稳定策略，即当网约车"严格管理"的净收益大于其"消极管理"的净收益时，该博弈可以实现策略对（合法营运，严格管理）的成功演化。

表3-2　情形①时网约车平台与网约车司机之间演化博弈的稳定性分析

均衡点	行列式的符号	特征值	特征值的符号	稳定性
$(0,0)$	−	$\lambda_1=-C_{12}$ $\lambda_2=C_{23}-C_{21}-C_{22}+R_{21}$	$\lambda_1<0$ $\lambda_2>0$	鞍点
$(0,1)$	−	$\lambda_1=C_{11}-C_{12}$ $\lambda_2=C_{21}+C_{22}-C_{23}-R_{21}$	$\lambda_1>0$ $\lambda_2<0$	鞍点
$(1,0)$	+	$\lambda_1=C_{12}$ $\lambda_2=C_{23}-C_{21}+R_{21}$	$\lambda_1>0$ $\lambda_2>0$	不稳定点
$(1,1)$	+	$\lambda_1=C_{12}-C_{11}$ $\lambda_2=C_{21}-C_{23}-R_{21}$	$\lambda_1<0$ $\lambda_2<0$	稳定点

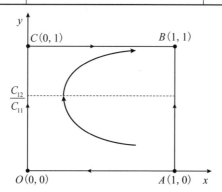

图3-1　情形①时网约车平台与网约车司机之间演化博弈的复制动态相位图

3.3.2　网约车平台"严格管理"的净收益小于其"消极管理"收益时的稳定性分析

当网约车平台选择"严格管理"策略的净收益小于其选择"消极管理"策略的收益，即 $R_{21}-C_{21}-C_{22}<-C_{23}$ 时，可以得到 $-R_{21}+C_{21}-C_{23}>-C_{22}$，则又可以分成下述两种情形分别讨论网约车平台与网约车司机之间演化博弈的均衡点的稳定性，即情形②：$C_{21}-R_{21}-C_{23}>0$，以及情形③：$C_{21}-R_{21}-C_{23}<0$。

3.3.2.1 情形②的策略稳定性分析

当 $C_{21}-R_{21}-C_{23}>0$ 时，则 $-(1-x)^2C_{22}-C_{21}+C_{23}+R_{21}<0$ 恒成立，因此不存在内点均衡点。因此通过式（3-4）和式（3-8）的复制动态方程联立求解，同理可得博弈的4个均衡点为：$(0,0)$、$(0,1)$、$(1,0)$、$(1,1)$。同理，通过计算雅克比矩阵的行列式符号和特征值符号，对这4个局部均衡点的稳定性进行分析，结果如表3-3所示。在4个均衡点中，只有点 $O(0,0)$ 具有局部稳定性，点 $C(0,1)$ 为不稳定均衡点，点 $A(1,0)$ 和 $B(1,1)$ 为鞍点。根据表3-3可得此时网约车平台与网约车司机之间演化博弈的复制动态相位图，如图3-2所示。

表3-3 情形②时网约车平台与网约车司机之间演化博弈的稳定性分析

均衡点	行列式的符号	特征值	特征值的符号	稳定性
$(0,0)$	+	$\lambda_1=-C_{12}$ $\lambda_2=C_{23}-C_{21}-C_{22}+R_{21}$	$\lambda_1<0$ $\lambda_2<0$	稳定点
$(0,1)$	+	$\lambda_1=C_{11}-C_{12}$ $\lambda_2=C_{21}+C_{22}-C_{23}-R_{21}$	$\lambda_1>0$ $\lambda_2>0$	不稳定点
$(1,0)$	−	$\lambda_1=C_{12}$ $\lambda_2=C_{23}-C_{21}+R_{21}$	$\lambda_1>0$ $\lambda_2<0$	鞍点
$(1,1)$	−	$\lambda_1=C_{12}-C_{11}$ $\lambda_2=C_{21}-C_{23}-R_{21}$	$\lambda_1<0$ $\lambda_2>0$	鞍点

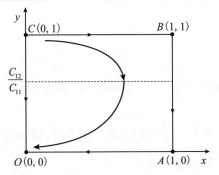

图3-2 情形②时网约车平台与网约车司机之间演化博弈的复制动态相位图

由图3-2可知，演化动态的渐近稳定点是 $O(0,0)$，这是由于尽管网约车选择"严格管理"带来的风险成本 C_{22} 为0，但是网约车平台选择"严格管理"的净收益小于其选择"消极管理"的收益，并且 $C_{21}-R_{21}-C_{23}>0$，所以网约车平台更加倾向于选择"消极管理"策略。当 $y > C_{12}/C_{11}$ 时，此时由于网约车平台选择"严格管理"的概率较大，因此网约车司机选择"合法营运"的概率相应递增，这种变化趋势直到 $y < C_{12}/C_{11}$ 时，网约车平台选择"严格管理"的概率降低，则网约车司机"非法营运"的概率逐渐递增。点 $O(0,0)$ 成为演化博弈的唯一演化稳定策略，即纯策略（非法营运，消极管理）是演化稳定策略，这是类似于"囚徒困境"的均衡结果。

3.3.2.2　情形③的策略稳定性分析

当 $C_{21}-R_{21}-C_{23} < 0$ 时，则 $\sqrt{\dfrac{R_{21}+C_{23}-C_{21}}{C_{22}}} < 1$，因此通过式（3-4）和式（3-8）的复制动态方程联立求解，同理可得博弈的5个均衡点为：$(0,0)$、$(0,1)$、$(1,0)$、$(1,1)$、$\left(1-\sqrt{\dfrac{R_{21}+C_{23}-C_{21}}{C_{22}}},\dfrac{C_{12}}{C_{11}}\right)$。由于当 $x_0 = 1-\sqrt{\dfrac{R_{21}+C_{23}-C_{21}}{C_{22}}}$，$y_0 = \dfrac{C_{12}}{C_{11}}$ 时，$x_0 \in [0,1]$，$y_0 \in [0,1]$，则 $\left(1-\sqrt{\dfrac{R_{21}+C_{23}-C_{21}}{C_{22}}},\dfrac{C_{12}}{C_{11}}\right)$ 是内点均衡点。通过计算雅克比矩阵的行列式符合和特征值符号，对这5个局部均衡点的稳定性进行分析，结果如表3-4所示。在5个均衡点中，点 $O(0,0)$ 以及点 $B(1,1)$ 具有局部稳定性，

表3-4　情形③时网约车平台与网约车司机之间演化博弈的稳定性分析

均衡点	行列式的符号	特征值	特征值的符号	稳定性
$(0,0)$	+	$\lambda_1 = -C_{12}$ $\lambda_2 = C_{23}-C_{21}-C_{22}+R_{21}$	$\lambda_1 < 0$ $\lambda_2 < 0$	稳定点
$(0,1)$	+	$\lambda_1 = C_{11}-C_{12}$ $\lambda_2 = C_{21}+C_{22}-C_{23}-R_{21}$	$\lambda_1 > 0$ $\lambda_2 > 0$	不稳定点
$(1,0)$	+	$\lambda_1 = C_{12}$ $\lambda_2 = C_{23}-C_{21}+R_{21}$	$\lambda_1 > 0$ $\lambda_2 > 0$	不稳定点
$(1,1)$	+	$\lambda_1 = C_{12}-C_{11}$ $\lambda_2 = C_{21}-C_{23}-R_{21}$	$\lambda_1 < 0$ $\lambda_2 < 0$	稳定点
(x_0,y_0)	−	λ_1 λ_2	$\lambda_1 < 0$ $\lambda_2 > 0$	鞍点

注：$\lambda_{1,2} = \pm\sqrt{2C_{11}C_{12}x_0y_0(1-x_0)(1-y_0)}$。

点 $C(0, 1)$ 和点 $A(1, 0)$ 为不稳定均衡点。根据表3-4可得此时网约车平台与网约车司机之间演化博弈的复制动态相位图，如图3-3所示。

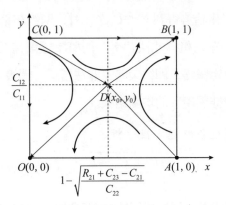

图3-3　情形③时网约车平台与网约车司机之间演化博弈的复制动态相位图

由图3-3可知，网约车平台和网约车司机之间演化博弈的均衡结果和稳定状态受到初始状态与鞍点 $D(x_0, y_0)$ 相对位置的影响，当初始状态处于区域 $ABCDA$ 时，系统将收敛于点 $B(1, 1)$，当初始状态处于区域 $OADCO$ 时，系统将收敛于点 $O(0, 0)$。在当前网约车新政出台以及垄断巨头酝酿诞生的现实背景下，显然，纯策略（合法营运，严格管理）是期望得到的均衡结果，为此就需要不断扩大区域 $ABCDA$，缩小区域 $OADCO$，则决定两者面积变化的鞍点 $D(x_0, y_0)$ 就要逐渐向左下方移动。即如果政府加强对网约车平台的调控力度，增强"严格管理"的声誉激励效应或者加大"消极管理"的惩罚力度，则演化动态的渐近稳定策略（合法营运，严格管理）；但是如果政府弱化对网约车平台"严格管理"的声誉激励效应或者减小其管控力度，则演化博弈逐渐向着稳定策略（非法营运，消极管理）的方向演变。

3.4　仿真算例

针对情形①：当网约车平台选择"严格管理"的净收益大于其选择"消极管理"的净收益时，令 $C_{11}=2$、$C_{12}=1$、$C_{21}=4$、$C_{22}=2$、$C_{23}=3$、$R_{21}=4$为参数的初始值，网约车司机选择"合法营运"与网约车平台选择"严格管理"的概率在不同初始条件下博弈的均衡策略演化路径如图3-4（a）所示。由图3-4（a）可知，网约车新政的出台和政府对网约车平台的大力管控在明显降低平台选择"严格管理"的成本同时增加其选择"消极管理"的惩罚，之后会推动网约车司机"合法营运"积极性的迅速提升，在不同的概率初始比例下，系统相继向点 $B(1,1)$ 演化逼近，（合法营运，严格管理）成为唯一的演化稳定策略，这种情况也是期望得到的均衡结果。

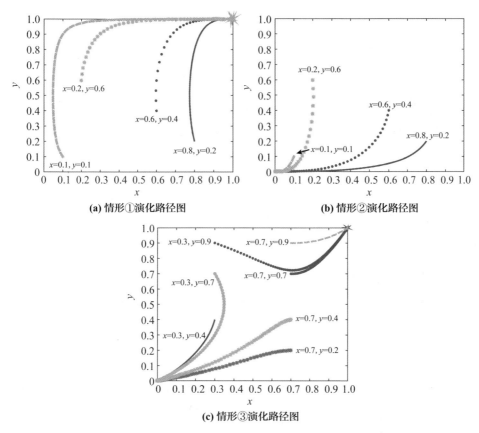

图3-4　网约车平台与网约车司机之间演化博弈的策略演化路径图

针对情形②：当网约车平台选择"严格管理"的净收益小于其选择"消极管理"的净收益，且 $C_{21}-R_{21}-C_{23}>0$ 时，令 $C_{11}=2$、$C_{12}=1$、$C_{21}=4$、$C_{22}=2$、$C_{23}=2$、$R_{21}=1$ 为参数的初始值，网约车司机选择"合法营运"与网约车平台选择"严格管理"的概率在不同初始条件下博弈的均衡策略演化路径如图3-4

（b）所示。由图3-4（b）可知，在不同的概率初始比例下，系统相继收敛于点 $O(0, 0)$，纯策略（非法营运，消极管理）成为演化博弈唯一的演化稳定策略。尽管网约车选择"严格管理"带来的风险成本为0，但是网约车平台选择"严格管理"的过低收益使得其对网约车司机的"非法营运"行为选择"睁一只眼闭一只眼"，而网约车司机则"非法营运"盛行，从网约车行业发展的角度看，这种情况是极不合理的，既不能增加网约车平台和网约车司机的收入，也不利于网约车行业的健康和可持续发展。

针对情形③：当网约车平台选择"严格管理"的净收益小于其选择"消极管理"净收益，且 $C_{21}-R_{21}-C_{23} < 0$ 时，令 C_{11}=2、C_{12}=1、C_{21}=4、C_{22}=2、C_{23}=2、R_{21}=3为参数的初始值，网约车司机选择"合法营运"与网约车平台选择"严格管理"的概率在不同初始条件下博弈的均衡策略演化路径如图3-4（c）所示。由图3-4（c）可知，在不同的概率初始比例下，系统最终演化趋势可能收敛于点 $B(1, 1)$ 也可能收敛于点 $O(0, 0)$，即网约车平台和网约车司机的最优取决于博弈的初始状态以及政府的调控力度。

3.5 本章小结

网约车平台和司机作为演化博弈的主体，各自有着自由的选择，网约车平台可以选择"严格管理"或"消极管理"策略，而网约车司机则可以选择"合法营运"或"非法营运"策略，缺乏政府有效监管的网约车市场将陷入网约车平台"消极管理"而司机"非法营运"的"囚徒困境"状态。在网约车新政出台和行业垄断巨头酝酿诞生的背景下，网约车行业面临更严格的政府监管和行政许可。

本章运用演化博弈理论分析方法，分析了网约车新政实施背景下网约车平台和网约车司机之间博弈行为的演化稳定策略。研究表明：当网约车平台选择"严格管理"的净收益大于其选择"消极管理"的收益时，该博弈可以实现策略对（合法营运，严格管理）的成功演化，这是期望得到的均衡结果；

而当网约车选择"严格管理"的净收益相比其选择"消极管理"的收益更低且 $C_{21}-R_{21}-C_{23}>0$ 时，纯策略（非法营运，消极管理）成为博弈唯一的演化稳定策略，此时博弈陷入"囚徒困境"，这种情况极其不利于网约车行业的发展；但是当网约车选择"严格管理"的净收益相比其选择"消极管理"的净收益更低且 $C_{21}-R_{21}-C_{23}<0$ 时，（合法营运，严格管理）以及（非法营运，消极管理）成为演化博弈的稳定策略。

在网约车新政实施背景下政府有关部门对网约车市场的调控可以有效保护网约车平台"严格管理"的积极性，从而控制和杜绝网约车司机"非法营运"行为：当政府相关部门的调控力度比较大时，演化博弈最终向点 $B(1,1)$ 逼近，（合法营运，严格管理）成为演化稳定策略；当政府相关部门的调控力度较小时，会有效抑制网约车平台"严格管理"的积极性，从而滋长、纵容网约车司机"非法营运"行为的发生，演化博弈最终向点 $O(0,0)$ 逼近，即网约车平台"消极管理"，而网约车司机"非法营运"盛行。要实现网约车平台"严格管理"率和网约车司机"合法营运"率达到理想状态并长期保持，应该加大对策略对（非法营运，消极管理）的识别并给予网约车司机"非法营运"较高的惩罚，对网约车平台"严格管理"辅以适当的补偿。

综上，在政府监管部门的管制下，网约车平台与网约车司机的演化博弈面对不同情况的初始条件会有不同的演化稳定策略。针对严格管理与消极管理的网约车平台的净收益差异，在不同情形下政府监管部门需要适应性地调整对网约车平台的补偿力度和惩罚力度，真正发挥网约车平台的监管作用，引导网约车平台从被动到对网约车司机进行严格管理，形成更加积极主动的常态式管理习惯，进而规范网约车司机的营运行为。

第4章 基于网约车平台补贴和抽成策略的乘客出行决策行为研究

4.1 引　言

近年来，随着共享经济的迅速崛起，网约车也应运而生并快速发展。作为互联网企业探索服务行业O2O的先行领域，网约车从出现伊始，就深刻影响城市整体交通状况和城市居民出行方式，并在世界各地都引发了广泛的关注、争议和冲突。为了吸引更多司机加入网约车行业，充分调动司机接单的积极性，同时培养乘客对网约车的消费习惯，抢夺市场份额，网约车平台在市场开拓期间曾疯狂"烧钱"，通过打折、降价、充返、返券等方式对司机和乘客采取高额补贴策略，一度成为社会的热门话题。滴滴出行和优步等网约车平台的出现给城市居民的出行带来了新的选择，然而随着网约车新政的实施以及垄断巨头的酝酿诞生，网约车平台对司机端和乘客端采取降补贴、提车价的措施，这一举措引发网约车用户的广泛关注。2016年7月27日，交通运输部联合公安部等七部门正式公布了《网络预约出租汽车经营服务管理暂行办法》，网约车获得"合法身份"；8月1日，滴滴出行与优步达成战略协议。自此，包括滴滴出行在内的多家网约车平台一方面对司机端由"补贴模式"转换为"抽成模式"，使得不少司机选择退出，影响了网约车的市场供应量；另一方面，网约车平台对乘客端悄然降补贴、提车价，乘客出行面临"打车难"和出行成本上涨的双重压力，乘客对网约车平台的使用意愿持续下降。

因此，此前一直野蛮生长的网约车市场在最终进入规范化时代之后，逐渐回归理性化发展，我国网约车平台应该如何制定合理的补贴和抽成策略，成为交通系统规划与管理领域的热点问题之一。

本章构建网约车平台和乘客之间的 Stackelberg 博弈模型，并通过相应的数学推导分析，分析了网约车平台的补贴和抽成策略对乘客是否选择网约车出行的决策行为以及网约车市场均衡的影响，为网约车平台的良好健康运营提供实际的参考。

4.2　模型说明

4.2.1　问题描述

网约车平台是典型的双边市场，网约车司机和乘客在平台上直接进行信息交换和交易。为了培养司机和乘客对网约车的使用习惯，网约车平台通过打折、优惠、降价、返券等方式进行不计成本的"烧钱大战"。随着网约车新政的出台和垄断巨头的酝酿诞生，一方面，用户网约车出行习惯养成，网约车平台不再对乘客端进行高额补贴，网约车平台需要制定合理的乘客端补贴策略来抢夺市场份额；另一方面，网约车平台对司机端由"补贴模式"转换为"抽成模式"，最终影响乘客选择是否乘坐网约车出行。因此，网约车平台需要采取合理的定价策略来维持网约车市场的供需平衡。

网约车平台与乘客之间形成关于定价－出行需要的 Stackelberg 博弈过程：在这个博弈模型中，作为领导者的网约车平台首先根据其以往的经验以及市场信息，推断乘客的最优出行行为（是否乘坐网约车出行），并据此制定最佳的乘客端补贴力度和司机端抽成力度。随着网约车新政的正式实施，多地网约车实行市场调节价，已经实现了乘客与司机之间价格信息对称，因此，在网约车平台定价决策的基础上，乘客则根据网约车平台的补贴力度以及自身的支付意愿决定是否乘坐网约车出行（随着滴滴出行与优步的联合，我国网约车市场出现"一家独大"的局面，因此，本章考虑市场中只有一个网约车平台的情况，忽略乘客对于多个网约车平台的选择行为）。当乘客乘坐网约车所支付的费用扣除网约车平台的补贴力度小于乘客的支付意愿时，乘客选择网约车出行；否则，乘客放弃选择网约车出行，转而选择其他出行方式，如选择乘坐巡游出租车、公交车、轨道交通等。

4.2.2　符号说明

$D(w)$：表示乘客出行市场的总需求，其中 w 表示市场经济状况。我国不断提高的城镇化率和居民生活水平、不断加大的人口密度以及快速发展的移动互联网技术，催生巨大的城市居民出行市场，本章假设出行市场总需求 $D(w)$ 与市场经济状况 w 呈正相关。

R：表示网约车平台对乘客端的补贴力度，补贴形式包括打折、红包、返券、充返政策等，依靠补贴刺激乘客使用网约车，培养乘客的消费习惯和忠诚度。

q：表示乘客对网约车的需求量。根据罗兰贝格国际管理咨询公司的一项调研，伴随着网约车出行的普及，居民早晚高峰出行困难的问题得到了极大的改善：65% 的居民表示过去高峰时段打不到车的情况通过网约车出行得到了解决，33.4% 的居民表示在高峰时段更愿意选择网约车出行而非传统的巡游出租车（刘凯强 等，2016）。

C：表示网约车平台运营的固定成本支出，包括平台正常运营所需要的人、财、物的投入以及平台宣传推广费用的投入等。

S：为网约车的市场供应量，可以用市场上合法运营的网约车车辆数或者网约车司机数量来表示。

h：表示订单完成后网约车平台对司机端的抽成力度，按照乘客支付金额的百分比进行抽成，相当于传统出租车交的"份子钱"。

p：表示平台制定的网约车价格。

x：表示乘客乘坐网约车的期望价格或支付意愿（willingness-to-pay，WTP，即乘客愿意为乘坐网约车所付出的最高价格），$g(x)$ 和 $G(x)$ 为期望价格的概率密度函数和分布函数。

4.2.3　假设说明

（1）虽然长期而言，出行市场经济状况 w 为不确定的随机变量，但是对于特定的某一时期，出行市场经济状况是一个确定的变量，因此本章假设出行市场整体经济状况 w 为特定时期的非随机变量。

（2）根据目前我国网约车市场的现状，本章假设第 i 个乘客所支付的实际价格 p_i 与所行驶的实际里程 f_i 成正比，a 为起步价格，b 为超过起步里程 f_0 之后的单价，则可以得到 $p_i=\begin{cases} a & f_i \leqslant f_0 \\ a+b(f_i-f_0) & f_i > f_0 \end{cases}$，$i=1,2,\cdots,D(w)$。为简化分析，忽略乘客的异质性，假设所有乘客的出行需求都是同质化的（尹贻林等，2016；杨浩雄 等，2016），因此将乘客乘坐网约车的价格取平均值 p，乘客行驶里程取平均值 f，以平均价格代替每一个乘客的实际价格，可以得到：

$$p=\frac{1}{D(w)}\sum_{i=1}^{D(w)}p_i=\begin{cases} a & f \leqslant f_0 \\ a+b(f-f_0) & f > f_0 \end{cases} \tag{4-1}$$

（3）乘客选择乘坐网约车的期望效用 $U(q)$ 可写为：$U(q)=\alpha w \ln(1+\beta q)$，其中，$\alpha$ 和 β 均为大于零的常数。由于数量管制，出租车数量增长缓慢，明显跟不上出行市场需求量的增长。在网约车市场供应量一定的情况下，随着乘客出行需求的日益增长，"高峰时段打车难""拥堵路段打车难"以及订单响应时间长等问题会降低乘客的边际期望效用，因此，假设乘客的边际期望效用关于网约车市场需求量 q 单调递减，且 $U(q)$ 关于网约车市场需求量 q 为增函数且二阶可微。

（4）将乘客的数量定义为网约车的市场需求量 q，其中 $q \leqslant S$，且乘客和网约车平台均为风险规避者。显然，只有当选择乘坐网约车所获得的效用大于其成本支出时，乘客才会选择乘坐网约车，否则就会选择其他的出行方式。

（5）假设乘客的期望价格 x 服从正态分布，$g(x)$ 为期望价格的概率密度函数，期望价格的均值和标准差分别为 u_x 和 σ_x。同时假定某一地区市场上乘客的期望价格 x 是无差异的，不考虑乘客的异质性所引起的期望价格 x 的变化。

（6）网约车市场供应量 S 与网约车平台对司机端的抽成力度 h 呈负相关

关系，因此，假设网约车市场供应量 S 是关于网约车平台抽成力度 h 的线性函数，即供应量 $S(h)=m-nh$，其中 m 和 n 均为大于零的常数，m 表示当抽成力度 h 为0时市场上的网约车供应量，n 表示抽成力度 h 增加一单位所引起的网约车供应量递减的系数。当网约车平台的抽成力度为 h_0 时，网约车司机没有利润可图，将会退出网约车市场，此时平台的网约车供应量为0。

4.3　Stackelberg 博弈模型的构建

将网约车平台和乘客之间的博弈看作 Stackelberg 博弈，双方的博弈时间顺序如下：

（1）作为博弈领导者的网约车平台首先确定合理的乘客端补贴力度 R 和司机端抽成力度 h。

（2）作为追随者的乘客观察到网约车平台的定价策略 (R, h)，确定网约车市场供应量 $S(h)$，根据其对市场的期望收益函数以及期望价格，确定最优出行决策：首先，确定网约车平台对乘客端的补贴力度 R 能否满足乘客的期望价格 x，如春运期间出现"叫车贵"的问题，若能满足，则乘客选择乘坐网约车；否则，乘客选择其他的交通出行方式。其次，乘客的出行决策还取决于网约车市场的供需关系，如高峰期频频出现网约车运力不足的"叫车难"问题，显著的变化使乘客对于乘坐网约车出行的需求减少，转而显著其他出行方式（张杨 等，2007）。

（3）Tversky 等（1991）提出的参考点依赖理论（reference-dependent theory）表明，个体在进行决策时依据的不是决策方案各种可能结果的绝对效用值，而是以某个既存的心理参考点（reference point）为基准，把决策结果理解为实际损益量与心理参考点的偏离方向和程度。因此，乘客在决定是否乘坐网约车出行的决策过程中同样存在依赖心理参考点的现象，即以其他出行方式如巡游出租车、轨道交通等作为出行决策的参考点，将乘坐网约车所带来的实际价值与其他出行方式的净收益进行对比来综合判断：令乘客选择其他出行方式所获得的净收益为零，即其选择其他出行方式所获得的效用等于其支出成本，此时，如果乘客选择乘坐网约车出行所获得的收益大于0，则乘客选择网约车服务，否则选择其他方式出行，则乘客的期望收益函数为：

$$\pi_1(q)=\max\{U(q)-(p-R)q, 0\} \tag{4-2}$$

式（4-2）中的第一项表示乘坐网约车所获得的净收益；第二项表示选择其他出行方式作为参考点所获得的期望收益为零。

网约车平台的利润函数：

$$\pi_2(R, h)=hpq-Rq-C \tag{4-3}$$

式（4-3）中第一项表示网约车平台通过向司机端抽成所得到的收益；第二项表示网约车平台给乘客端的补贴成本；第三项表示平台投入的固定成本。

4.4　Stackelberg 博弈的分析

本章利用逆向归纳法来求解上述 Stackelberg 博弈，首先求解作为追随者的乘客的最优决策行为，然后将其代入进一步求解作为领导者的网约车平台的最优补贴策略以及抽成力度 (R, h)。

4.4.1　乘客的最优决策问题

乘客的决策目标是使其期望收益最大化，即可表述为下述的优化问题：

$$\max E\pi_1(q)$$
$$\text{s.t.}\quad 0 \leqslant q \leqslant S(h) \tag{4-4}$$

对于规划式（4-4），利用 KKT 定理（Kuhn-Tucker theorem）求解最优值（雷丽彩 等，2010），得到乘客对网约车的市场需求量最优值 q^*，满足定理1所述条件。

定理1　在网约车市场网约车供应量的约束条件下，网约车乘客的最优需求量为：

$$q^* = \begin{cases} S(h) & x > p-R \\ 0 & x \le p-R \end{cases}$$ （4-5）

证明：利用 KKT 定理求解有约束的规划问题的最优解，已知拉格朗日函数为：

$$L = U(q) - (p-R)q + l_1q + l_2[S(h)-q]$$ （4-6）

对拉格朗日函数关于网约车市场需求量求一阶偏导数，并令之等于0，有：

$$\frac{\partial L}{\partial q} = \frac{\alpha\beta w}{1+\beta q} - (p-R) + l_1 - l_2 = 0$$ （4-7）

互补条件：$l_1q=0$，$l_2[S(h)-q]=0$。

非负约束：$l_i \ge 0(i=1,2)$，$0 \le q \le S(h)$。

下面分情况来讨论：①当 $l_1=0$，$l_2>0$ 时，若乘客的期望价格 x 大于其乘坐网约车所支付的成本时，即 $x>p-R$，则网约车市场需求量的最优值 $q^*=S(h)$，否则 $q^*=0$。②$l_1>0$，$l_2=0$ 时，考虑到乘客的期望收益函数 $\pi_1(q)$ 关于需求量 q 是单调增函数，则 $\frac{\alpha\beta w}{1+\beta q} - (p-R) \ge 0$ 恒成立，又 $l_1>0$，$l_2=0$，则 $\frac{\partial L}{\partial q} = \frac{\alpha\beta w}{1+\beta q} - (p-R)+l_1-l_2$ 恒成立，所以此情况下不满足式（4-7），不存在最优解。③$l_1>0$，$l_2>0$ 时，可以得到 $q^*=0$ 且 $q^*=S(h)$，即要求网约车市场供给量 $S(h)=0$，这种情况只是理论上的最优解，没有实际经济意义。④$l_1=0$，$l_2=0$ 时，有 $0 \le q \le S(h)$，而乘客的期望收益函数 $\pi_1(q)$ 关于需求量 q 是单调递增函数，所以当 $x>p-R$ 时，$q^*=S(h)$，而 $x \le p-R$ 时，$q^*=0$。因此可以得到定理1。

4.4.2 网约车平台的最优补贴策略和抽成力度问题

在网约车、巡游出租车以及其他交通出行方式共存的交通运输市场，网约车平台决策的难题在于如何实施合理的补贴策略和抽成力度，从而使其自身的期望利润最大化。在网约车发展的初始阶段，为了抢占市场，网约车平台疯狂"烧钱"，对乘客和司机大打补贴战，补贴的多少逐渐成为乘客和司机在选择网约车平台时的重要衡量因素（杨浩雄 等，2016）。随着网约车新政的实施以及垄断巨头的酝酿诞生，网约车行业将面临更多的行政许可和更激烈的竞争，网约车平台应该如何决定其最优的乘客端补贴力度和司机端抽成力度？若网约车平台对乘客端的补贴过高，会减少其期望利润；而如果网约车平台对乘客端的补贴力度过低，则可能会使乘客选择其他的交通出行方式，降低网约车平台的市场需求量，从而减少网约车平台的期望利润。同理，网约车平台对司机端的抽成过低会减少其期望利润；而如果抽成力度过大，则网约车司机可能退出市场，导致网约车平台的车辆供应量不足，从而降低网约车平台的期望利润。因此，网约车平台需要制定合理的乘客端补贴策略和司机端抽成策略，从而使其自身的期望利润最大化，由此得到如下规划问题：

$$\max E\pi_2(R, h)$$
$$\text{s.t.} \quad R \geqslant 0, h \geqslant 0 \tag{4-8}$$

对于规划问题式（4-8），可以得到：

$$E\pi_2(R, h)=E(hpq-Rq-C)=hpEq-REq-C \tag{4-9}$$

根据式（4-5），式（4-9）可以等价为下式（4-10）：

$$E\pi_2\big(R,h\big) = hpS\big(h\big)\int_{p-R}^{+\infty}g\big(x\big)\mathrm{d}x - RS\big(h\big)\int_{p-R}^{+\infty}g\big(x\big)\mathrm{d}x - C \tag{4-10}$$

利用 KKT 定理求解规划问题式（4-8）的最优解，可以得到网约车平台对乘客端的最优补贴力度 R^* 和司机端的最优抽成力度 h^*，满足定理2所述条件。

定理2　在网约车市场中，网约车平台对乘客端的最优补贴力度以及司机端的最优抽成力度满足如下的方程组：

$$hpS(h)g(p-R)-S(h)[1-\phi(z_{p-R})]-RS(h)g(p-R)+l_1=0 \tag{4-11}$$

$$\left[hp\frac{\partial S\big(h\big)}{\partial h}+pS\big(h\big)-R\frac{\partial S\big(h\big)}{\partial h}\right]\left[1-\phi\big(z_{p-R}\big)\right]+l_2 = 0 \tag{4-12}$$

$$l_1R=0, \quad l_2h^*=0 \tag{4-13}$$

$$l_1 \geqslant 0, \quad l_2 \geqslant 0, \quad R^* \geqslant 0, \quad h^* \geqslant 0 \tag{4-14}$$

证明：利用 KKT 定理求解有约束的规划问题式（4-8）的最优解，已知拉格朗日函数：

$$L = hpEq - REq - C + l_1R + l_2h$$

$$= hpS(h)\int_{p-R}^{+\infty}g(x)\mathrm{d}x - RS(h)\int_{p-R}^{+\infty}g(x)\mathrm{d}x - C + l_1R + l_2h \qquad （4-15）$$

对拉格朗日函数分别求 R 和 h 的一阶偏导数，并令之等于0，有：

$$\frac{\partial L}{\partial R} = hpS(h)g(p-R) - S(h)\int_{p-R}^{+\infty}g(x)dx - RS(h)g(p-R) + l_1$$

$$= hpS(h)g(p-R) - S(h)\left[1 - \phi(z_{p-R})\right] - RS(h)g(p-R) + l_1 = 0 \qquad （4-16）$$

$$\frac{\partial L}{\partial h} = hp\frac{\partial S(h)}{h}\int_{p-R}^{+\infty}g(x)\mathrm{d}x + pS(h)\int_{p-R}^{+\infty}g(x)\mathrm{d}x - R\frac{\partial S(h)}{h}\int_{p-R}^{+\infty}g(x)\mathrm{d}x + l_2$$

$$= hp\frac{\partial S(h)}{h}\left[1 - \phi(z_{p-R})\right] + pS(h)\left[1 - \phi(z_{p-R})\right] - R\frac{\partial S(h)}{h}\left[1 - \phi(z_{p-R})\right] + l_2$$

$$= \left[hp\frac{\partial S(h)}{h} + pS(h) - R\frac{\partial S(h)}{h}\right] + l_2 = 0 \qquad （4-17）$$

其中 $z_{p-R} = \dfrac{(p-R) - \mu_x}{\sigma_x}$ ，$\phi(z_{p-R}) = \displaystyle\int_{-\infty}^{z_{p-R}}\varphi(t)\mathrm{d}t$ ，$\varphi(z_{p-R}) = \dfrac{1}{\sqrt{2\pi}}e^{-(z_{p-R})^2}$ ，

互补条件：$l_1R = 0$，$l_2h = 0$。

非负约束：$l_1 \geqslant 0$，$l_2 \geqslant 0$，$R \geqslant 0$，$h \geqslant 0$。

因此定理2得证。

定理2包含了以下四种可能的情况：

（1）当 $l_1 > 0, l_2 > 0$，可以得到 $R^* = 0, h^* = 0$，这种情况只是理论上的最优解，不符合实际情况。

（2）当 $l_1 > 0$，$l_2 = 0$，可以得到 $R^* = 0$，$h^* > 0$，此时平台不采取乘客端补贴策略，并通过采取适当的司机端抽成策略获得利润。

（3）当 $l_1 = 0$，$l_2 > 0$，可以得到 $R^* > 0$，$h^* = 0$，此时平台采取适当的乘客端补贴策略，而不采取司机端抽成策略，这种情况只可能出现在网约车市场发展初期，平台为了扩大市场时而采取的策略。

（4）当 $l_1 = 0$，$l_2 = 0$，可以得到 $R^* > 0$，$h^* > 0$，此时平台同时采取适当的乘客端补贴策略和司机端抽成策略。

定理2表明，从网约车平台的运营管理角度来看，在网约车市场发展初期，网约车平台便开启了用高补贴高奖励"抢用户"和"抢司机"的"烧钱大战"，虽然疯狂补贴"烧钱"吸引用户的模式曾使网约车市场在短时间内出现爆发式增长，但是高额的补贴成本致使网约车平台出现严重亏损，承受巨大的资金压力，补贴"烧钱"的模式并非长久之计。随着网约车新政的正式实施以及垄断巨头的酝酿诞生，网约车被纳入出租车管理，资本回归理性，价格战渐行渐远，网约车市场必然要回到发展的正轨，网约车平台依靠补贴"烧钱"跑马圈地的方式不再适合当下行业的竞争，多家网约车平台开始降补贴、提车价，并加大对司机端的抽成力度，导致乘客和司机资源流失。因此，在价格优势不再明显的当下，网约车平台应该实施合理的乘客端补贴和司机端抽成策略，同时提供更高效且有品质、有差异化的服务。

4.5 数值仿真

网约车平台和乘客的 Stackelberg 博弈模型中相关参数初始设置如下：$w=5\,000$，$m=2\,000$，$h_0=0.5$，$\alpha=20$，$\beta=0.05$，$p=40$，$\mu_x=40$，$\sigma_x=5$，$C=15$。对乘客乘坐网约车的最优需求量以及网约车平台的最优乘客端补贴策略和司机端抽成策略进行如下的模拟仿真：首先分析乘客对网约车市场的期望需求量 Eq 分别与网约车平台的补贴力度 R 和抽成力度 h 的演化关系，以及乘客的期望收益 $E\pi_1$ 分别与网约车平台的补贴力度 R 以及抽成力度 h 的演化关系；在此基础上，分析网约车平台的期望利润 $E\pi_2$ 分别与其补贴力度 R 以及抽成力度 h 的演化关系。

4.5.1 乘客最优决策的算例分析

（1）乘客对网约车市场的期望需求量与网约车平台的补贴力度和抽成力度的演化关系。乘客是否乘坐网约车出行的决策行为主要与网约车平台的乘客端补贴力度（影响乘客乘坐网约车出行的成本）和司机端抽成力度（影响网约车的市场供应量）有关。图4-1反映了乘客对网约车市场的期望需求量与网约车平台的补贴力度和抽成力度的演化关系：首先由图4-1可以看出乘客对网约车市场的期望需求量与网约车平台对乘客端的补贴力度呈正相关关系，即当网约车平台对乘客端的补贴力度增加时，选择乘坐网约车的乘客数量逐渐递增；而乘客对网约车市场的期望需求量与平台对司机端的抽成力度呈负相关关系。其次，当网约车平台给予乘客端的补贴力度较大，且司机端的抽成力度较小时，选择乘坐网约车的乘客数量达到最大值；反之，当网约车平台给予乘客端的补贴力度较小，且司机端的抽成力度较大时，乘客对网约车市场的期望需求量达到最小值。

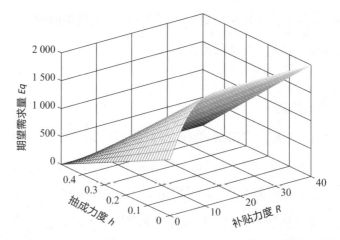

图4-1　乘客对网约车市场的期望需求量与网约车平台的补贴力度和抽成力度的演化关系

图4-2直观地反映了在不同的抽成力度下，乘客对网约车期望需求量与网约车平台的乘客端补贴力度的变化关系：当网约车平台对司机端的抽成力度较小时，随着网约车平台对乘客端的补贴力度增加，网约车的市场需求量经过初始的平缓增长后逐渐稳定在某一个值；而当网约车平台对司机端的抽成力度较大时，司机的收入降低导致大量司机退出，网约车市场的车辆供应量不足，打车难以及订单响应时间长等问题使得乘客的用户体验差，乘客随时随地出行的需求无法得到满足，影响乘客对网约车的市场需求量，但是网约车平台对乘客端

的高额补贴政策在一定程度上弥补了因网约车供应量减少而造成的用户体验差的负面效应，因此，随着网约车平台的补贴力度增加到乘客选择网约车的出行成本等于其支付意愿时，乘客对网约车的市场需求量平缓增长，最终稳定于网约车的市场供应量，由此定理1的结论得到验证。另外，在不同的司机端抽成力度下，乘客端补贴力度对于网约车市场期望需求量的影响程度是不同的，这主要是因为网约车平台对司机端的抽成力度会影响网约车的供应量，在抽成力度较小时，网约车的供应量比较充足，网约车平台的乘客端补贴力度在初期会对网约车市场期望需求量产生显著的影响，相反，在抽成力度较大时，网约车的供应量会比较紧缺，乘客端补贴力度对网约车市场期望需求量的影响不显著。

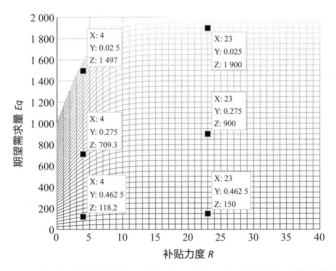

图4-2　乘客对网约车的期望需求量与网约车平台的补贴力度的演化关系

图4-3直观地反映了在不同的补贴力度下，乘客对网约车的期望需求量与网约车平台的司机端抽成力度的演化关系：在不同的乘客端补贴力度下，随着平台对司机端抽成力度的增加，乘客对网约车市场的期望需求量逐渐递减，这是因为平台对司机端抽成力度过大，网约车司机的收入减少使得大量司机退出网约车市场，从而网约车平台可提供的车辆供应量减少，使得乘客打车难，或者乘客在线下单后没有司机及时应答抢单，乘客满意度降低导致其对网约车的

市场需求量减少。另外，相比补贴力度较小的情形，当网约车平台给予乘客端的补贴力度较大时，平台对司机端抽成力度增加导致网约车市场需求量下降的幅度更大。

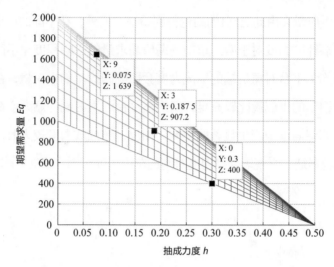

图4-3　乘客对网约车的期望需求量与网约车平台的抽成力度的演化关系

（2）乘客的期望收益与网约车平台的补贴力度和抽成力度的演化关系。由前文的结论可知，随着网约车平台对乘客端补贴力度的增加和司机端抽成力度的减少，乘客对网约车市场的期望需求量逐渐递增，而乘客的期望收益与其对网约车市场的期望需求量呈正相关关系，图4-4关于乘客的期望收益与网约车平台的补贴力度和抽成力度的演化关系图正好验证了这一结论。

同理，从图4-5可以看出，在网约车平台不同的抽成力度下，乘客的期望收益随着网约车平台对乘客端补贴力度的加大而逐渐递增，但是当网约车平台抽成力度达到某个值时，乘客的期望收益随抽成力度递增的幅度逐渐变小，这是由于当网约车平台的抽成力度较大时，不断流失的司机资源使得网约车的市场供应量减少，网约车平台补贴所带来的期望需求量的增加幅度非常有限。

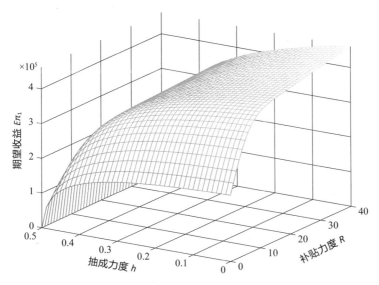

图4-4　乘客的期望收益与网约车平台的补贴力度和抽成力度的演化关系

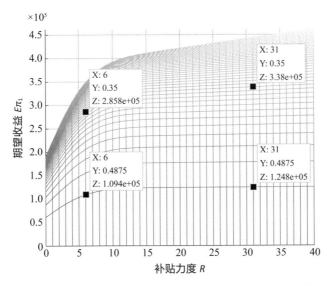

图4-5　乘客的期望收益与网约车平台对乘客的的补贴力度的演化关系

从图4-6可以看出在网约车平台不同的补贴力度下，乘客的期望收益随着网约车平台对司机端抽成力度的加大而逐渐递减，这是因为当网约车平台对司机端抽成力度较大时，网约车的市场供应量减少，使得乘客打车难或者订单响应时间长，不能及时满足乘客随时随地出行的需求，因此乘客的期望收益下降。

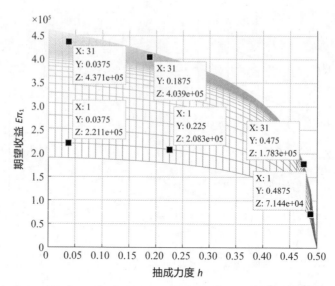

图4-6　乘客的期望收益与网约车平台的抽成力度的演化关系

4.5.2　网约车平台的最优乘客端补贴策略和司机端抽成策略的算例分析

对网约车平台为了达到其期望利润最大化目标而采取的最优乘客端补贴策略和司机端抽成策略进行模拟仿真。图4-7反映了网约车平台的期望利润与其对乘客端补贴力度 R 和司机端抽成力度 h 的演化关系（当补贴力度较大而抽成力度较小时，网约车平台的期望利润为负值，此时的演化结果图4-7没有呈现出来）。从图4-7可以看出，当网约车平台期望利润的最大值出现在补贴力度 $R=6$，且抽成力度 $h=0.325$ 处时，网约车平台的期望利润达到最大值，由此验证了定理2。

从图4-8可以看出，当网约车平台的司机端抽成力度较小时，其期望利润随着乘客端的补贴力度增加而不断减小，这是因为在司机端抽成力度较小时，网约车平台从司机端所获得的抽成较少，而网约车的市场供应量较大，所以随着乘客端补贴力度的增加，平台所承担的补贴费用的增幅高于其所获得的抽成的增幅，因而网约车平台的期望利润不断下降。当司机端抽成力度较大时，网约车平台的期望利润随乘客端补贴力度的增加呈现先递增后递减的变化趋势，这是因为当司机端抽成力度较大时，网约车平台从司机端所获得的抽成收入较多，对乘客端的适度补贴策略可以在一定程度上刺激消费者的消费欲望，使网约车平台的期望利润递增，但是乘客端补贴力度一旦超过某临界值，网约车平台需支付的补贴费用的增幅超过其所获得的抽成收入的增幅，网约车平台的期望利润开始不断下降。

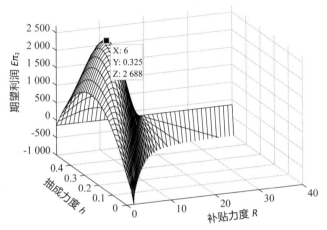

图4-7　网约车平台的期望利润与其补贴力度和抽成力度的演化关系

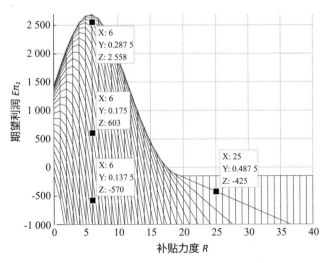

图4-8　网约车平台的期望利润与乘客端补贴力度的演化关系

从图4-9可以看出，在不同的补贴力度下，网约车平台的期望利润随着抽成力度的增加呈现先递增后递减的变化趋势，这是因为在一定的抽成力度下，网约车平台从司机端获得的抽成收入增加，使得其期望利润不断增加，但是当抽成力度超过某临界值时，不断流失的司机资源使得网约车市场供应量不足，导致网约车平台的期望利润逐渐下降。

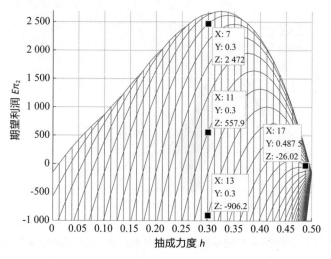

图4-9　网约车平台的期望利润与司机端抽成力度的演化关系

4.6　本章小结

在网约车新政正式实施的背景下，网约车获得合法的身份，并逐渐获得人们的普遍接受，成为城市居民出行不可或缺的交通方式，但随着垄断巨头的酝酿诞生，多家网约车平台开始对乘客端降补贴、提车价，同时对司机端采取高额抽成，在一定程度上降低乘客对网约车的使用意愿，转而选择其他的出行方式，同样对司机而言，高额的抽成使其收入减少，无疑会打击他们加入网约车市场的积极性，使得网约车司机还没来得及咀嚼分享经济的成果，就被推向了去与留的十字路口。因此，网约车市场已经从"烧钱"扩展模式转变为策略竞争模式。在政府的有效监管下，网约车市场的竞争已经开始趋于理性，未来行业的竞争在于企业根据自身定位，能否为消费者提供性价比高、满足消费者日常出行需求的出行服务。

本章通过构建网约车平台和乘客之间的 Stackelberg 博弈模型，分析网约车平台的最优补贴和抽成策略以及乘客的最优出行决策，研究主要集中于两个方面：在网约车新政背景下，网约车平台和乘客间具有怎样的博弈关系及其均衡状态；网约车新政正式实施对网约车市场均衡以及平台和乘客的最优决策行为产生怎样的影响。通过模型求解和算例分析，得到如下结论：

首先，乘客对网约车市场的期望需求量以及期望收益与网约车平台的补贴力度呈正相关关系，这是因为网约车平台对乘客端的补贴策略在一定程度上可以刺激乘客使用网约车，降低乘客乘坐网约车的出行成本，培养乘客的消费习惯和忠诚度，增加出行市场对网约车的需求量（Armstrong，2006）。

其次，乘客对网约车市场的期望需求量以及期望收益与网约车平台的抽成力度呈负相关关系，这是因为网约车平台对司机端的抽成策略直接影响了司机的收入，司机收入的降低导致大量司机退出，网约车市场的车辆供应量不足，打车难以及订单响应时间长等问题使得乘客的用户体验差，乘客随时随地出行的需求无法得到满足，进而间接影响乘客对网约车的持续使用意愿和期望收益。

再次，网约车平台的期望利润与司机端抽成力度的变化关系呈现为"倒U形"曲线，即当司机端当抽成力度较低时，网约车平台的期望利润呈正常的上升趋势，但是当抽成力度增加到一定值，网约车的市场供应量达到一定的临界值（高点）时，网约车平台的利润会出现停滞不前甚至严重的利润下降趋势。

最后，随着网约车平台对司机端的抽成策略不同，网约车平台的期望利润与乘客端补贴力度呈现不同的演化趋势，也就是当网约车平台的抽成力度较小时，其期望利润随补贴力度增加而单调递减；但是当网约车平台的抽成力度较大时，其期望利润随补贴力度的增加呈现先递增后递减的变化趋势，即此时网约车平台的利润为补贴力度的"倒U形"曲线。

在本章研究的基础上，还有许多相关的问题值得我们进一步探讨：首先，本章的模型假设是某个市场上只存在一个网约车平台，而实际上现有的网约车市场同时存在多个网约车平台在经营（包括滴滴出行、优步、易到用车、神州专车等），多家网约车平台之间存在相互影响的关系；其次，本章假设乘客选择网约车平台的期望价格是同质的，而在现实生活中，不同个体在期望价格上存在异质性差别，因此有待进一步研究多家网约车平台与异质性乘客之间的博弈关系，从而使得研究更加符合实际情况；最后，本章主要研究网约车平台的补贴和抽成策略对网约车平台市场需求量的影响，将网约车平台的价格作为一个外生变量，然而在实际中，网约车市场的竞争往往需要考虑定价决策问题。

第5章　考虑规避司机和乘客双重违约行为的 网约车平台补偿－惩罚机制研究

5.1 引　言

网约车司机和乘客之间的接送服务，在达成出行要约和接单承诺后，客运合同生效。但在网约车合同成立之后，司乘双重违约的机会主义行为屡见不鲜，使得合作博弈在现实中难以实现，严重地制约了网约车市场的发展和壮大，成为网约车平台治理困境的关键问题之一。2018年5月网约车行业正式纳入服务质量信誉考核，明确运输安全和服务质量的底线[①]，2019年全国两会会议提出进一步落实政府规制和平台管制[②]。因此，在网约车新政实施背景下研究网约车司机和乘客双重违约的演化博弈行为，进而给出对策建议，具有比较重要的现实意义。

随着网约车新政出台以及行业垄断巨头的酝酿诞生，网约车司机与乘客由于机会主义倾向往往会发生相互违约行为，使得现实中的合作博弈难免走入"囚徒困境"。政府有关部门和网约车平台分别作为网约车市场的监管和运营主体，应充分发挥他们的治理能力，从政策规制和平台管制层面，采取差异化的奖惩措施规范司机和乘客的交易行为，进而保护双方选用网约车平台的积极性。因此，本章运用演化博弈理论分析方法（Friedman，1991a），构建政府部

---

① 2018年5月14日，交通运输部发布了《交通运输部关于印发〈出租汽车服务质量信誉考核办法〉的通知》。

② 2019年3月5日，在第十三届全国人民代表大会第二次会议上，交通部运输部长李小鹏在"部长通道"上提出"政府要加强监管责任，企业要履行好主体责任"。

门监管下规避司机与乘客机会主义倾向的双重违约行为的演化博弈模型，同时运用自动控制工具，以网约车平台为控制方构造补偿－惩罚控制变量，分析网约车平台的补偿－惩罚措施的不同调控力度对司机和乘客演化动态的稳定性和演化轨迹的影响，从而为网约车市场安全监管提供借鉴和参考，促进网约车市场的良性发展。

5.2 规避司机与乘客双重违约行为的演化博弈模型的描述及基本假设

网约车司机和乘客都有履约或违约两种策略可供选择：网约车司机的纯策略集 $S^1=\{$履约，违约$\}$，乘客的纯策略集 $S^2=\{$履约，违约$\}$。"履约"策略表现为司机会按照约定接送乘客出行，同时乘客会等待网约车服务。而"违约"策略表现为司机和乘客达成客运合同后由于主观方面的原因不再履行网约车交易的行为。作为网约车市场的中介方，网约车平台利用它的监管职能，通过采用补偿－惩罚的控制措施，对网约车司机和乘客的交易行为进行监督：一方面对博弈中的违约方进行惩罚（包括违约金罚款以及司机可能面临的声誉损失甚至封号等惩罚措施），从而抑制司机和乘客机会主义倾向的违约行为；另一方面对被违约方进行补偿（包括补贴或免单等补偿方式），有效保护他们的积极性。

因此，本章建立规避网约车司机与乘客双重违约行为的演化博弈模型，探究补偿－惩罚控制力度如何影响网约车司机和乘客"履约"策略和"违约"策略的选择。其中 A 为网约车司机的正常收益，B 为司机选择"违约"策略时所获得的额外收益（即承载街边扬招乘客所节约的时间、油钱的收益，或其他主观原因履约所带来的收益），D 为司机"履约"接送乘客的过程中所花的必要成本（包括接送乘客的时间、油钱以及丧失接送就近乘客的机会成本等），μ_1 为司机被违约（即乘客"违约"）而获得网约车平台给予的补偿，v_1 为司机"违约"而受到网约车平台的惩罚。同理，假设 a 为乘客的正常收益，b 为乘客"违约"所获得的额外收益（乘坐就近的巡游出租车或其他出租车所带来的时间效益，以及其他主观原因带来的收益），d 为乘客"履约"在等待网约车司机过程中所花的必要成本（等待的时间以及丧失乘坐就近的巡游出租车的机会成本等），μ_2 为乘客被违约（即司机"违约"）而获得的网约车平台给予的补偿，v_2 为乘客"违约"而受到网约车平台的惩罚。

研究主要基于以下几个假设：

假设1 有限理性假设：网约车司机和乘客都是有限理性的，参与人的理性是根据博弈局势（博弈环境与参与人状态）的变化不断演变的，他们只能追求在他们的能力范围内的有限理性，在策略选择上并不能找到最优策略（王先甲 等，2011）。

假设2 收益成本假设：网约车司机的正常收益 A 大于其"履约"接送乘客所花费的必要成本 D，即 $A>D$；同理，乘客的正常收益 a 大于其在等候过程中所花费的必要成本 d，即 $a>d$。

假设3 双重违约协调机制假设：由于网约车平台不存在对司机和乘客双方同时违约的监管协调机制，网约车平台只会对司机和乘客双方履约或者单方违约的情况进行监管，因此假设双方同时选择"违约"时的收益均为0。

基于以上描述及假设，得到补偿－惩罚控制措施下规避网约车司机与乘客双重违约行为的演化博弈的收益矩阵（支付矩阵），如表5-1所示。

表5-1 规避网约车司机与乘客双重违约行为的演化博弈的收益矩阵

网约车司机	乘客	
	履约	违约
履约	$A-D,\ a-d$	$\mu_1-D,\ a+b-v_2$
违约	$A+B-v_1,\ \mu_2-d$	$0,\ 0$

根据表5-1的收益矩阵，得到在网约车平台监管下网约车司机的期望收益：

$$E_{司机履约}=g_{1s}=y(A-D)+(1-y)(\mu_1-D)=y(A-\mu_1)+\mu_1-D \tag{5-1}$$

$$E_{司机违约}=g_{2s}=y(A+B-v_1)+(1-y)\times 0=y(A+B-v_1) \tag{5-2}$$

$$E_{司机平均}=g_s=xg_{1s}+(1-x)g_{2s}=xy(A-\mu_1)+x(\mu_1-D)+(1-x)y(A+B-v_1) \tag{5-3}$$

则网约车司机选择"履约"策略的复制动态方程为：

$$G(x)=\frac{\mathrm{d}x}{\mathrm{d}t}=x(g_{1s}-g_s)=x(1-x)\big[y(v_1-\mu_1-B)+\mu_1-D\big] \tag{5-4}$$

同理，可以得到网约车平台监管下乘客的期望收益：

$$E_{乘客履约}=g_{1c}=x(a-d)+(1-x)(\mu_2-d)=x(a-\mu_2)+\mu_2-d \tag{5-5}$$

$$E_{乘客违约}=g_{2c}=x(a+b-v_2)+(1-x)\times 0=x(a+b-v_2) \tag{5-6}$$

$$E_{乘客平均}=g_c=yg_{1c}+(1-y)g_{2c}=xy(a-\mu_2)+y(\mu_2-d)+(1-y)x(a+b-v_2) \tag{5-7}$$

则乘客选择"履约"策略的复制动态方程为：

$$G(y)=\frac{\mathrm{d}y}{\mathrm{d}t}=y(g_{1c}-g_c)=y(1-y)\big[x(v_2-\mu_2-b)+\mu_2-d\big] \tag{5-8}$$

由复制动态方程（5-4）和（5-8），得到此演化博弈的雅克比矩阵为：

$$J_1=\begin{bmatrix} (1-2x)\big[y(v_1-\mu_1-B)+\mu_1-D\big] & x(1-x)(v_1-\mu_1-B) \\ y(1-y)(v_2-\mu_2-b) & (1-2y)\big[x(v_2-\mu_2-b)+\mu_2-d\big] \end{bmatrix}$$

$$\tag{5-9}$$

5.3 网约车司机与乘客演化动态的稳定性分析

5.3.1 不存在网约车平台补偿 - 惩罚控制措施

考虑不存在网约车平台的补偿 - 惩罚控制措施，即令 $\mu_1=0$，$v_1=0$，$\mu_2=0$，$v_2=0$。将网约车司机的复制动态方程式（5-4）和乘客的复制动态方程式（5-8）联立方程组，求解得到网约车平台无补偿 - 控制措施时司机和乘客的演化博弈系统的4个局部稳定均衡点，分别为：(0, 0)，(0, 1)，(1, 0)，(1, 1)。因为 $x_0=-d/b<0$，$y_0=-D/B<0$，所以点 (x_0, y_0) 不是内点均衡点。此时该演化博弈的雅克比矩阵如下：

$$J=\begin{bmatrix} (1-2x)(-By-D) & x(1-x)(-B) \\ y(1-y)(-b) & (1-2y)(-bx-d) \end{bmatrix} \tag{5-10}$$

通过对雅克比矩阵的行列式以及特征值的分析，判断局部均衡点的稳定性，如表5-2所示。

表5-2 无网约车平台补偿-惩罚控制条件下的演化博弈稳定性分析

均衡点	行列式的符号	特征值	特征值的符号	稳定性
(0, 0)	+	$\lambda_1=-D$ $\lambda_1=-d$	$\lambda_1<0$ $\lambda_2<0$	稳定点
(0, 1)	−	$\lambda_1=-B-D$ $\lambda_1=d$	$\lambda_1<0$ $\lambda_2>0$	鞍点
(1, 0)	−	$\lambda_1=D$ $\lambda_1=-b-d$	$\lambda_1>0$ $\lambda_2<0$	鞍点
(1, 1)	+	$\lambda_1=B+D$ $\lambda_1=b+d$	$\lambda_1>0$ $\lambda_2>0$	不稳定点

在没有网约车平台的补偿-惩罚措施的调控下,只有点$O(0, 0)$是稳定均衡点。由于网约车司机和乘客选择"履约"策略的收益小于其选择"违约"策略获得的收益,双方选择"履约"策略的比例在不断减少,也就是说,网约车司机和乘客的演化稳定策略都会倾向于选择"违约"策略,得到类似于"囚徒困境"的结局。图5-1表示无网约车平台补偿-惩罚控制措施下的网约车司机和乘客选择策略的演化趋势。

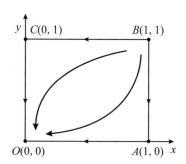

图5-1 无网约车平台补偿-惩罚控制条件下的演化相位图

5.3.2 考虑网约车平台补偿-惩罚控制

在没有网约车平台的补偿-惩罚控制措施下,网约车司机和乘客演化博弈的稳定策略对为(违约,违约),走入了"囚徒困境",这不利于网约车市场的良性发展。因此有必要引入网约车平台对司机和乘客的机会主义倾向的违约行为进行监管调控,通过补偿-惩罚控制措施对网约车交易主体的违约行为进行惩罚，对被违约行为进行补偿，深入探究补偿－惩罚控制措施的不同调控力度如何有效地作用于网约车市场，影响网约车司机和乘客选择行为的演化，分析司机与乘客相互违约行为的根源，进而构建规避双方违约行为的保障机制，为促进网约车市场中司机和乘客的合作提供借鉴和指导。

本部分将借鉴文献（董瑞 等，2016）的分析思路，对网约车平台补偿－惩罚控制的不同调控力度展开讨论，对网约车司机和乘客最优策略选择行为的演化博弈进行研究。μ_1、v_1 分别表示网约车平台对网约车司机的补偿和惩罚力度，μ_2、v_2 分别表示网约车平台对乘客的补偿和惩罚力度。按照这4个控制变量分别取两个值，则本章的讨论分为如下16种情况：①μ_1、v_1、μ_2、v_2 均较小；②μ_1、v_1、μ_2、v_2 均较大；③μ_1、v_1、μ_2 均较大，v_2 较小；④μ_1 较大，v_1 较小，μ_2、v_2 均较大；⑤μ_1、v_1 均较大，μ_2 较小，v_2 较大；⑥μ_1 较小，v_1、μ_2、v_2 均较大；⑦μ_1、v_1 均较大，μ_2、v_2 均较小；⑧μ_1、v_1 均较小，μ_2、v_2 均较大；⑨μ_1 较大，v_1、μ_2 均较小，v_2 较大；⑩μ_1 较小，v_1、μ_2 均较大，v_2 较小；⑪μ_1 较大，v_1、μ_2、v_2 均较小；⑫μ_1、v_1 均较小，μ_2 较大，v_2 较小；⑬μ_1 较小，v_1 较大，μ_2、v_2 均较小；⑭μ_1、v_1、μ_2 较小，v_2 较大；⑮μ_1 较大，v_1 较小，μ_2 较大，v_2 较小；⑯μ_1 较小，v_1 较大，μ_2 较小，v_1 较大。下文分别对这16种补偿－惩罚调控力度下的网约车司机和乘客演化动态的稳定性进行分析。

（1）情况①：μ_1、v_1、μ_2、v_2 均较小时的演化稳定性分析。由于 μ_1、v_1、μ_2、v_2 的值均较小，满足如下条件：

$$\mu_1-D<A-D, \quad A-D<A+B-v_1, \quad \mu_2-d<a-d, \quad a-d<a+b-v_2 \qquad (5\text{-}11)$$

则有 μ_1 与 D、μ_2 与 d 的大小不定，$v_1-D-B<0$，$v_2-d-b<0$，考虑 μ_1 与 D、μ_2 与 d 的关系：

$$当 \mu_1<D, \quad \mu_2<d \qquad (5\text{-}12)$$

此时有 $b+\mu_2-v_2$ 正负号不定，$B+\mu_1-v_1$ 正负号不定，考虑 $B+\mu_1-v_1$ 和 $b+\mu_2-v_2$ 的不同情况，$x_0=\dfrac{\mu_2-d}{b+\mu_2-v_2}\in[0,1]$ 与 $y_0=\dfrac{\mu_1-D}{B+\mu_1-v_1}\in[0,1]$ 不能同时成立，不存在内点均衡点 (x_0,y_0)，讨论4个局部稳定均衡点 $(0,0)$、$(0,1)$、$(1,0)$、$(1,1)$

的稳定性，依据雅克比矩阵的稳定性判定方法，得到4个均衡点的稳定性分析结果，如表5-3所示。

表5-3 情况①下控制条件式（5-12）的演化博弈稳定性分析

均衡点	行列式的符号	特征值	特征值的符号	稳定性
(0, 0)	+	$\lambda_1 = \mu_1 - D$ $\lambda_2 = \mu_2 - d$	$\lambda_1 < 0$ $\lambda_2 < 0$	稳定点
(0, 1)	−	$\lambda_1 = v_1 - B - D$ $\lambda_2 = d - \mu_2$	$\lambda_1 < 0$ $\lambda_2 > 0$	鞍点
(1, 0)	−	$\lambda_1 = D - \mu_1$ $\lambda_2 = v_2 - b - d$	$\lambda_1 > 0$ $\lambda_2 < 0$	鞍点
(1, 1)	+	$\lambda_1 = B + D - v_1$ $\lambda_2 = b + d - v_2$	$\lambda_1 > 0$ $\lambda_2 > 0$	不稳定点

情况①下满足控制条件式（5-12）与无补偿－惩罚控制措施博弈的演化趋势一致，4个局部稳定均衡点中只有点 (0, 0) 为稳定点，点 (1, 1) 为不稳定点。由于网约车平台的补偿－惩罚控制力度都很小，在满足控制条件式（5-12）下，并没有有效改善无补偿－惩罚控制下网约车司机和乘客的博弈的演化趋势，稳定演化策略为双方同时选择"违约"策略，走向"囚徒困境"的结局。

$$当 \mu_1 < D, \ \mu_2 > d \qquad (5\text{-}13)$$

此时有 $B + \mu_1 - v_1$ 正负号不定，$b + \mu_2 - v_2 > 0$，考虑 $B + \mu_1 - v_1$ 的不同情况，不存在内点均衡点 (x_0, y_0)，讨论4个局部稳定均衡点 (0, 0)、(0, 1)、(1, 0)、(1, 1) 的稳定性，得到4个均衡点的稳定性分析结果，见表5-4。

表5-4 情况①下满足控制条件式（5-13）的演化稳定分析

均衡点	行列式的符号	特征值	特征值的符号	稳定性
(0, 0)	−	$\lambda_1 = \mu_1 - D$ $\lambda_2 = \mu_2 - d$	$\lambda_1 < 0$ $\lambda_2 > 0$	鞍点
(0, 1)	+	$\lambda_1 = v_1 - B - D$ $\lambda_2 = d - \mu_2$	$\lambda_1 < 0$ $\lambda_2 < 0$	稳定点
(1, 0)	−	$\lambda_1 = D - \mu_1$ $\lambda_2 = v_2 - b - d$	$\lambda_1 > 0$ $\lambda_2 < 0$	鞍点

均衡点	行列式的符号	特征值	特征值的符号	稳定性
(1, 1)	+	$\lambda_1=B+D-v_1$ $\lambda_2=b+d-v_2$	$\lambda_1>0$ $\lambda_2>0$	不稳定点

在情况①下满足控制条件式（5-13）时，演化博弈的稳定策略为 (0, 1)，动态博弈的演化趋势如图5-2所示。当选择"履约"的网约车司机比例较高时 $x>(\mu_2-d)/(b+\mu_2-v_2)$，乘客选择"违约"策略的比例不断递增；反之，当选择"履约"策略的网约车司机比例较低时 $x<(\mu_2-d)/(b+\mu_2-v_2)$，选择"履约"策略的乘客的比例也随之递增。而对于网约车司机而言，无论乘客选择"履约"策略还是"违约"策略，网约车司机的最优策略都是"违约"，因为此时它"违约"所获得的收益均大于其选择"履约"时的收益，所以"履约"的网约车司机的比例不断递减。

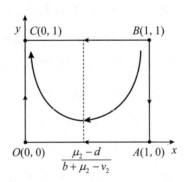

图5-2　情况①下控制条件式（5-13）的演化相位图

$$\text{当}\ \mu_1>D,\ \mu_2<d \tag{5-14}$$

此时有 $B+\mu_1-v_1>0$，$b+\mu_2-v_2$ 正负号不定，不存在内点均衡点 (x_0, y_0)，讨论4个局部稳定均衡点 (0, 0)、(0, 1)、(1, 0)、(1, 1) 的稳定性，依据雅克比矩阵的稳定性判定方法，得到4个局部稳定均衡点的稳定性分析结果，如表5-5所示。

在情况①下满足控制条件式（5-14）时，点 (1, 0) 是演化的稳定均衡点，可以得到如图5-3所示的演化趋势。当选择"履约"的乘客的比例较高时 $y>(\mu_1-D)/(B+\mu_1-v_1)$，网约车司机"违约"的比例不断递增；反之，当乘客选择"履约"

策的比例较低时 $y<(\mu_1-D)/(B+\mu_1-v_1)$，网约车司机选择"履约"策略的比例随之递增。而对于乘客而言，无论网约车司机选择"履约"策略还是"违约"策略，乘客的最优策略都是"违约"，此时他"违约"所获得的收益均大于其选择"履约"策略时的收益，所以乘客选择"履约"策略的比例持续递减。

表5-5　情况①下满足控制条件式（5-14）的演化博弈稳定性分析

均衡点	行列式的符号	特征值	特征值的符号	稳定性
(0, 0)	−	$\lambda_1=\mu_1-D$ $\lambda_2=\mu_2-d$	$\lambda_1>0$ $\lambda_2<0$	鞍点
(0, 1)	−	$\lambda_1=v_1-B-D$ $\lambda_2=d-\mu_2$	$\lambda_1<0$ $\lambda_2>0$	鞍点
(1, 0)	+	$\lambda_1=D-\mu_1$ $\lambda_2=v_2-b-d$	$\lambda_1<0$ $\lambda_2<0$	稳定点
(1, 1)	+	$\lambda_1=B+D-v_1$ $\lambda_2=b+d-v_2$	$\lambda_1>0$ $\lambda_2>0$	不稳定点

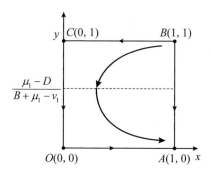

图5-3　情况①下满足控制条件式（5-14）的动态相位图

$$当\ \mu_1>D,\ \mu_2>d \qquad (5-15)$$

此时有 $B+\mu_1-v_1>0$，$b+\mu_2-v_2>0$，则 $x_0\in[0,1]$，$y_0\in[0,1]$，存在内点均衡点 (x_0,y_0)，讨论5个局部稳定均衡点 $(0,0)$、$(0,1)$、$(1,0)$、$(1,1)$、(x_0,y_0) 的稳定性，依据雅克比矩阵的稳定性判定方法，得到5个均衡点的稳定性分析结果，如表5-6所示。

表5-6　情况①下满足控制条件式（5-15）的演化博弈稳定性分析

均衡点	行列式的符号	特征值	特征值的符号	稳定性
$(0, 0)$	+	$\lambda_1=\mu_1-D$ $\lambda_2=\mu_2-d$	$\lambda_1>0$ $\lambda_2>0$	不稳定点
$(0, 1)$	+	$\lambda_1=v_1-B-D$ $\lambda_2=d-\mu_2$	$\lambda_1<0$ $\lambda_2<0$	稳定点
$(1, 0)$	+	$\lambda_1=D-\mu_1$ $\lambda_2=v_2-b-d$	$\lambda_1<0$ $\lambda_2<0$	稳定点
$(1, 1)$	+	$\lambda_1=B+D-v_1$ $\lambda_2=b+d-v_2$	$\lambda_1>0$ $\lambda_2>0$	不稳定点
(x_0, y_0)	+	λ_1 λ_2	$\lambda_1>0$ $\lambda_2<0$	鞍点

注：$\lambda_{1,2}=\pm\sqrt{x_0y_0(1-x_0)(1-y_0)(v_1-u_1-B)(v_2-u_2-b)}$。

在情况①下满足控制条件式（5-15）时，点$(0, 1)$和点$(1, 0)$都是演化稳定均衡点，点$(0, 0)$、点$(1, 1)$为不稳定点，点(x_0, y_0)为鞍点。图5-4表示在情况①下满足控制条件式（5-15）时网约车司机和乘客博弈的演化趋势，由图5-4可以得出：网约车司机与乘客的演化博弈的均衡结果取决于博弈的初始状态，当初始状态处于区域$ODBCO$时，演化博弈系统将收敛于C点；当初始状态处于区域$ODBAO$时，演化博弈系统将收敛于A点。

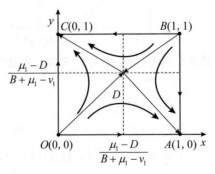

图5-4　情况①下满足控制条件式（5-15）的演化相位图

在区域BCD，乘客选择"履约"策略的比例较大，此时$y>(\mu_1-D)/(B+\mu_1-v_1)$，网约车司机"违约"的收益$y(A+B-v_1)$大于其选择"履约"策略时的收益

$y(A-\mu_1)+\mu_1-D$，所以选择"违约"策略的网约车司机比例在增加。另外，当网约车司机选择"履约"策略的比例较小时，即 $x<(\mu_2-d)/(b+\mu_2-v_2)$，乘客"履约"的收益 $x(a-\mu_2)+\mu_2-d$ 大于其选择"违约"策略时的收益 $x(a+b-v_2)$，从而乘客选择"履约"策略的比例在增加；而当网约车司机"履约"的比例较大时，即 $x>(\mu_2-d)/(b+\mu_2-v_2)$，乘客"履约"的收益 $x(a-\mu_2)+\mu_2-d$ 小于其选择"违约"策略时的收益 $x(a+b-v_2)$，从而乘客选择"违约"策略的比例在增加。

在区域 ABD，网约车司机选择"履约"策略的比例较大，此时 $x>(\mu_2-d)/(b+\mu_2-v_2)$，乘客"违约"的收益 $x(a+b-v_2)$ 大于其选择"履约"策略时的收益 $x(a-\mu_2)+\mu_2-d$，所以选择"违约"策略的乘客比例在增加。另外，当乘客选择"履约"策略的比例较小，即 $y>(\mu_1-D)/(B+\mu_1-v_1)$，网约车司机"履约"的收益 $y(A-\mu_1)+\mu_1-D$ 大于其选择"违约"策略时的收益 $y(A+B-v_1)$，从而网约车司机选择"履约"策略的比例在增加；当乘客选择"履约"策略的比例较大，即 $y>(\mu_1-D)/(B+\mu_1-v_1)$，网约车司机"履约"的收益 $y(A-\mu_1)+\mu_1-D$ 小于其选择"违约"策略时的收益 $y(A+B-v_1)$，从而网约车司机"违约"的比例在增加。

对于区域 OAD 和区域 OCD 的情况分别与区域 BCD 和区域 ABD 相似，同理可以得到：在区域 OAD 内选择"履约"策略的网约车司机的比例单调递增，当"履约"的网约车司机的比例较小时，即 $x<(\mu_2-d)/(b+\mu_2-v_2)$，选择"履约"策略的乘客的比例递增；当选择"履约"策略的网约车司机的比例较大时，即 $x>(\mu_2-d)/(b+\mu_2-v_2)$，"履约"的乘客的比例递减。在区域 OCD 内"履约"的乘客的比例单调递增，当"履约"的乘客的比例较小时，即 $y<(\mu_1-D)/(B+\mu_1-v_1)$，网约车司机"履约"的比例递增；当"履约"的乘客的比例较大时，即 $y>(\mu_1-D)/(B+\mu_1-v_1)$，网约车司机选择"履约"策略的比例递减。

（2）情况②：μ_1、v_1、μ_2、v_2 的值均较大。若 μ_1、v_1、μ_2、v_2 均较大时，满足以下条件：

$$\mu_1-D>A-D,\quad A-D>A+B-v_1,\quad \mu_2-d>a-d,\quad a-d>a+b-v_2 \qquad (5-16)$$

则有下述条件成立：

$$\mu_1>D, \ \mu_2>d, \ -D-B+v_1>0, \ -d-b+v_2>0 \qquad （5-17）$$

而 $B+\mu_1-v_1$ 的正负号不定，$b+\mu_2-v_2$ 的正负号不定，考虑不同的情况，不存在内点均衡点，讨论4个局部稳定均衡点 $(0,0)$、$(0,1)$、$(1,0)$、$(1,1)$ 的稳定性，依据雅克比矩阵的稳定性判定方法，得到4个均衡点的稳定性分析结果，如表5-7所示。

表5-7　情况②下满足控制条件式（5-17）的演化博弈稳定性分析

均衡点	行列式的符号	特征值	特征值的符号	稳定性
$(0,0)$	+	$\lambda_1=\mu_1-D$ $\lambda_2=\mu_2-d$	$\lambda_1>0$ $\lambda_2>0$	不稳定点
$(0,1)$	−	$\lambda_1=v_1-B-D$ $\lambda_2=d-\mu_2$	$\lambda_1>0$ $\lambda_2<0$	鞍点
$(1,0)$	−	$\lambda_1=D-\mu_1$ $\lambda_2=v_2-b-d$	$\lambda_1<0$ $\lambda_2>0$	鞍点
$(1,1)$	+	$\lambda_1=B+D-v_1$ $\lambda_2=b+d-v_2$	$\lambda_1<0$ $\lambda_2<0$	稳定点

在情况②下满足控制条件式（5-17）时，演化博弈的稳定策略为 $(1,1)$，即（履约，履约）。由于网约车平台对"履约"司机（乘客）的补偿力度以及对"违约"司机（乘客）的惩罚力度均较大，使得司机和乘客都倾向于选择"履约"策略。图5-5表示在情况②下满足控制条件式（5-17）的网约车司机和乘客博弈的演化趋势。

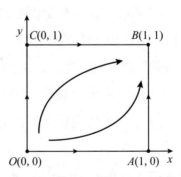

图5-5　情况②下满足控制条件式（5-17）的演化相位图

（3）情况③：μ_1、v_1、μ_2 均较大，v_2 较小。若 μ_1、v_1、μ_2 均较大，v_2 较小，满足以下条件：

$$\mu_1-D>A-D, \quad A-D>A+B-v_1, \quad \mu_2-d>a-d, \quad a-d<a+b-v_2 \qquad (5-18)$$

则有以下条件成立：

$$\mu_1>D, \quad \mu_2>d, \quad -D-B+v_1>0, \quad -d-b+v_2<0 \qquad (5-19)$$

而 $B+\mu_1-v_1$ 的正负号不定，$b+\mu_2-v_2>0$，考虑不同的情况，不存在内点均衡点，讨论4个局部稳定均衡点 $(0,0)$、$(0,1)$、$(1,0)$、$(1,1)$ 的稳定性，依据雅克比矩阵的稳定性判定方法，得到4个均衡点的稳定性分析结果，如表5-8所示。

表5-8　情况③下满足控制条件式（5-19）的演化博弈稳定性分析

均衡点	行列式的符号	特征值	特征值的符号	稳定性
$(0,0)$	+	$\lambda_1=\mu_1-D$ $\lambda_2=\mu_2-d$	$\lambda_1>0$ $\lambda_2>0$	不稳定点
$(0,1)$	－	$\lambda_1=v_1-B-D$ $\lambda_2=d-\mu_2$	$\lambda_1>0$ $\lambda_2<0$	鞍点
$(1,0)$	+	$\lambda_1=D-\mu_1$ $\lambda_2=v_2-b-d$	$\lambda_1<0$ $\lambda_2<0$	稳定点
$(1,1)$	－	$\lambda_1=B+D-v_1$ $\lambda_2=b+d-v_2$	$\lambda_1<0$ $\lambda_2>0$	鞍点

在情况③下满足控制条件式（5-19）时，演化博弈的稳定策略为 $(1,0)$，即（履约，违约）。由于网约车平台对网约车司机"履约"的补偿力度和"违约"的惩罚力度均较大，因此网约车司机"履约"的比例不断增加。由于对乘客"履约"的补偿力度较大，而"违约"的惩罚力度较小，所以当"违约"的网约车司机的比例较大时 $x<(\mu_2-d)/(b+\mu_2-v_2)$，选择"履约"策略的乘客的比例单调递增；而当选择"履约"策略的网约车司机的比例较大时 $x>(\mu_2-d)/(b+\mu_2-v_2)$，"违约"乘客的比例不断递增。图5-6表示在情况③下满足控制条件式（5-19）的网约车司机和乘客博弈的动态演化趋势。

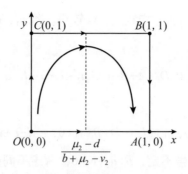

图5-6 情况③下满足控制条件式（5-19）的演化相位图

（4）情况④：μ_1较大，v_1较小，μ_2、v_2较大。由于情况④与情况③的控制条件是对称的，根据情况④的分析，得到情况④的稳定策略为$(0, 1)$，不稳定策略为$(0, 0)$。

（5）情况⑤：μ_1、v_1较大，μ_2较小，v_2较大。若μ_1、v_1较大，μ_2较小，v_2较大，满足如下条件：

$$\mu_1-D>A-D,\ A-D>A+B-v_1,\ \mu_2-d<a-d,\ a-d>a+b-v_2 \qquad （5-20）$$

则有$\mu_1>D$，μ_2与d的大小不定，$-D-B+v_1>0$，$-d-b+v_2>0$。

考虑μ_2与d值的两种关系如下：

$$当\ \mu_1>D,\ \mu_2>d \qquad （5-21）$$

此时$B+\mu_1-v_1$的正负号不定，$b+\mu_2-v_2$的正负号不定，情况⑤下满足控制条件式（5-21）与情况②下满足控制条件式（5-17）的博弈动态演化趋势相同，演化博弈的稳定策略为$(1, 1)$。

$$当\ \mu_1>D,\ \mu_2>d \qquad （5-22）$$

此时$B+\mu_1-v_1$的正负号不定，$b+\mu_2-v_2<0$，考虑不同的情况，不存在内点均衡点，讨论4个局部稳定均衡点$(0, 0)$、$(0, 1)$、$(1, 0)$、$(1, 1)$的稳定性，依据雅克比矩阵的稳定性判定方法，得到4个均衡点的稳定性分析结果，如表5-9所示。

在情况⑤下满足控制条件式（5-22）时，网约车司机和乘客之间演化博弈的稳定策略为$(1, 1)$。由于网约车平台对网约车司机"履约"的补偿力度和"违约"的惩罚力度均较大，因此"履约"的网约车司机的比例在不断增加。由于对乘客"履约"的补偿调控力度较小，但对"违约"的惩罚力度较大，所以当"违约"的网约车司机的比例较大时 $x < (\mu_2-d)/(b+\mu_2-v_2)$，选择"履约"策略的乘客的比例递减；而当选择"履约"策略的网约车司机的比例较大时 $x > (\mu_2-d)/(b+\mu_2-v_2)$，"履约"的乘客的比例递增。图5-7表示在情况⑤下满足控制条件式（5-22）的网约车司机和乘客动态博弈的演化趋势。

表5-9　情况⑤下满足控制条件式（5-22）的演化博弈稳定性分析

均衡点	行列式的符号	特征值	特征值的符号	稳定性
(0, 0)	−	$\lambda_1=\mu_1-D$ $\lambda_2=\mu_2-d$	$\lambda_1>0$ $\lambda_2<0$	鞍点
(0, 1)	+	$\lambda_1=v_1-B-D$ $\lambda_2=d-\mu_2$	$\lambda_1>0$ $\lambda_2>0$	不稳定点
(1, 0)	−	$\lambda_1=D-\mu_1$ $\lambda_2=v_2-b-d$	$\lambda_1<0$ $\lambda_2>0$	鞍点
(1, 1)	+	$\lambda_1=B+D-v_1$ $\lambda_2=b+d-v_2$	$\lambda_1<0$ $\lambda_2<0$	稳定点

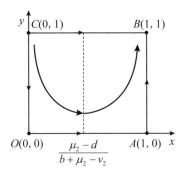

图5-7　情况⑤下满足控制条件式（5-22）的演化相位图

（6）情况⑥：μ_1 较小，v_1、μ_2、v_2 较大。由于情况⑤与情况⑥的控制条件是对称的，根据情况⑤的分析，可以得到情况⑥下的稳定策略：当 $\mu_1>D$、$\mu_2>d$ 时，演化博弈的稳定策略为 (1, 1)，不稳定策略为 (0, 0)；若 $\mu_1<D, \mu_2>d$ 时，演化博弈的稳定策略为 (1, 1)，不稳定策略为 (1, 0)。

（7）情况⑦：μ_1、v_1 均较大，μ_2、v_2 均较小。若 μ_1、v_1 均较大，μ_2、v_2 均

较小，满足如下条件：

$$\mu_1-D>A-D, \ A-D>A+B-v_1, \ \mu_2-d<a-d, \ a-d<a+b-v_2 \quad （5-23）$$

则有 $\mu_1>D$，μ_2 与 d 的大小不定，$-D-B+v_1>0$，$-d-b+v_2<0$。

考虑 μ_2 与 d 的关系：

$$当 \ \mu_1>D, \ \mu_2>d \quad （5-24）$$

此时 $B+\mu_1-v_1$ 的正负号不定，$b+\mu_2-v_2>0$，情况⑦下满足控制条件式（5-24）与情况③下满足控制条件式（5-19）博弈的动态演化趋势相同，演化博弈的稳定策略为 (1, 0)。

$$当 \ \mu_1>D, \ \mu_2<d \quad （5-25）$$

此时 $B+\mu_1-v_1$ 的正负号不定，$b+\mu_2-v_2$ 的正负号不定，考虑不同的情况，不存在内点均衡点，讨论4个局部稳定均衡点 (0, 0)、(0, 1)、(1, 0)、(1, 1) 的稳定性，依据雅克比矩阵的稳定性判定方法，得到4个均衡点的稳定性分析结果，如表5-10所示。

表5-10　情况⑦下满足控制条件式（5-25）的演化博弈稳定性分析

均衡点	行列式的符号	特征值	特征值的符号	稳定性
(0, 0)	−	$\lambda_1=\mu_1-D$ $\lambda_2=\mu_2-d$	$\lambda_1>0$ $\lambda_2<0$	鞍点
(0, 1)	+	$\lambda_1=v_1-B-D$ $\lambda_2=d-\mu_2$	$\lambda_1>0$ $\lambda_2>0$	不稳定点
(1, 0)	+	$\lambda_1=D-\mu_1$ $\lambda_2=v_2-b-d$	$\lambda_1<0$ $\lambda_2<0$	稳定点
(1, 1)	−	$\lambda_1=B+D-v_1$ $\lambda_2=b+d-v_2$	$\lambda_1<0$ $\lambda_2>0$	鞍点

情况⑦下满足控制条件式（5-25）的网约车司机和乘客博弈的演化稳定策略也为 (1, 0)，由于网约车平台对网约车司机"履约"的补偿力度和"违约"的惩罚力度均较大，因此无论乘客处于何种状况，网约车司机的最优策略均为"履约"，选择"履约"策略的司机的比例逐渐递增。由于对乘客"履约"的补

偿力度和"违约"的惩罚力度均较小，且乘客"履约"接受的补偿力度小于其"履约"等候司机的过程中所花的必要成本，所以选择"违约"策略的乘客的比例逐步递增。图5-8表示情况⑦下满足控制条件式（5-25）的网约车司机和乘客博弈的动态演化趋势。

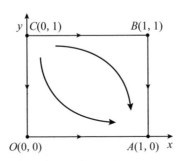

图5-8　情况⑦下满足控制条件式（5-25）的演化相位图

（8）情况⑧：μ_1、v_1 均较小，μ_2、v_2 均较大。由于情况⑧与情况⑦的控制条件是对称的，根据情况⑦的分析，可以得到情况⑧下的稳定策略：当 $\mu_1>D$、$\mu_2>d$ 时，演化博弈的稳定策略为 $(0,1)$、不稳定策略为 $(0,0)$；当 $\mu_1<D$、$\mu_2>d$ 时，演化博弈的稳定策略也为 $(0,1)$，不稳定策略为 $(1,0)$。

（9）情况⑨：μ_1 较大，v_1、μ_2 均较小，v_2 较大。若 μ_1 较大，v_1、μ_2 均较小，v_2 较大，满足如下条件：

$$\mu_1-D>A-D,\ A-D<A+B-v_1,\ \mu_2-d<a-d,\ a-d>a+b-v_2 \qquad （5-26）$$

则有 $\mu_1>D$，μ_2 与 d 的大小不定，$-D-B+v_1<0$，$-d-b+v_2>0$。

考虑 μ_2 与 d 的下述两种关系：

$$当\ \mu_1>D,\ \mu_2>d \qquad （5-27）$$

此时 $B+\mu_1-v_1>0$，$b+\mu_2-v_2$ 正负号不定，考虑不同的情况，不存在内点均衡点，讨论4个局部稳定均衡点 $(0,0)$、$(0,1)$、$(1,0)$、$(1,1)$ 的稳定性，依据雅克比矩阵的稳定性判定方法，得到4个均衡点的稳定性分析结果，如表5-11所示。

表5-11　情况⑨下满足控制条件式（5-27）的演化博弈稳定性分析

均衡点	行列式的符号	特征值	特征值的符号	稳定性
(0, 0)	+	$\lambda_1 = \mu_1 - D$ $\lambda_2 = \mu_2 - d$	$\lambda_1 > 0$ $\lambda_2 > 0$	不稳定点
(0, 1)	+	$\lambda_1 = v_1 - B - D$ $\lambda_2 = d - \mu_2$	$\lambda_1 < 0$ $\lambda_2 < 0$	稳定点
(1, 0)	−	$\lambda_1 = D - \mu_1$ $\lambda_2 = v_2 - b - d$	$\lambda_1 < 0$ $\lambda_2 > 0$	鞍点
(1, 1)	−	$\lambda_1 = B + D - v_1$ $\lambda_2 = b + d - v_2$	$\lambda_1 > 0$ $\lambda_2 < 0$	鞍点

此情况下的演化博弈的稳定策略为 (0, 1)，由于网约车平台对网约车司机"履约"的补偿力度较大，而"违约"的惩罚力度较小，当"违约"乘客的比例较大时，网约车司机"履约"所获得的收益大于其"违约"时的收益，因此"履约"的网约车司机的比例递增；当选择"履约"策略的乘客的比例较大时，网约车司机"违约"所获得的收益大于其"履约"时的收益，因此选择"违约"策略的网约车司机的比例递增。而无论网约车司机处于何种状况，由于网约车平台对乘客"违约"的惩罚力度较大，因此选择"履约"策略的乘客的比例递增。图5-9表示情况⑨下满足控制条件式（5-27）的网约车司机和乘客博弈的动态演化趋势。

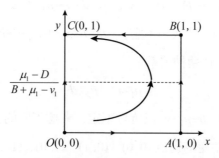

图5-9　情况⑨下满足控制条件式（5-27）的演化相位图

$$当\ \mu_1 > D,\ \mu_2 < d \tag{5-28}$$

此时 $B + \mu_1 - v_1 > 0$，$b + \mu_2 - v_2 < 0$，存在内点均衡点 (x_0, y_0)，讨论5个局部稳定

均衡点 $(0,0)$、$(0,1)$、$(1,0)$、$(1,1)$、(x_0,y_0) 的稳定性，依据雅克比矩阵的稳定性判定方法，得到5个均衡点的稳定性分析结果，如表5-12所示。

表5-12 情况⑨下满足控制条件式（5-28）的演化博弈稳定性分析

均衡点	行列式的符号	特征值	特征值的符号	稳定性
$(0,0)$	－	$\lambda_1=\mu_1-D$ $\lambda_2=\mu_2-d$	$\lambda_1>0$ $\lambda_2<0$	鞍点
$(0,1)$	－	$\lambda_1=v_1-B-D$ $\lambda_2=d-\mu_2$	$\lambda_1<0$ $\lambda_2>0$	鞍点
$(1,0)$	－	$\lambda_1=D-\mu_1$ $\lambda_2=v_2-b-d$	$\lambda_1<0$ $\lambda_2>0$	鞍点
$(1,1)$	－	$\lambda_1=B+D-v_1$ $\lambda_2=b+d-v_2$	$\lambda_1>0$ $\lambda_2<0$	鞍点
(x_0,y_0)	＋	$\lambda_1=\delta i$ $\lambda_2=-\delta i$	纯虚根	中心点

注：$\delta=\sqrt{x_0y_0(1-x_0)(1-y_0)(B+u_1-v_1)(-b-u_2+v_2)}$。

情况⑨下满足控制条件式（5-28）的演化博弈不存在稳定均衡点。图5-10表示情况⑨下满足控制条件式（5-28）的网约车司机和乘客博弈的动态演化趋势，现以系统初始状态处于区域Ⅰ为例说明图5-10表示的演化趋势。

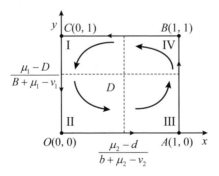

图5-10 情况⑨下满足控制条件式（5-28）的演化相位图

在区域Ⅰ，$x<(\mu_2-d)/(b+\mu_2-v_2)$，$y>(\mu_1-D)/(B+\mu_1-v_1)$，"履约"乘客的比例较大，网约车司机"违约"所获得的收益 $y(A+B-v_1)$ 大于其"履约"时所

获得的收益 $y(A-\mu_1)+\mu_1-D$，所以"违约"的网约车司机的比例递增；同时，乘客"履约"所获得的收益 $x(a-\mu_2)+\mu_2-d$ 小于其"违约"时所获得的收益 $x(a+b-v_2)$，从而选择"履约"策略的乘客的比例逐步递减。这种状态一直持续到当 $y=(\mu_1-D)/(B+\mu_1-v_1)$ 时，此时 $x<(\mu_2-d)/(b+\mu_2-v_2)$，乘客"履约"所获得的收益 $x(a-\mu_2)+\mu_2-d$ 仍然小于其"违约"时所获得的收益 $x(a+b-v_2)$，从而"履约"的乘客的比例不断递减，演化博弈系统状态进入区域Ⅱ。

在区域Ⅱ，由于 $x<(\mu_2-d)/(b+\mu_2-v_2)$ 恒成立，使得选择"履约"策略的乘客的比例继续递减，而 $y<(\mu_1-D)/(B+\mu_1-v_1)$，网约车司机"违约"所获得的收益 $y(A+B-v_1)$ 小于其"履约"时所获得的收益 $y(A-\mu_1)+\mu_1-D$，从而选择"履约"策略的网约车司机的比例开始递增。这种状态一直持续到 $x=(\mu_2-d)/(b+\mu_2-v_2)$，此时 $y<(\mu_1-D)/(B+\mu_1-v_1)$，选择"履约"策略的网约车司机的比例继续增加，演化博弈系统状态进入区域Ⅲ。

区域Ⅲ和区域Ⅳ分别与区域Ⅱ和区域Ⅰ对称，同理，在区域Ⅲ，选择"履约"策略的网约车司机和乘客的比例同时递增，在 $y=(\mu_1-D)/(B+\mu_1-v_1)$ 之后进入区域Ⅳ。在区域Ⅳ，选择"履约"策略的网约车司机的比例递减，而选择"履约"策略的乘客的比例递增，在 $x-(\mu_2-d)/(b+\mu_2-v_2)$ 之后进入区域Ⅰ。如此重复循环，形成以均衡点 D 为中心点，经过初值的极限环。

（10）情况⑩：μ_1 较小，v_1、μ_2 均较大，v_2 较小。由于情况⑩与情况⑨的控制条件是对称的，根据情况⑨的分析，可以得到情况⑩下的稳定策略：当 $\mu_1>D$，$\mu_2>d$ 时，演化博弈的稳定策略为 $(1,0)$，不稳定策略为 $(0,0)$；当 $\mu_1<D$，$\mu_2>d$ 时，演化博弈没有稳定策略，其中 (x_0,y_0) 为中心点。

（11）情况⑪：μ_1 较大，v_1、μ_2、v_2 均较小。若 μ_1 较大，v_1、μ_2、v_2 均较小，满足如下条件：

$$\mu_1-D>A-D,\quad A-D<A+B-v_1,\quad \mu_2-d<a-d,\quad a-d<a+b-v_2 \qquad （5-29）$$

则有 $\mu_1>D$，μ_2 与 d 的大小不定，$-D-B+v_1<0$，$-d-b+v_2<0$。

考虑 μ_2 与 d 的下述两种关系：

$$当 \mu_1 > D，\mu_2 > d \qquad （5-30）$$

此时 $B+\mu_1-v_1 > 0$，$b+\mu_2-v_2 > 0$，情况⑪下满足控制条件（5-30）与情况1下控制条件式（5-15）博弈的动态演化趋势相同，演化博弈的稳定策略为 $(1, 0)$ 和 $(0, 1)$。

$$当 \mu_1 > D，\mu_2 < d \qquad （5-31）$$

此时 $B+\mu_1-v_1 > 0$，$b+\mu_2-v_2$ 正负号不定，情况⑪下满足控制条件式（5-31）与情况①下控制条件式（5-14）博弈的动态演化趋势相同，点 $(1, 0)$ 是演化博弈的稳定均衡点。

（12）情况⑫：μ_1、v_1 较小，μ_2 较大，v_2 较小。由于情况⑫与情况⑪的控制条件是对称的，根据情况⑪的分析，可以得到情况⑫下的稳定策略：当 $\mu_1 > D$，$\mu_2 > d$ 时，演化博弈的稳定策略为 $(1, 0)$ 和 $(0, 1)$，不稳定策略为 $(0, 0)$、$(1, 1)$，(x_0, y_0) 为鞍点。当 $\mu_1 < D$、$\mu_2 > d$ 时，演化博弈的稳定策略为 $(0, 1)$，不稳定策略为 $(1, 1)$。

（13）情况⑬：μ_1 较小，v_1 较大，μ_2、v_2 均较小。若 μ_1 较小，v_1 较大，μ_2、v_2 均较小，满足如下条件：

$$\mu_1-D < A-D，A-D > A+B-v_1，\mu_2-d < a-d，a-d < a+b-v_2 \qquad （5-32）$$

则有 μ_1 与 D、μ_2 与 d 的大小不定，$-D-B+v_1 > 0$，$-d-b+v_2 < 0$。

考虑 μ_1 与 D、μ_2 与 d 的关系：

$$当 \mu_1 < D，\mu_2 < d \qquad （5-33）$$

此时有 $B+\mu_1-v_1 < 0$，$b+\mu_2-v_2$ 正负号不定，考虑不同的情况，不存在内点均衡点 (x_0, y_0)，讨论4个局部稳定均衡点 $(0, 0)$、$(0, 1)$、$(1, 0)$、$(1, 1)$ 的稳定性，依据雅克比矩阵的稳定性判定方法，得到4个均衡点的稳定性分析结果，如表5-13所示。

在情况⑬下满足控制条件式（5-33）时，点 $(0, 0)$ 是演化稳定均衡点，点 $(0, 1)$ 为不稳定点，此时网约车司机和乘客的演化稳定策略都是选择"违约"，即（违约，违约）。此时的动态博弈演化趋势如图5-11所示。

表5-13　情况 ⑬ 下满足控制条件式（5-33）的演化博弈稳定性分析

均衡点	行列式的符号	特征值	特征值的符号	稳定性
$(0,0)$	+	$\lambda_1=\mu_1-D$ $\lambda_2=\mu_2-d$	$\lambda_1<0$ $\lambda_2<0$	稳定点
$(0,1)$	+	$\lambda_1=v_1-B-D$ $\lambda_2=d-\mu_2$	$\lambda_1>0$ $\lambda_2>0$	不稳定点
$(1,0)$	−	$\lambda_1=D-\mu_1$ $\lambda_2=v_2-b-d$	$\lambda_1>0$ $\lambda_2<0$	鞍点
$(1,1)$	−	$\lambda_1=B+D-v_1$ $\lambda_2=b+d-v_2$	$\lambda_1<0$ $\lambda_2>0$	鞍点

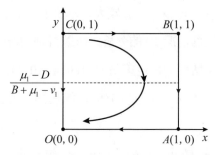

图5-11　情况 ⑬ 下满足控制条件式（5-33）的演化相位图

$$当\ \mu_1<D,\ \mu_2>d \qquad\qquad (5\text{-}34)$$

此时有 $B+\mu_1-v_1<0$，$b+\mu_2-v_2>0$，存在内点均衡点 (x_0,y_0)，讨论5个局部稳定均衡点 $(0,0)$、$(0,1)$、$(1,0)$、$(1,1)$、(x_0,y_0) 的稳定性，依据雅克比矩阵的稳定性判定方法，得到5个均衡点的稳定性分析结果，如表5-14所示。

表5-14　情况 ⑬ 下满足控制条件式（5-32）的演化博弈稳定性分析

均衡点	行列式的符号	特征值	特征值的符号	稳定性
$(0,0)$	−	$\lambda_1=\mu_1-D$ $\lambda_2=\mu_2-d$	$\lambda_1<0$ $\lambda_2>0$	鞍点
$(0,1)$	−	$\lambda_1=v_1-B-D$ $\lambda_2=d-\mu_2$	$\lambda_1>0$ $\lambda_2<0$	鞍点
$(1,0)$	−	$\lambda_1=D-\mu_1$ $\lambda_2=v_2-b-d$	$\lambda_1>0$ $\lambda_2<0$	鞍点

续表5-14

均衡点	行列式的符号	特征值	特征值的符号	稳定性
$(1,1)$	$-$	$\lambda_1=B+D-v_1$ $\lambda_2=b+d-v_2$	$\lambda_1<0$ $\lambda_2>0$	鞍点
(x_0,y_0)	$+$	$\lambda_1=\delta i$ $\lambda_2=-\delta i$	纯虚根	中心点

注：$\delta=\sqrt{x_0y_0(1-x_0)(1-y_0)(-B-u_1+v_1)(b-v_2+u_2)}$。

情况 ⑬ 下满足控制条件式（5-34）的动态博弈演化趋势（图5-12），与情况 ⑨ 下满足控制条件式（5-28）的网约车司机与乘客的动态博弈演化趋势相似，都不存在演化稳定策略，围着中心点 D，如此重复，形成经过初值点的极限圆环。

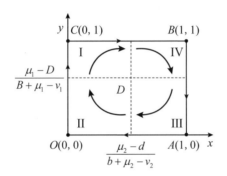

图5-12　情况 ⑬ 下满足控制条件式（5-34）的演化相位图

$$当\ \mu_1>D,\ \mu_2<d \qquad (5-35)$$

此时 $B+\mu_1-v_1$ 的正负号不定，$b+\mu_2-v_2$ 的正负号不定，情况 ⑬ 下满足控制条件式（5-33）与情况⑦下满足控制条件式（5-25）动态博弈的演化趋势相同，且演化稳定策略均为 $(1,0)$。

$$当\ \mu_1>D,\ \mu_2>d \qquad (5-36)$$

$B+\mu_1-v_1$ 的正负号不定，$b+\mu_2-v_2>0$，情况 ⑬ 下满足控制条件式（5-36）与情况③下满足控制条件式（5-19）动态博弈的演化趋势相同，且演化稳定策略为 $(1,0)$。

（14）情况⑭：μ_1、v_1、μ_2 均较小，v_2 较大。由于情况⑭与情况⑬的控制条件是对称的，根据情况⑬的分析，可以得到情况⑭下的稳定策略：当 $\mu_1 < D$、$\mu_2 < d$ 时，演化博弈的稳定策略为 $(0, 0)$，$(1, 0)$ 为不稳定策略。当 $\mu_1 > D$、$\mu_2 < d$ 时，演化博弈不存在稳定策略，(x_0, y_0) 为中心点。当 $\mu_1 < D$、$\mu_2 > d$ 时，演化稳定策略均为 $(0, 1)$。当 $\mu_1 > D$、$\mu_2 > d$ 时，演化博弈的稳定策略为 $(0, 1)$。

（15）情况⑮：μ_1 较大，v_1 较小，μ_2 较大，v_2 较小。若 μ_1 较大，v_1 较小，μ_2 较大，v_2 较小，满足如下条件：

$$\mu_1 - D > A - D, \quad A - D < A + B - v_1, \quad \mu_2 - d > a - d, \quad a - d < a + b - v_2 \quad （5-37）$$

则有下述条件成立：

$$\mu_1 > D, \quad \mu_2 > d, \quad -D - B + v_1 < 0, \quad -d - b + v_2 < 0 \quad （5-38）$$

而此时 $B + \mu_1 - v_1 > 0$，$b + \mu_2 - v_2 > 0$，情况⑮下满足控制条件式（5-38）与情况①下满足控制条件式（5-15）博弈的动态演化趋势相同，演化博弈的稳定策略为 $(1, 0)$ 和 $(0, 1)$。

（16）情况⑯：μ_1 较小，v_1 较大，μ_2 较小，v_1 较大。若 μ_1 较小，v_1 较大，μ_2 较小，v_1 较大，满足如下条件：

$$\mu_1 - D < A - D, \quad A - D > A + B - v_1, \quad \mu_2 - d < a - d, \quad a - d > a + b - v_2 \quad （5-39）$$

则有 μ_1 与 D、μ_2 与 d 的大小不定，$-D - B + v_1 > 0$，$-d - b + v_2 > 0$。

考虑 μ_1 与 D、μ_2 与 d 的关系：

$$当 \mu_1 < D, \quad \mu_2 < d \quad （5-40）$$

此时有 $B + \mu_1 - v_1 < 0$，$b + \mu_2 - v_2 < 0$，存在内点均衡点 (x_0, y_0)，讨论5个局部稳定均衡点 $(0, 0)$、$(0, 1)$、$(1, 0)$、$(1, 1)$、(x_0, y_0) 的稳定性，依据雅克比矩阵的稳定性判定方法，得到5个均衡点的稳定性分析结果，如表5-15所示。

在情况⑯下满足控制条件（5-40）时，$(0, 0)$ 和 $(1, 1)$ 是演化稳定均衡点，$(0, 1)$、$(1, 0)$ 为不稳定点，(x_0, y_0) 为鞍点。图5-13表示在情况⑯下满足控制条件式（5-40）的网约车司机和乘客博弈的演化趋势，由图5-13可以得出：网约车司机与乘客的演化博弈的稳定结果取决于博弈的初始状态，当初始状态处于区域 $OADCD$ 时，系统将收敛于 O 点；当初始状态处于区域 $BADCB$ 时，系统将收敛于 B 点。与图5-4的动态演化趋势相比，在情况⑯下满足控制条件式（5-40）的演化博弈的稳定策略为双方同时"履约"或者双方同时"违约"，而在情况①下满足控制条件式（5-15）的演化博弈的稳定策略为一方"违约"另一方"履约"。

$$当 \mu_1 < D,\ \mu_2 > d \tag{5-41}$$

表5-15　情况⑯下满足控制条件式（5-40）的演化博弈稳定性分析

均衡点	行列式的符号	特征值	特征值的符号	稳定性
$(0, 0)$	+	$\lambda_1 = \mu_1 - D$ $\lambda_2 = \mu_2 - d$	$\lambda_1 < 0$ $\lambda_2 < 0$	稳定点
$(0, 1)$	+	$\lambda_1 = v_1 - B - D$ $\lambda_2 = d - \mu_2$	$\lambda_1 > 0$ $\lambda_2 > 0$	不稳定点
$(1, 0)$	+	$\lambda_1 = D - \mu_1$ $\lambda_2 = v_2 - b - d$	$\lambda_1 > 0$ $\lambda_2 > 0$	不稳定点
$(1, 1)$	+	$\lambda_1 = B + D - v_1$ $\lambda_2 = b + d - v_2$	$\lambda_1 < 0$ $\lambda_2 < 0$	稳定点
(x_0, y_0)	−	λ_1 λ_2	$\lambda_1 < 0$ $\lambda_2 > 0$	鞍点

注：$\lambda_{1,2} = \pm\sqrt{x_0 y_0 (1 - x_0)(1 - y_0)(v_1 - u_1 - B)(v_2 - u_2 - b)}$ 。

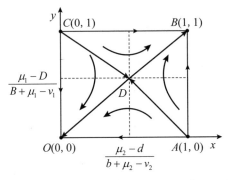

图5-13　情况⑯下满足控制条件式（5-40）的演化相位图

此时 $B+\mu_1-v_1<0$，$b+\mu_2-v_2$ 正负号不定，不存在内点均衡点，讨论4个局部稳定均衡点 $(0,0)$、$(0,1)$、$(1,0)$、$(1,1)$ 的稳定性，依据雅克比矩阵的稳定性判定方法，得到4个均衡点的稳定性分析结果，如表5-16所示。

表5-16　情况 ⑯ 下满足控制条件式（5-41）的演化博弈稳定性分析

均衡点	行列式的符号	特征值	特征值的符号	稳定性
$(0,0)$	$-$	$\lambda_1=\mu_1-D$ $\lambda_2=\mu_2-d$	$\lambda_1<0$ $\lambda_2>0$	鞍点
$(0,1)$	$-$	$\lambda_1=v_1-B-D$ $\lambda_2=d-\mu_2$	$\lambda_1>0$ $\lambda_2<0$	鞍点
$(1,0)$	$+$	$\lambda_1=D-\mu_1$ $\lambda_2=v_2-b-d$	$\lambda_1>0$ $\lambda_2>0$	不稳定点
$(1,1)$	$+$	$\lambda_1=B+D-v_1$ $\lambda_2=b+d-v_2$	$\lambda_1<0$ $\lambda_2<0$	稳定点

在情况 ⑯ 下满足控制条件（5-41）时（图5-14），$(1,1)$ 是演化稳定均衡点，$(1,0)$ 为不稳定点。此时网约车司机和乘客的演化稳定策略都是选择"履约"，即（履约，履约）。

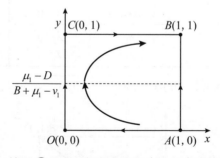

图5-14　情况 ⑯ 下满足控制条件式（5-41）的演化相位图

$$当\ \mu_1>D,\ \mu_2<d \qquad (5-42)$$

此时 $B+\mu_1-v_1$ 正负号不定，$b+\mu_2-v_2<0$，情况 ⑯ 下满足控制条件式（5-42）与情况⑤下满足控制条件式（5-22）的博弈的动态演化趋势相同，演化稳定策略为 $(1,1)$，不稳定策略为 $(0,1)$。

$$当\ \mu_1>D,\ \mu_2>d \qquad (5-43)$$

此时 $B+\mu_1-v_1$ 正负号不定，$b+\mu_2-v_2$ 正负号不定，情况 ⑯ 下满足控制条件式（5-43）与情况②下控制条件式（5-17）的博弈的动态演化趋势相同，演化稳定策略为 $(1, 1)$，不稳定策略为 $(0, 0)$。

网约车合同属于客运合同，在合同成立之后，在网约车司机接送乘客的过程中，由于机会主义行为倾向，司机与乘客往往会发生相互违约行为，使得合作博弈在现实中往往走入"囚徒困境"。通过对网约车司机和乘客之间演化博弈的上述16种情况进行综合分析，要想使网约车司机和乘客之间的合作博弈在现实中实现集体理性并长期保持下去，网约车平台作为双边市场的中介方，应当充分发挥监管作用，大力加强对网约车司机和乘客"违约"行为的惩罚力度，从而有效抑制网约车市场的违约行为；同时也要适当地提高对司机和乘客双方"履约"行为的补偿力度，从而有效保护其使用积极性，进而减少网约车司机和乘客的机会主义双重违约行为，促进网约车市场健康良性发展。该结论表述为如下定理。

定理1　如果网约车平台对司机和乘客的"履约"行为的补偿力度以及"违约"行为的惩罚力度满足如下条件：

$$A-D > A+B-v_1, \quad a-d > a+b-v_2, \quad \mu_1 > D \text{ 或 } \mu_2 > d \qquad （5-44）$$

则网约车司机与乘客的演化博弈存在唯一的稳定策略 $(1, 1)$，即（履约，履约）。

5.4　仿真算例

令 $A=5$、$D=2$、$B=2$、$a=3$、$d=1$、$b=2$ 为网约车司机和乘客演化博弈系统各参数的初始值，探讨分析补偿－惩罚不同力度下网约车司机与乘客双方履约率的演化稳定性。

5.4.1　仅对网约车司机采取补偿－惩罚措施

仅仅针对网约车司机的"履约"和"违约"行为采取补偿－惩罚措施，

而对乘客的行为不予以限定，即 $u_2=0$、$v_2=0$。对网约车司机的补偿－惩罚控制力度越小，司机的履约率越低；当补偿－惩罚控制力度大到临界点时，司机的履约率维持在一个不足0.3的特定水平上，超过临界点，司机的履约率将持续上升并逐渐逼近1，演化稳定，如图5-15所示。而对于乘客而言，此时由于其行为选择不受补偿－惩罚控制措施的约束，不管对网约车司机的补偿－惩罚力度为多大值，乘客的最优策略选择均为"违约"，所以乘客的履约率持续下降并迅速逼近0，演化稳定，如图5-16所示。

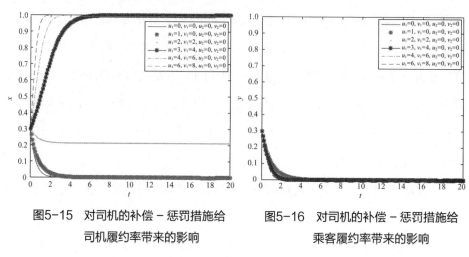

图5-15 对司机的补偿－惩罚措施给   图5-16 对司机的补偿－惩罚措施给
司机履约率带来的影响   乘客履约率带来的影响

5.4.2 仅对网约车乘客采取补偿－惩罚措施

仅仅针对乘客的"履约"和"违约"行为采取补偿－惩罚措施，而对网约车司机的行为不予以限定，即 $u_1=0$、$v_1=0$。对于网约车司机而言，由于其行为选择不受补偿－惩罚控制措施的约束，不管对乘客的补偿－惩罚力度为多大值，司机的最优策略选择均为"违约"，所以网约车司机的履约率持续下降并迅速逼近0，演化稳定，如图5-17所示。然而，对于乘客而言，对乘客的补偿－惩罚控制力度越小，乘客的履约率越低；当补偿－惩罚控制力度足够大到临界点时，乘客的履约率维持在一个不足0.3的特定水平上，超过临界点，乘客的履约率将持续上升并逐渐逼近1，演化稳定，如图5-18所示。

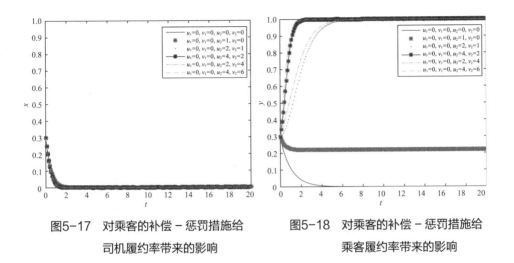

图5-17　对乘客的补偿－惩罚措施给
司机履约率带来的影响

图5-18　对乘客的补偿－惩罚措施给
乘客履约率带来的影响

5.4.3　仅对网约车司机和乘客采取补偿措施

针对网约车司机与乘客都只采用补偿措施（即 $v_1=0$，$v_2=0$）时，对司机和乘客履约率的影响分别如图5-19和图5-20所示。在一定的补偿力度下会使网约车司机和乘客的履约率分别稳定于1，但不能达到同时稳定于1，这是因为网约车司机与乘客均存在机会主义倾向，往往当一方履约率较大时，另一方会迅速采取对自己有利的"违约"策略。随着时间的演变，履约方的履约率会持续下降并逐渐逼近0（采取"违约"策略），或持续下降到某一特定水平，或者继续采取"履约"策略（因为较大的补偿力度能弥补其"履约"所花费的必要成本）。

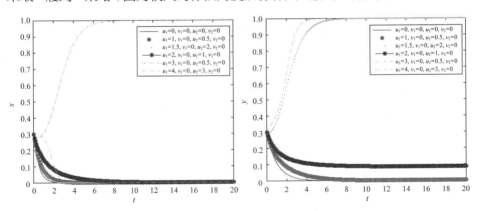

图5-19　对司机和乘客的补偿措施给
司机履约率带来的影响

图5-20　对司机和乘客的补偿措施给
乘客履约率带来的影响

5.4.4 仅对网约车司机和乘客采取惩罚措施

针对网约车司机与乘客都只采用惩罚措施（$u_1=0$、$u_2=0$）时，对司机和乘客履约率的影响分别如图5-21和图5-22所示。由于网约车平台对网约车司机和乘客双方的"履约"行为没有采取补偿措施，当对"违约"行为的惩罚力度较大时，双方由于机会主义倾向都不敢"违约"，随着时间的演化，双方的履约率都持续上升并逐渐逼近1，演化稳定（这是网约车平台所愿见的，因为如果一方履约那么高额的惩罚力度将使得违约方得不偿失）。随着惩罚力度的降低，网约车司机和乘客双方的履约率都持续下降并迅速逼近0，演化稳定。

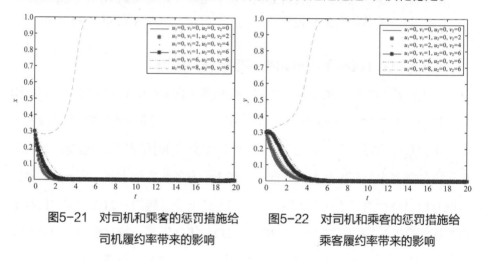

图5-21　对司机和乘客的惩罚措施给
司机履约率带来的影响

图5-22　对司机和乘客的惩罚措施给
乘客履约率带来的影响

5.4.5 对网约车司机和乘客同时采取补偿 - 惩罚措施

对网约车司机与乘客同时采取补偿－惩罚措施时的效果分别如图5-23和图5-24所示。当补偿－惩罚控制力度较小时，网约车司机和乘客的履约率持续下降并逐渐逼近于0，演化稳定；当补偿－惩罚控制力度较大时，网约车司机和乘客的履约率持续上升并迅速逼近于1，演化稳定，双方的最优策略均为"履约"；当补偿－惩罚的力度居于中间值时，网约车司机和乘客的履约率呈小幅震荡，补偿－惩罚的控制力度较大时，双方履约率的震荡幅度下降，波峰下移，周期延长。

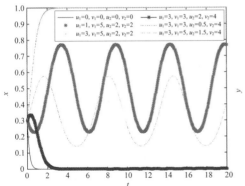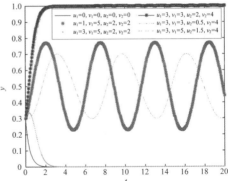

图5-23　对司机和乘客同时采取补偿－惩罚　　图5-24　对司机和乘客同时采取补偿－惩罚
措施给司机履约率带来的影响　　　　措施给乘客履约率带来的影响

5.5　本章小结

　　网约车市场司机和乘客的三位一体的商业生态系统，三者相互依赖、相互影响。网约车司机和乘客作为相互独立的博弈主体有着各自的利益诉求和策略选择，双方作为有限理性的"经济人"都可以选择"履约"策略或"违约"策略来实现自身经济利益的最大化。在网约合同成立之后，在网约车接送乘客的过程中，由于机会主义行为倾向，司机和乘客往往会发生相互违约行为，没有外力控制的网约车司机和乘客之间的博弈将陷入"囚徒困境"。

　　本章运用演化博弈理论分析方法和自动控制工具，在网约车新政实施背景下，，从网约车平台监管角度构造补偿－惩罚的控制变量，构建网约车司机和乘客之间的演化博弈模型，并分析在不同的补偿－惩罚力度下司机和乘客的交易行为的演化稳定策略。理论研究表明：当网约车平台没有补偿－惩罚措施或措施力度较弱时，并不能有效地抑制网约车司机和乘客的双重违约行为；并且网约车平台针对司机和乘客所采取的补偿措施在一定程度上可以保护双方的"履约"积极性，但对双方的"违约"行为缺乏有效的约束力，而惩罚措施能有效抑制双方的"违约"行为，在惩罚力度突破临界值的情况下会出现理想的演化稳定策略；要想使网约车司机和乘客之间的合作博弈在现实中实现集体理性并长期保持下去，网约车平台作为双边市场的中介方，应当充分发挥监管作用，加大对策略对（违约，违约）的识别，大力加强对网约车司机和乘客"违约"行为的惩罚力度，从而有效抑制网约车市场的违约行为；同时也要适当地提高对司机和乘客"履约"行为的补偿力度，从而有效保护其使用积极性，进而减少网约车司机和乘客的机会主义双重违约行为。仿真结果说明了上述控制措施在不同情况下的有效性和局限性。

在网约车新政出台和行业垄断巨头酝酿诞生的背景下，本章的研究加深了对于网约车市场中司机和乘客机会主义倾向的双重违约现象的认识，丰富了促进网约车司机和乘客双方合作演化研究的理论成果，对网约车平台优化平台运营治理措施和完善网约车市场相关政策具有重要的启示：

（1）要有效规避网约车司机和乘客机会主义倾向的双重违约行为，仅仅依靠网约车司机和乘客的自我约束是难以实现的，外部的控制力对于促进网约车司机和乘客的合作共赢机制具有决定性的作用。网约车平台作为双边市场的中介方，应当充分发挥监管作用，主动承担监管职责，并针对网约车司机和乘客的行为采取合理的补偿－惩罚控制措施以营造良好的市场交易氛围，推动网约车司机和乘客的良性互动并最终形成理想的稳定状态。

（2）网约车平台等监管机构的补偿－惩罚控制力度对网约车司机和乘客之间的演化方向具有决定性的影响，应当根据环境的变化而进行相应的调整。较弱的补偿－惩罚控制力度无助于网约车司机与乘客的演化博弈朝理想的方向发展，只有当补偿超过了被违约的损失或惩罚大于违约的收益时，网约车司机和乘客的演化博弈才能进入集体理性的策略稳定状态。

（3）网约车平台应当对网约车司机和乘客双方的履约行为都采取补偿措施，同时对双方的违约行为都采取惩罚措施。单纯地针对一方的行为采取补偿－控制措施，虽然在一定程度上能使措施的接收方选择"履约"策略，但对另一方缺乏有效的约束力从而会助长其"违约"行为，无助于网约车市场的良性发展。

（4）网约车平台的补偿－惩罚控制措施是促进网约车司机和乘客双方合作共赢的有力工具，针对双方机会主义倾向的违约行为必须严厉惩处，努力提高违约行为的识别率，识别一起惩处一起，通过将对网约车司机和乘客违约行为的惩罚提高到违约收益及以上的水平从而令双方即便是想为也不敢为（即不敢违约）。需要有效赋予并保证网约车平台经营者的惩罚执行权，可以通过探索尝试诚信交易保证金等多种途径，来落实网约车平台经营者的控制者地位，从而促进网约车市场健康良性发展。

第6章 基于演化博弈理论的网约车市场管制策略研究

6.1 引 言

2016年7月，交通运输部联合公安部等七部门正式公布了《网络预约出租汽车经营服务管理暂行办法》，明确了网约车的"合法身份"。以Uber、滴滴出行等为代表的共享经济得到进一步的规范，给城市居民的交通出行提供了更多快捷且经济的新选择。但当前政府对网约车市场的规制策略尚未形成有效监管，导致网约车市场乱象丛生，存在网约车平台的消极管理和司机的违规经营，而司乘互评机制、投诉冻结机制、网约车服务监督电话和一键报警功能等应对措施的实施也未能有效解决问题，出行市场不正当竞争以及网约车乘客财产及安全的损害等问题屡见不鲜。

随着网约车新政及《出租汽车服务质量信誉考核办法》的出台，网约车行业面临更多的行政许可和更少的补贴，同时也将触发网约车行业的利益相关者如乘客、司机与网约车平台以及传统出租车行业之间的新一轮自主博弈。因此，有必要在政府规制的背景下，分析网约车平台、网约车司机和乘客之间错综复杂的博弈关系，对网约车市场的规制策略进行研究，以实现网约车出行市场的健康可持续发展。

从研究成果来看，国内外学者对网约车市场规制策略的研究已有一定的突破，采用模型化研究方法已经逐渐成为发展趋势。但过往的这些研究大多仅考虑具有两个主体的博弈问题，结合网约车市场的现实环境，网约车市场是包括政府部门、网约车平台、司机、传统出租车公司和乘客等多方利益主体的交通出行市场，因此，基于已有学者的研究，本章运用演化博弈理论的分析方法，在政府部门的市场规制下，构建网约车平台、司机和乘客的三方演化博弈模型，分析三方主体的演化路径和演化稳定策略，以及影响演化博弈均衡结果的关键因素，为政府部门制定科学合理的网约车市场规制策略提供参考。

6.2 网约车市场利益三方演化博弈模型构建

6.2.1 问题描述和模型假设

在系统地分析网约车市场运营问题的基础上，本章选取网约车平台、司机和乘客作为博弈参与人，假设网约车平台有两种行动可供选择——严格管理和消极管理，"严格管理"策略是指网约车平台按照政府监管部门的规定严格审查网约车司机，包括对司机准入资质的审查、对车辆状况的检查以及对司机服务的追踪等，清理不具备合法营运资格的司机，"消极管理"策略是指网约车平台未能按照政府监管部门的规定对司机进行审查，允许没有达到标准的司机继续营运；司机也有两类行为可供选择——合法营运与非法营运，"合法营运"策略是指网约车司机按照网约车新政的要求达到准入标准而进行营运，"非法营运"策略是指网约车司机未能按照网约车新政的要求达到准入标准而进行的不合法营运；同样地，乘客也有两类行为可供选择——积极合作与消极合作，"积极合作"策略是指乘客积极配合网约车平台的管理，通过司乘互评机制、投诉冻结机制和网约车服务监督电话等方式，对司机的营运行为提出有效反馈意见，提升司机的服务质量，"消极合作"策略是指乘客消极对待网约车平台的管理体系，不配合平台进行监督或者对司机的营运行为不能提供有效反馈意见。在网约车平台、司机和乘客之间，可做如下合理性假设：

假设1 假设网约车平台选择"严格管理"和"消极管理"策略的概率分别为 x 和 $1-x$；司机选择"合法营运"和"非法营运"策略的概率分别为 y 和

$1-y$；而乘客选择"积极合作"策略和"消极合作"策略的概率分别 z 和 $1-z$。

假设2 当网约车平台选择"严格管理"策略时，平台在严格管理过程中所花费的时间和物质成本为 C_1（$C_1>0$）；当网约车平台对非法营运的司机进行监管和处置措施后（如通过封号、整改和罚款等措施禁止网约车司机非法营运），平台的网约车供应量急剧递减，造成平台调度压力，给平台带来的运营风险成本为 C_1'（$C_1'>0$）；网约车平台的"严格管理"会得到消费者的认同感，提升网约车平台形象为 U_{11}（$U_{11}>0$）；而政府对"严格管理"的平台提供的相应的奖励为 U_{12}（$U_{12}>0$），包括企业声誉支持和经济扶持等。当网约车平台选择"消极管理"策略时，网约车平台的"消极管理"可能滋生司机的非法营运行为，乘客存在巨大的安全隐患，降低网约车平台的形象为 U_{11}'（$U_{11}'>0$）；此外，政府对网约车平台的"消极管理"采取的惩罚措施为 U_{12}'（$U_{12}'>0$），包括平台罚款、下线整改和社会共建等。网约车平台的基本收益为 R_1（$R_1>0$）。

假设3 当司机选择"合法营运"策略时，其付出的成本为 C_2（$C_2>0$）（为达到政府管理部门所要求的网约车运营标准，网约车司机对车辆进行改良的费用、办理相关法定程序所花费的时间和提供乘客优质的网约车服务所付出的精力等成本）；对于合法营运的司机，一方面政府可能提供的奖励 U_2（$U_2>0$），包括政策支持、荣誉授予以及金钱奖励等，此外，在平台"严格管理"和乘客"积极合作"下，司机的"合法营运"会带来声誉激励效应 R_2'（$R_2'>0$）。当司机选择"非法营运"策略时，平台采取"严格管理"策略，乘客配合平台对司机进行监督，网约车平台对司机的惩罚为 C_2'（$C_2'>0$）（我们考虑平台对非法营运司机的惩罚 C_2' 大于平台"严格管理"非法营运司机带来的运营风险成本 C_1'，否则平台没有动力选择"严格管理"策略），同时，政府管理部门可能对"非法营运"的司机采取行政处罚及法律诉讼等惩罚措施为 U_2'（$U_2'>0$）。R_2' 为司机的基本收益（$R_2'>0$）。

假设4 当乘客选择"积极合作"策略时，乘客配合网约车平台监督司机所需要付出的必要时间、精力等成本为 C_3（$C_3>0$），其中乘客监督非法营运司机所要多付出的风险成本为 ΔC_3（$\Delta C_3>0$），包括非法营运司机对乘客生理或心理上带来的打击报复行为等；司机合法营运带来的乘客社会福利的增加为 U_3'（$U_3>0$），比如资源有效调动并充分共享，提高网约车市场的经济效率，缓解了城市居民出行难的问题，司机非法运营带来的乘客社会福利的减少为 U_3'（$U_3'>0$），比如对城市交通拥堵以及居民出行安全带来一定的负面影响；平台严格管理，乘客对司机监督所带来的司机服务水平提升，安全隐患降低，出行便利等社会效益为 R_3'（$R_3'>0$）；乘客的基本收益为 R_3（$R_3>0$）。

假设5　网约车出行用户的基础数量为 N（$N>0$），网约车平台消极管理引起的网约车出行用户的流失量为 N_1，网约车司机非法营运引起的网约车出行用户的流失量为 N_2，ε 和 λ 为网络外部效应参数，数量效应为 ε，价格效应为 λ。

可以得到网约车出行市场中网约车平台、司机和乘客三方博弈的支付矩阵，如表6-1所示。

表6-1　网约车平台、司机和乘客三方博弈的支付矩阵

		积极合作	消极合作
严格管理	合法运营	$R_1-C_1+U_{11}+U_{12}+(\varepsilon-\lambda)N$	$R_1-C_1+U_{11}+U_{12}+(\varepsilon-\lambda)N$
		$R_2-C_2+U_2+\lambda N+R_2'$	$R_2-C_2+U_2+\lambda N$
		$R_3-C_3+U_3+R_3'$	R_3+U_3
	非法运营	$R_1-C_1-C_1'+U_{11}+U_{12}+C_2'+(\varepsilon-\lambda)(N-N_2)$	$R_1-C_1+U_{11}+U_{12}+(\varepsilon-\lambda)(N-N_2)$
		$R_2-U_2'-C_2'+\lambda(N-N_2)$	$R_2-U_2'+\lambda(N-N_2)$
		$R_3-C_3-\Delta C_3+R_3'-U_3'$	R_3-U_3'
消极管理	合法运营	$R_1-U_{11}'-U_{12}'+(\varepsilon-\lambda)(N-N_1)$	$R_1-U_{11}'-U_{12}'+(\varepsilon-\lambda)(N-N_1)$
		$R_2-C_2+U_2+\lambda(N-N_1)$	$R_2-C_2+U_2+\lambda(N-N_1)$
		$R_3-C_3+U_3$	R_3+U_3
消极管理	非法运营	$R_1-U_{11}'-U_{12}'+(\varepsilon-\lambda)(N-N_1-N_2)$	$R_1-U_{11}'-U_{12}'+(\varepsilon-\lambda)(N-N_1-N_2)$
		$R_2-U_2'+\lambda(N-N_1-N_2)$	$R_2-U_2'+\lambda(N-N_1-N_2)$
		$R_3-C_3-\Delta C_3-U_3'$	R_3-U_3'

6.2.2 支付矩阵的求解

根据支付矩阵，可以算出在网约车新政实施的背景下以及政府有关部门的管制下，网约车平台"严格管理"和"消极管理"的期望收益以及平均收益分别为 π_{x1}、π_{x2} 和 $\overline{\pi}_x$：

$$\pi_{x1} = yz\left[R_1 - C_1 + U_{11} + U_{12} + (\varepsilon - \lambda)N\right] + y(1-z)\left[R_1 - C_1 + U_{11} + U_{12} + (\varepsilon - \lambda)N\right] +$$

$$(1-y)z\left[R_1 - C_1 - C_1' + U_{11} + U_{12} + C_2' + (\varepsilon - \lambda)(N - N_2)\right] +$$

$$(1-y)(1-z)\left[R_1 - C_1 + U_{11} + U_{12} + (\varepsilon - \lambda)(N - N_2)\right] +$$

$$= y(\varepsilon - \lambda)N_2 + (1-y)z(C_2' - C_1') + R_1 - C_1 + U_{11} + U_{12} + (\varepsilon - \lambda)(N - N_2) \quad (6\text{-}1)$$

$$\pi_{x2} = yz\left[R_1 - U_{11}' - U_{12}' + (\varepsilon - \lambda)(N - N_1)\right] + y(1-z)\left[R_1 - U_{11}' - U_{12}' + (\varepsilon - \lambda)(N - N_1)\right] +$$

$$(1-y)z\left[R_1 - U_{11}' - U_{12}' + (\varepsilon - \lambda)(N - N_1 - N_2)\right] +$$

$$(1-y)(1-z)\left[R_1 - U_{11}' - U_{12}' + (\varepsilon - \lambda)(N - N_1 - N_2)\right]$$

$$= y(\varepsilon - \lambda)N_2 + R_1 - U_{11}' - U_{12}' + (\varepsilon - \lambda)(N - N_1 - N_2) \quad (6\text{-}2)$$

$$\overline{\pi}_x = x\pi_{x1} + (1-x)\pi_{x2} = x\left[y(\varepsilon - \lambda)N_2 + (1-y)z(C_2' - C_1') + R_1 - C_1 + U_{11} + U_{12} + (\varepsilon - \lambda)(N - N_2)\right] +$$

$$(1-x)\left[y(\varepsilon - \lambda)N_2 + R_1 - U_{11}' - U_{12}' + (\varepsilon - \lambda)(N - N_1 - N_2)\right]$$

$$= y(\varepsilon - \lambda)N_2 + x(1-y)z(C_2' - C_1') + x\left[R_1 - C_1 + U_{11} + U_{12} + (\varepsilon - \lambda)(N - N_2)\right] +$$

$$(1-x)\left[R_1 - U_{11}' - U_{12}' + (\varepsilon - \lambda)(N - N_1 - N_2)\right] \quad （6\text{-}3）$$

根据式（6-1）和式（6-3）可以得到网约车平台的复制动态方程：

$$F(x) = \frac{\mathrm{d}x}{\mathrm{d}t} = x(\pi_{x1} - \overline{\pi}_x)$$

$$= x(1-x)\left[(1-y)z(C_2' - C_1') - C_1 + U_{11} + U_{12} + U_{11}' + U_{12}' + (\varepsilon - \lambda)N_1\right] \quad （6\text{-}4）$$

司机"合法营运"和"非法营运"的期望收益以及平均收益分别为 π_{y1}、π_{y2} 和 $\overline{\pi}_y$：

$$\pi_{y1} = xz(R_2 - C_2 + U_2 + \lambda N + R_2') + x(1-z)(R_2 - C_2 + U_2 + \lambda N) +$$

$$(1-x)z\left[R_2 - C_2 + U_2 + \lambda(N - N_1)\right] +$$

$$(1-x)(1-z)\left[R_2 - C_2 + U_2 + \lambda(N - N_1)\right]$$

$$= xzR_2' + x\lambda N_1 + R_2 - C_2 + U_2 + \lambda(N - N_1) \quad （6\text{-}5）$$

$$\pi_{y2} = xz\big[R_2 - U_2{}' - C_2{}' + \lambda(N - N_2)\big] + x(1-z)\big[R_2 - U_2{}' + \lambda(N - N_2)\big] +$$

$$(1-x)z\big[R_2 - U_2{}' + \lambda(N - N_1 - N_2)\big] +$$

$$(1-x)(1-z)\big[R_2 - U_2{}' + \lambda(N - N_1 - N_2)\big]$$

$$= -xzC_2{}' + x\lambda N_1 + R_2 - U_2{}' + \lambda(N - N_1 - N_2) \qquad (6\text{-}6)$$

$$\overline{\pi}_y = y\pi_{y1} + (1-y)\pi_{y2}$$

$$= xyzR_2{}' + x\lambda N_1 + R_2 - yC_2 + yU_2 + \lambda(N - N_1 - N_2) +$$

$$\lambda yN_2 - x(1-y)zC_2{}' - (1-y)U_2{}' \qquad (6\text{-}7)$$

根据式（6-5）和式（6-7）可以得到司机的复制动态方程为：

$$F(y) = \frac{\mathrm{d}y}{\mathrm{d}t} = y(\pi_{y1} - \overline{\pi}_y) = y(1-y)\big[xz(R_2{}' + C_2{}') - C_2 + U_2 + U_2{}' + \lambda N_2\big] \quad (6\text{-}8)$$

乘客"积极合作"和"消极合作"的期望收益以及平均收益分别为 π_{z1}、π_{z2} 和 $\overline{\pi}_z$：

$$\pi_{z1} = xy(R_3 - C_3 + U_3 + R_3{}') + x(1-y)(R_3 - C_3 - \Delta C_3 + R_3{}' - U_3{}') +$$

$$(1-x)y(R_3 + U_3 - C_3) + (1-x)(1-y)(R_3 - C_3 - \Delta C_3 - U_3{}')$$

$$= y(R_3 - C_3 + U_3) + (1-y)(R_3 - C_3 - \Delta C_3 - U_3{}') + xR_3{}' \qquad (6\text{-}9)$$

$$\pi_{z2} = xy(R_3 + U_3) + x(1-y)(R_3 - U_3{}') + (1-x)y(R_3 + U_3) +$$

$$(1-x)(1-y)(R_3 - U_3{}')$$

$$= y(R_3 + U_3) + (1-y)(R_3 - U_3{}') \qquad (6\text{-}10)$$

$$\pi_z = z\pi_{z1} + (1-z)\pi_{z2} = yU_3 - (1-y)z\Delta C_3 - zC_3 + R_3 - (1-y)U_3{}' + xzR_3{}' \quad (6\text{-}11)$$

根据式（6-9）和式（6-11）可以得到乘客的复制动态方程为：

$$F(z) = \frac{\mathrm{d}z}{\mathrm{d}t} = z(\pi_{z1} - \overline{\pi}_z) = z(1-z)\big(xR_3{}' + y\Delta C_3 - \Delta C_3 - C_3\big) \qquad (6\text{-}12)$$

6.3 网约车市场三方的演化路径及稳定性分析

6.3.1 网约车平台的演化路径及稳定性分析

根据微分方程稳定性定理及演化稳定策略的性质，网约车平台要实现演化稳定策略，需要满足的条件是 $F(x)=0$，$\partial F(x)/\partial x < 0$。

其中：

$$F(x)=x(1-x)\left[(1-y)z(C_2'-C_1')-C_1+U_{11}+U_{12}+U_{11}'+U_{12}'+(\varepsilon-\lambda)N_1\right] \quad （6-13）$$

$$\partial F(x)/\partial x=(1-2x)\left[(1-y)z(C_2'-C_1')-C_1+U_{11}+U_{12}+U_{11}'+U_{12}'+(\varepsilon-\lambda)N_1\right] \quad （6-14）$$

情形①：若满足 $(1-y)z=\left[C_1-U_{11}-U_{12}-U_{11}'-U_{12}'-(\varepsilon-\lambda)N_1\right]/(C_2'-C_1')$，则 $F(x)\equiv0$，即对所有 x 都为稳定状态；若 $(1-y)z\neq\left[C_1-U_{11}-U_{12}-U_{11}'-U_{12}'-(\varepsilon-\lambda)N_1\right]/(C_2'-C_1')$，令 $F(x)=0$，则 $x=0$、$x=1$ 为 x 的两个稳定状态。

情形②：若 $(1-y)z<\left[C_1-U_{11}-U_{12}-U_{11}'-U_{12}'-(\varepsilon-\lambda)N_1\right]/(C_2'-C_1')$ 时，则 $F(0)=0$，$\partial F(x)/\partial x\big|_{x=0}<0$，故 $x=0$ 为演化稳定点。

情形③：若 $(1-y)z>\left[C_1-U_{11}-U_{12}-U_{11}'-U_{12}'-(\varepsilon-\lambda)N_1\right]/(C_2'-C_1')$ 时，则 $F(1)=0$，$\partial F(x)/\partial x\big|_{x=1}<0$，故 $x=1$ 为演化稳定点。

对平台的复制动态方程式（6-4）进行求解，可得网约车平台管理策略的演化路径相位图，如图6-1所示。

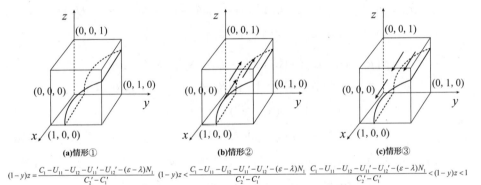

(a)情形①　　　　**(b)情形②**　　　　**(c)情形③**

$(1-y)z=\dfrac{C_1-U_{11}-U_{12}-U_{11}'-U_{12}'-(\varepsilon-\lambda)N_1}{C_2'-C_1'}$　$(1-y)z<\dfrac{C_1-U_{11}-U_{12}-U_{11}'-U_{12}'-(\varepsilon-\lambda)N_1}{C_2'-C_1'}$　$\dfrac{C_1-U_{11}-U_{12}-U_{11}'-U_{12}'-(\varepsilon-\lambda)N_1}{C_2'-C_1'}<(1-y)z<1$

图6-1　网约车平台管理策略的演化路径相位图

由图6-1可知，网约车平台的演化稳定策略会同时受到司机运营策略和乘客合作策略的影响，而平台"严格管理"成本（必要运营成本和运营风险成本）、平台市场认同感以及政府对平台的奖励与惩罚措施等因素也会共同影响平台在网约车市场管理中的演化稳定策略。为了保证网约车平台采取"严格管理"策略，具体措施包括：加强网约车平台"严格管理"的声誉效应 U_{11}；加大对平台"严格管理"的奖励 U_{12} 和"消极管理"的惩罚 U_{12}'；创新平台技术来降低"严格管理"的运营成本 C_1 和风险成本 C_1'；提升网络外部性 ε 和 λ 带来的收益。

6.3.2　司机的演化路径及稳定性分析

根据微分方程稳定性定理及演化稳定策略的性质，司机要实现演化稳定策略，需要满足的条件是 $F(y)=0$，$\partial F(y)/\partial y < 0$。

其中：

$$F(y)=y(1-y)\left[xz(R_2'+C_2')-C_2+U_2+U_2'+\lambda N_2\right] \tag{6-15}$$

$$\partial F(y)/\partial y=(1-2y)\left[xz(R_2'+C_2')-C_2+U_2+U_2'+\lambda N_2\right] \tag{6-16}$$

情形①：若满足 $xz=(C_2-U_2-\lambda N_2-U_2')/(R_2'+C_2')$，则 $F(y)\equiv0$，即对所有 y 都为稳定状态；若 $xz\neq(C_2-U_2-\lambda N_2-U_2')/(R_2'+C_2')$，令 $F(y)=0$，则 $y=0$、$y=1$ 为 y 的两个稳定状态。

情形②：若 $xz<(C_2-U_2-\lambda N_2-U_2')/(R_2'+C_2')$ 时，则 $F(0)=0$，$\partial F(y)/\partial y\big|_{y=0}<0$，故 $y=0$ 为演化稳定点。

情形③：若 $xz>(C_2-U_2-\lambda N_2-U_2')/(R_2'+C_2')$ 时，则 $F(1)=0$，$\partial F(y)/\partial y\big|_{y=1}<0$，故 $y=1$ 为演化稳定点。

对司机的复制动态方程式（6-8）进行求解，可得司机营运策略的演化路径相位图，如图6-2所示。

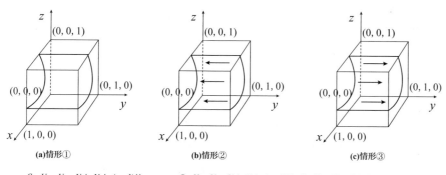

(a)情形①	**(b)情形②**	**(c)情形③**
$(1-y)z=\dfrac{C_1-U_{11}-U_{12}-U_{11}'-U_{12}'-(\varepsilon-\lambda)N_1}{C_2'-C_1'}$	$(1-y)z<\dfrac{C_1-U_{11}-U_{12}-U_{11}'-U_{12}'-(\varepsilon-\lambda)N_1}{C_2'-C_1'}$	$\dfrac{C_1-U_{11}-U_{12}-U_{11}'-U_{12}'-(\varepsilon-\lambda)N_1}{C_2'-C_1'}<(1-y)z<1$

图6-2　司机营运策略的演化路径相位图

由图6-2可知，网约车司机的演化稳定策略不仅会受到平台管理策略和乘客合作策略的影响，同时还会受到司机自身"合法营运"的必要成本以及带来的声誉激励效应、平台对司机"非法营运"的惩罚和政府对司机的奖惩措施等因素的共同影响。为了保证司机采取"合法营运"策略,具体措施包括:削减和加强司机"合法营运"的成本 C_2 和声誉效应 R_2';规范"合法运营"的奖励 U_2 和"非法营运"的惩罚 C_2' 和 U_2';提升网络外部性 λ 带来的价格收益。

6.3.3 乘客的演化路径及稳定性分析

根据微分方程稳定性定理及演化稳定策略的性质,乘客要实现演化稳定策略,需要满足的条件是 $F(z)=0$,$\partial F(z)/\partial z < 0$。

其中:

$$F(z)=z(1-z)(xR_3'+y\Delta C_3-\Delta C_3-C_3) \qquad (6\text{-}17)$$

$$\partial F(z)/\partial z=(1-2z)(xR_3'+y\Delta C_3-\Delta C_3-C_3) \qquad (6\text{-}18)$$

若满足 $y=(\Delta C_3+C_3-xR_3')/\Delta C_3$,则 $F(z)\equiv 0$,即对所有 z 都为稳定状态;若 $y\neq(\Delta C_3+C_3-xR_3')/\Delta C_3$,令 $F(z)=0$,则 $z=0$、$z=1$ 为 z 的两个稳定状态。若 $y<(\Delta C_3+C_3-xR_3')/\Delta C_3$ 时,则 $F(0)=0$,$\partial F(z)/\partial z\big|_{z=0}<0$,故 $z=0$ 为演化稳定点;若 $y>(\Delta C_3+C_3-xR_3')/\Delta C_3$ 时,则 $F(1)=0$,$\partial F(z)/\partial z\big|_{z=1}<0$,故 $z=1$ 为演化稳定点。

对乘客的复制动态方程式(6-12)进行求解,可得乘客合作策略的演化路径相位图,如图6-3所示。

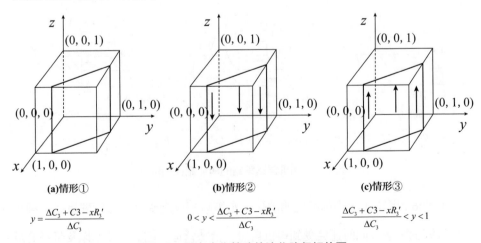

图6-3 乘客合作策略的演化路径相位图

由图6-3可知，网约车乘客的演化稳定策略会同时受到平台管理策略和司机营运策略的影响，同时还会受到乘客"积极合作"策略的社会收益和必要成本以及监督非法司机带来的风险成本等因素的共同影响。为了保证乘客采取"积极合作"策略，具体措施包括：减少"积极合作"的必要成本 C_3 和 ΔC_3，同时提高积极合作下的社会收益 R_3' 等。

6.3.4　网约车市场三方共同作用的演化策略稳定性分析

根据网约车市场三方主体的复制动态方程式（6-4）、式（6-8）和式（6-12），可知演化博弈系统的局部均衡点分别为 $E_1(0,0,0)$、$E_2(1,0,0)$、$E_3(0,1,0)$、$E_4(0,0,1)$、$E_5(1,1,0)$、$E_6(1,0,1)$、$E_7(0,1,1)$、$E_8(1,1,1)$、$E_9(x_0,y_0,z_0)$。其中 (x_0,y_0,z_0) 是方程组式（6-19）的解。

$$\begin{cases} (1-y)z(C_2'-C_1')-C_1+U_{11}+U_{12}+U_{11}'+U_{12}'+(\varepsilon-\lambda)N_1=0 \\ xz(R_2'+C_2')-C_2+U_2+U_2'+\lambda N_2=0 \\ xR_3^{'}+y\Delta C_3-\Delta C_3-C_3=0 \end{cases} \quad （6-19）$$

考虑到多群体演化博弈复制动态系统的渐进稳定解一定是严格的纳什均衡解（Selten，1980；Ritzberger et al.，1996），因此网约车平台、司机和乘客三方利益主体共同作用下的演化博弈策略，只用考虑均衡点 $E_1 \sim E_8$。基于Friedman（1991b）的结论，可以通过雅克比矩阵分析微分方程的稳定性。由网约车市场三方利益主体的复制动态方程，可以得到由 $F(x)$、$F(y)$ 和 $F(z)$ 构成的雅克比矩阵：

$$\boldsymbol{J}=\begin{bmatrix} J_{11} & J_{12} & J_{13} \\ J_{21} & J_{22} & J_{23} \\ J_{31} & J_{32} & J_{33} \end{bmatrix} \quad （6-20）$$

其中：

$$J_{11}=(1-2x)\left[(1-y)z(C_2'-C_1')-C_1+U_{11}+U_{12}+U_{11}'+U_{12}'+(\varepsilon-\lambda)N_1\right] \quad （6-21）$$

$$J_{12}=x(1-x)\left[-z(C_2'-C_1')\right] \quad （6-22）$$

$$J_{13}=x(1-x)\left[(1-y)(C_2'-C_1')\right] \quad （6-23）$$

$$J_{21} = y(1-y)\left[z(R_2'+C_2')\right] \tag{6-24}$$

$$J_{22} = (1-2y)\left[xz(R_2'+C_2') - C_2+U_2+U_2'+\lambda N_2\right] \tag{6-25}$$

$$J_{23} = y(1-y)\left[x(R_2'+C_2')\right] \tag{6-26}$$

$$J_{31} = z(1-z)R_3' \tag{6-27}$$

$$J_{32} = z(1-z)\Delta C_3 \tag{6-28}$$

$$J_{33} = (1-2z)(xR_3'+y\Delta C_3-\Delta C_3-C_3) \tag{6-29}$$

由李雅普诺夫第一法（Lyapunov，1992），利用特征值的方法对点 $E_1 \sim E_8$ 进行稳定性分析。分别计算点 $E_1 \sim E_8$ 雅克比矩阵的特征值，并对点 $E_1 \sim E_8$ 的稳定性进行分析，分析结果如表6-2所示。

表6-2　局部均衡点 $E_1 \sim E_8$ 的演化稳定性分析

均衡点	特征值	稳定性分析
$E_1(0,0,0)$	$\lambda_1 = -C_1+U_{11}+U_{12}+U_{11}'+U_{12}'+(\varepsilon-\lambda)N_1$ $\lambda_2 = -C_2+U_2+U_2'+\lambda N_2$ $\lambda_3 = -\Delta C_3-C_3$	若满足 $C_1-U_{11}-U_{12}-U_{11}'-U_{12}'-(\varepsilon-\lambda)N_1>0$，且 $C_2-U_2-U_2'-\lambda N_2>0$，则点 $E_1(0,0,0)$ 为演化稳定策略；否则，点 $E_1(0,0,0)$ 为鞍点
$E_2(1,0,0)$	$\lambda_1 = C_1-U_{11}-U_{12}-U_{11}'-U_{12}'-(\varepsilon-\lambda)N_1$ $\lambda_2 = -C_2+U_2+U_2'+\lambda N_2$ $\lambda_3 = R_3'-\Delta C_3-C_3$	若满足 $C_1-U_{11}-U_{12}-U_{11}'-U_{12}'-(\varepsilon-\lambda)N_1<0$，$C_2-U_2-U_2'-\lambda N_2>0$，且 $R_3'-\Delta C_3-C_3<0$，则点 $E_2(1,0,0)$ 为演化稳定策略；否则，点 $E_2(1,0,0)$ 为不稳定点或鞍点
$E_3(0,1,0)$	$\lambda_1 = -C_1+U_{11}+U_{12}+U_{11}'+U_{12}'+(\varepsilon-\lambda)N_1$ $\lambda_2 = C_2-U_2-U_2'-\lambda N_2$ $\lambda_3 = -C_3$	若满足 $C_1-U_{11}-U_{12}-U_{11}'-U_{12}'-(\varepsilon-\lambda)N_1>0$，且 $C_2-U_2-U_2'-\lambda N_2<0$，则点 $E_3(0,1,0)$ 为演化稳定策略；否则，点 $E_3(0,1,0)$ 为鞍点
$E_4(0,0,1)$	$\lambda_1 = C_2'-C_1'-C_1+U_{11}+U_{12}+U_{11}'+U_{12}'+(\varepsilon-\lambda)N_1$ $\lambda_2 = -C_2+U_2+U_2'+\lambda N_2$ $\lambda_3 = -\Delta C_3-C_3$	因 $\Delta C_3+C_3>0$，则不可能出现三个特征值全小于0，点 $E_4(0,0,1)$ 不是演化稳定策略，点 $E_4(0,0,1)$ 为不稳定点或鞍点
$E_5(1,1,0)$	$\lambda_1 = C_1-U_{11}-U_{12}-U_{11}'-U_{12}'-(\varepsilon-\lambda)N_1$ $\lambda_2 = C_2-U_2-U_2'-\lambda N_2$ $\lambda_3 = R_3'-C_3$	若满足 $C_1-U_{11}-U_{12}-U_{11}'-U_{12}'-(\varepsilon-\lambda)N_1<0$，$C_2-U_2-U_2'-\lambda N_2<0$，且 $R_3'-C_3<0$，则点 $E_2(1,0,0)$ 为演化稳定策略；否则，点 $E_5(1,1,0)$ 为不稳定点或鞍点

均衡点	特征值	稳定性分析
$E_6(1,0,1)$	$\lambda_1=-C_2'+C_1'+C_1-U_{11}-U_{12}-U_{11}'-U_{12}'-(\varepsilon-\lambda)N_1$ $\lambda_2=R_2'+C_2'-C_2+U_2+U_2'+\lambda N_2$ $\lambda_3=-R_3'+\Delta C_3+C_3$	若满足 $-C_2'+C_1'+C_1-U_{11}-U_{12}-U_{11}'-U_{12}'-$ $(\varepsilon-\lambda)N_1<0$，$-R_2'-C_2'+C_2-U_2-U_2'-\lambda N_2>$ 0，且 $-R_3'+\Delta C_3+C_3<0$，则点 $E_6(1,0,1)$ 为演化稳定策略；否则，点 $E_6(1,0,1)$ 为不稳定点或鞍点
$E_7(0,1,1)$	$\lambda_1=-C_1+U_{11}+U_{12}+U_{11}'+U_{12}'+(\varepsilon-\lambda)N_1$ $\lambda_2=C_2-U_2-U_2'-\lambda N_2$ $\lambda_3=C_3$	因 $C_3>0$，则不可能出现三个特征值全小于0，点 $E_7(0,1,1)$ 不是演化稳定策略，点 $E_7(0,1,1)$ 为不稳定点或鞍点
$E_8(1,1,1)$	$\lambda_1=C_1-U_{11}-U_{12}-U_{11}'-U_{12}'-(\varepsilon-\lambda)N_1$ $\lambda_2=-R_2'-C_2'+C_2-U_2-U_2'-\lambda N_2$ $\lambda_3=-R_3'+C_3$	若满足 $C_1-U_{11}-U_{12}-U_{11}'-U_{12}'-(\varepsilon-\lambda)N_1<0$，$-R_2'-C_2'+C_2-U_2-U_2'-\lambda N_2<0$，且 $-R_3'+C_3<$ 0，则点 $E_8(1,1,1)$ 为演化稳定策略；否则，点 $E_8(1,1,1)$ 为不稳定点或鞍点

根据表6-2得到的演化稳定性分析结果，均衡点 $E_1(0,0,0)$、$E_2(1,0,0)$、$E_3(0,1,0)$、$E_5(1,1,0)$、$E_6(1,0,1)$ 和 $E_8(1,1,1)$ 可能成为局部渐近稳定点，而在任何情况下，均衡点 $E_4(0,0,1)$ 和 $E_7(0,1,1)$ 都只能是不稳定点或鞍点。其中，我们可以发现在政府的管制下，网约车市场可以实现利益主体（网约车平台，司机和乘客）策略的完美演变，即平台实施"严格管理"策略，司机采取"合法营运"策略，同时乘客积极配合平台对司机进行监督，采取"积极合作"策略。

6.4　数值分析

根据上文三方演化博弈模型的理论分析和研究结论，表6-2呈现出8个均衡点的演化稳定性条件，为了更加形象地反映网约车平台、司机和乘客的策略演化路径，下文借助 Matlab 软件，进一步通过数值仿真对网约车平台、司机和乘客三方主体的演化路径及演化稳定策略进行分析。从政府对平台和司机的管制角度出发，考虑稳定性条件 $C_1-U_{11}-U_{12}-U_{11}'-U_{12}'-(\varepsilon-\lambda)N_1$ 和 $C_2-U_2-U_2'-\lambda N_2$ 的大小，探讨政府实施奖励和惩罚措施对网约车市场三方主体博弈稳定性的影响。因此，本章将所有的渐进稳定点划分为4种情形进行讨论，对 $\forall x, y, z$，$x \in (0, 1)$，$y \in (0, 1)$，$z \in (0, 1)$，在演化时间 $t \in [0, 50]$ 的情况下，得到网约车平台、司机和乘客策略的动态演化路径。

（1）情形1：当 $C_1 - U_{11} - U_{12} - U_{11}' - U_{12}' - (\varepsilon - \lambda)N_1 > 0$，$C_2 - U_2 - U_2' - \lambda N_2 > 0$ 时，可以得到平台严格管理的净收益 $(R_1 + U_{11} + U_{12} - C_1)$ 小于消极管理的净收益 $[R_1 - U_{11}' - U_{12}' - (\varepsilon - \lambda)N_1]$，司机合法营运的净收益 $(R_2 + R_2' + U_2 - C_2)$ 小于非法营运的净收益 $(R_2 - U_2' - \lambda N_2 - C_2')$，最终系统的演化稳定策略可能是 $(0, 0, 0)$ 和 $(1, 0, 1)$。根据情形1，设置参数初始值。条件①：$C_1=25$，$C_1'=2$，$U_{11}=3$，$U_{12}=3$，$U_{11}'=2$，$U_{12}'=4$，$\varepsilon=1.5$，$\lambda=0.5$，$N_1=2$，$R_2'=2$，$C_2'=5$，$C_2=15$，$U_2=3$，$U_2'=3$，$N_2=1$，$R_3'=2$，$C_3=1$，$\Delta C_3=0.5$；条件②：$C_1=25$，$C_1'=2$，$U_{11}=3$，$U_{12}=6$，$U_{11}'=2$，$U_{12}'=10$，$\varepsilon=1.5$，$\lambda=0.5$，$N_1=2$，$R_2'=2$，$C_2'=5$，$C_2=15$，$U_2=3$，$U_2'=3$，$N_2=1$，$R_3'=2$，$C_3=1$，$\Delta C_3=0.5$。

图6-4和图6-5分别反映了在条件①和条件②下所有点的演化路径，其中，条件①下均衡点 $(0, 0, 0)$ 为演化稳定策略，条件②下均衡点 $(0, 0, 0)$ 和 $(1, 0, 1)$ 成为演化稳定策略。对比条件条件①和条件②可以发现，这是因为政府对平台的管制力度加大（包括奖励和惩罚措施），在司机采取"非法营运"策略的比例较高，并且乘客配合平台对司机进行监督，采取"积极合作"策略的比例较高时，会出现 $[C_1 - U_{11} - U_{12} - U_{11}' - U_{12}' - (\varepsilon - \lambda)N_1]/(C_2' - C_1') < (1-y)z$，此时，平台会倾向于采取"严格管理"的策略。同时，乘客积极配合平台对司机进行监督，会改善司机的服务水平，降低其出行成本和安全隐患，提升社会效益，因此，乘客会倾向于选择"积极合作"的策略。尽管平台对司机采取"严格管理"策略，乘客配合平台，采取"积极合作"策略，但由于政府和平台对司机的管制力度不够，司机"消极营运"的收益仍然大于其"积极营运"的收益，所以司机不管在何种情形下最终都选择"消极营运"策略。

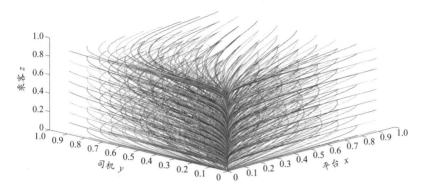

图6-4　在条件①下网约车市场三方演化博弈的策略演化路径图

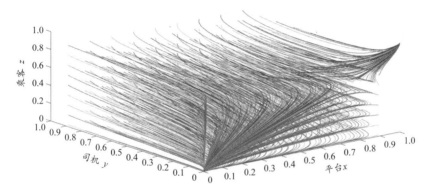

图6-5　在条件②下网约车市场三方演化博弈的策略演化路径图

（2）情形2：当 $C_1-U_{11}-U_{12}-U_{11}'-U_{12}'-(\varepsilon-\lambda)N_1<0$，$C_2-U_2-U_2'-\lambda N_2<0$ 时，可以得到平台严格管理的净收益 $(R_1+U_{11}+U_{12}-C_1)$ 大于消极管理的净收益 $[R_1-U_{11}'-U_{12}'-(\varepsilon-\lambda)N_1]$，司机合法营运的净收益 $(R_2+U_2-C_2)$ 大于非法营运的净收益 $(R_2-U_2'-\lambda N_2)$，最终系统的演化稳定策略可能是 $(1,1,0)$ 和 $(1,1,1)$。根据情形2，设置参数初始值。条件③：$C_1=25$，$C_1'=2$，$U_{11}=3$，$U_{12}=10$，$U_{11}'=2$，$U_{12}'=12$，$\varepsilon=1.5$，$\lambda=0.5$，$N_1=2$，$R_2'=2$，$C_2'=5$，$C_2=15$，$U_2=8$，$U_2'=10$，$N_2=1$，$R_3'=0.5$，$C_3=1$，$\Delta C_3=0.5$；条件④：$C_1=25$，$C_1'=2$，$U_{11}=3$，$U_{12}=10$，$U_{11}'=2$，$U_{12}'=12$，$\varepsilon=1.5$，$\lambda=0.5$，$N_1=2$，$R_2'=2$，$C_2'=5$，$C_2=15$，$U_2=8$，$U_2'=10$，$N_2=1$，$R_3'=2$，$C_3=1$，$\Delta C_3=0.5$。

图6-6和图6-7分别反映了在条件③和条件④下所有点的演化路径，其中，条件③下均衡点 $(1,1,0)$ 为演化稳定策略，条件④下均衡点 $(1,1,1)$ 成为理想

演化稳定策略。对比情形1，情形2下政府对平台和司机的管制力度得到显著提升，平台都倾向于采取"严格管理"策略，司机都倾向于采取"合法营运"策略，而乘客的策略选择取决于其配合平台对司机进行监管所花费的成本与所得到的收益的大小，在条件③下乘客所花费的成本大于其所得到的社会效益，所以乘客倾向于选择"消极合作"策略，反之，条件④下乘客所花费的成本小于其所得到的收益，乘客会倾向于选择"积极合作"的策略。

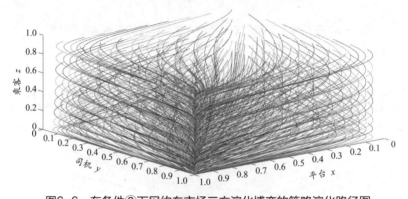

图6-6　在条件③下网约车市场三方演化博弈的策略演化路径图

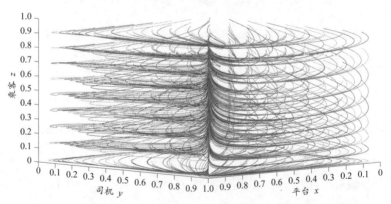

图6-7　在条件④下网约车市场三方演化博弈的策略演化路径图

（3）情形3：当 $C_1-U_{11}-U_{12}-U_{11}'-U_{12}'-(\varepsilon-\lambda)N_1>0$，$C_2-U_2-U_2'-\lambda N_2<0$ 时，可以得到平台严格管理的净收益 $(R_1+U_{11}+U_{12}-C_1)$ 小于消极管理的净收益 $[R_1-U_{11}'-U_{12}'-(\varepsilon-\lambda)N_1]$，司机合法营运的净收益 $(R_2+U_2-C_2)$ 大于非法营运的净收益 $(R_2-U_2'-\lambda N_2)$，最终系统的演化稳定策略是 $(0,1,0)$。根据情形3，设置参数初始

值。条件⑤：C_1=25，C_1'=2，U_{11}=3，U_{12}=3，U_{11}'=2，U_{12}'=4，ε=1.5，λ=0.5，N_1=2，R_2'=2，C_2'=5，C_2=15，U_2=8，U_2'=10，N_2=1，R_3'=2，C_3=1，ΔC_3=0.5。

图6-8反映了在条件⑤下所有点的演化路径，条件⑤下均衡点 (0, 1, 0) 为演化稳定策略。比较条件⑤与条件①可知，政府对司机的管制力度有了极大提升，非法营运的司机将面临巨大的惩罚成本，因而司机会倾向于选择"合法营运"策略。由于乘客配合平台对司机进行监督会产生必要成本，所以在网约车市场中司机"合法营运"的比例较高时，作为理性的平台和乘客，分别会采取"消极管理"策略和"消极合作"策略以降低成本实现收益最大化。但这种情况只是理论上的演化稳定策略，没有显著的实际意义。事实上，网约车市场的稳定发展以及司机运营的规范化，不仅需要政府的管制，也需要网约车平台和司机的共同监管。

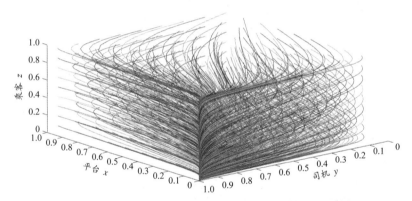

图6-8　在条件⑤下网约车市场三方演化博弈的策略演化路径图

（4）情形4：当 $C_1-U_{11}-U_{12}-U_{11}'-U_{12}'-(\varepsilon-\lambda)N_1<0$，$C_2-U_2-U_2'-\lambda N_2>0$ 时，可以得到平台严格管理的净收益 $(R_1+U_{11}+U_{12}-C_1)$ 大于消极管理的净收益 $[R_1-U_{11}'-U_{12}'-(\varepsilon-\lambda)N_1]$，司机合法营运的净收益 $(R_2+U_2-C_2)$ 小于非法营运的净收益 $(R_2-U_2'-\lambda N_2)$，最终系统的演化稳定策略可能是 (1, 0, 0)，(1, 0, 1) 和 (1, 1, 1)。根据情形4，设置参数初始值。条件⑥：C_1=25，C_1'=2，U_{11}=3，U_{12}=10，U_{11}'=2，U_{12}'=12，ε=1.5，λ=0.5，N_1=2，R_2'=2，C_2'=5，C_2=15，U_2=3，U_2'=3，N_2=1，R_3'=0.5，C_3=1，ΔC_3=0.5；条件⑦ C_1=25，C_1'=2，U_{11}=3，U_{12}=10，U_{11}'=2，U_{12}'=12，ε=1.5，λ=0.5，N_1=2，

R_2'=2, C_2'=5, C_2=15, U_2=3, U_2'=3, N_2=1, R_3'=2, C_3=1, ΔC_3=0.5;条件⑧ C_1=25, C_1'=2, U_{11}=3, U_{12}=10, U_{11}'=2, U_{12}'=12, ε=1.5, λ=0.5, N_1=2, R_2'=2, C_2'=5, C_2=15, U_2=8, U_2'=10, N_2=1, R_3'=2, C_3=1, ΔC_3=0.5。

图6-9、图6-10和图6-11分别反映了在条件⑥、条件⑦和条件⑧下所有点的演化路径，其中，条件⑥下均衡点（1, 0, 0）为演化稳定策略，条件⑦下均衡点（1, 0, 1）为演化稳定策略，条件⑧下均衡点（1, 1, 1）为演化稳定策略。比较条件⑥、条件⑦和条件⑧，随着政府对司机规制力度的提升以及乘客社会收益的增加，三方主体最终将演化至均衡点（1, 1, 1）的理想稳定状态。

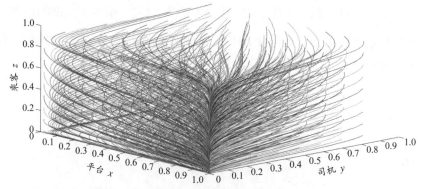

图6-9　在条件⑥下网约车市场三方演化博弈的策略演化路径图

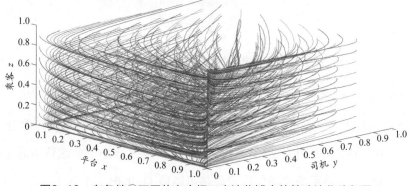

图6-10　在条件⑦下网约车市场三方演化博弈的策略演化路径图

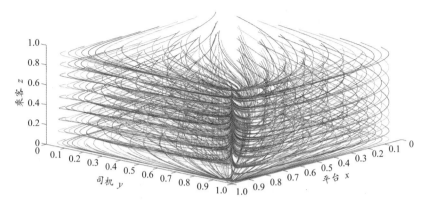

图6-11 在条件⑧下网约车市场三方演化博弈的策略演化路径图

6.5 本章小结

本章基于演化博弈理论，从政府规制角度出发，建立了网约车平台、司机和乘客的三方博弈模型，以此研究网约车出行市场规制策略的问题。并通过演化博弈模型的理论分析和数值仿真，得到政府不同的管制力度下，网约车平台、司机和乘客的演化稳定策略。同时，基于理论研究和仿真结果，本章探讨了政府如何通过奖励和惩罚措施对网约车市场进行规制，促进网约车市场利益相关者合作博弈的形成。可以得到如下结论：

（1）政府对网约车市场利益主体的规制策略（对平台和司机的奖励惩罚措施）能极大地影响网约车平台、司机和乘客的合作关系。

（2）在网约车市场规制过程中，网约车平台、司机和乘客三方主体的决策行为相互影响，即某一主体的策略选择会受到其他主体策略选择的共同影响，而传统模型仅考虑两个主体的博弈分析，具有一定的局限性。

（3）当政府给予平台和司机足够的奖励和惩罚时，即平台严格管理的净收益大于消极管理的净收益，司机合法营运的净收益大于非法营运的净收益，同时乘客配合平台对司机进行监督所得到的社会收益大于花费的必要成本时，网约车市场最终会实现理想状态 $(1, 1, 1)$。

当前的研究也存在一些局限性，也是之后研究的方向：

（1）在三方博弈模型中，主要考虑政府的管制策略对三方合作博弈的影响，需要在下一步研究中综合考虑各方因素的影响，例如平台的管理力度，司机的努力水平、乘客的使用意愿等。

（2）对模型推导结果采用数值仿真法进行模拟和分析缺乏实际数据的支撑。尽管存在一些不足之处，但研究突破了传统的两主体博弈模型，更系统地考虑了网约车市场中平台、司机和乘客的复杂博弈关系，为政府对网约车市场实施规制策略提供可资借鉴的参考，具有一定的实际意义。

第7章 考虑乘客忠诚度的网约车平台和司机的 Stackelberg 博弈模型研究

7.1 引　言

　　自共享经济之风兴起，与出行服务相关的领域已成为共享经济的独角兽，获得蓬勃发展。网约车平台以自身信息技术为支撑，通过在供给者与需求者之间构建信息交流平台，及时地将获取的数据在其云平台进行快速匹配，并实时地将最佳匹配结果分别传递到司机端与乘客端，及时地为供需双方提供交易机会，从而改变了人们出行方式以满足人们安全、便捷、高效、经济的出行需求。

　　对于网约车平台而言，其用户包括两类，即司机与乘客。司机是租车出行服务的提供方，而乘客则是租车出行服务的接受方。作为服务提供方的司机而言，与传统方式相比，利用网约车平台接单，其服务基本独立完成。司机可自主安排提供服务时间、服务区段、不受网约车平台调派。既不用面临严格的准入管制，也不用像以往向出租车公司缴纳"份子钱"。同时，司机利用自动定位匹配系统能有效减少其搜寻成本、油耗成本等。而对于大多数乘客而言，价格是选择出行方式的首要考虑要素，安全和等待时长并列为乘客选择网约车出行的第二个考虑要素。两组用户相互依存，构成网约车市场中不可或缺的两个组成部分。只有同时吸引两边用户加入网约车平台，网约车行业才能得以长久、持续发展。

　　前文从微观层面考虑了网约车市场平台、司机和乘客三方的两两博弈。在此基础之上，本章将分析网约车平台、司机和巡游出租车公司的博弈行为，在考虑乘客忠诚度的有限理性行为特征下，首先分析单渠道出租车服务模式下司机的最优决策，然后分析双渠道出租车服务模式下网约车平台的利润和最优定价、传统出租车公司的利润和最优定价，以及司机提供最优服务模式选择策略，以期提高司机的从业意愿，进而提升乘客的出行满意度，增加乘客的使用意愿，为网约车平台留住用户提供指导建议。

7.2 模型说明

网约车平台在发展初期，为了吸引更多司机加入网约车行业，充分发挥司机接单的积极性，网约车平台根据司机的接单情况、成交率、星级评价等对司机设置不同的奖励补贴政策。为了培养乘客对网约车的消费习惯，抢夺市场份额，网约车平台通过打折、优惠、降价、返券等形式为乘客提供打车补贴，吸引乘客使用打车软件满足其出行的消费需求。随着网约车新政的颁布以及各地网约车细则的出台，政府加强了对网约车市场的监管，对从事网约车服务的车辆与司机资质有了更严格的要求。同时，滴滴出行、优步实现合并，使得网约车平台方呈现一家独大的局面，"价格战"热度褪去，网约车市场渐趋理性。在此背景下网约车行业的各利益相关者如乘客、司机、网约车平台和传统出租公司将触发新一轮的自主博弈。乘客乘坐网约车的安全性虽得到提升，但司机加入网约车行业的从业意愿受到压制。服务提供方的减少必将直接影响服务接受方接受服务的等待时间，进而又会影响双方对网约车平台的使用。就网约车平台来说，乘客是否愿意使用网约车软件约车出行以及司机是否愿意通过网约车平台接单对网约车平台的运营产生直接影响。

7.2.1 假设说明

假设某城市共有 N 个同异质的出行者选择乘坐出租车出行，为简化计算，令 $N=1$。每个出行者对于出行路段都存在保留价格 r，即出行者愿意为该段路程支付的最高价格。在选择出行方式时，出行者会将乘坐出租车的里程价 p 与

自己的保留价格 r 进行比较：当里程价 p 不大于保留价格 r 时，出行者将选择乘坐出租车，否则选择其他交通工具出行。$F(r)$ 表示保留价格的累积分布函数，则应有 $dF(r)/dr \geqslant 0$，$\lim\limits_{r \to \infty} F(r) = 1$。此时乘坐出租车的需求函数为 $D(p) = 1 - F(p)$，由于需求函数满足边际效用递减原理，则本章假定函数 $F(r)$ 为凹函数，即 $dF^2(r)/dr^2 \leqslant 0$。

　　将乘客选择乘坐出租车方式的出行行为视为购买出租车服务，乘客既可以选择传统"扬手即停"的巡游出租车服务（即向巡游出租车公司购买服务），也可以选择在网约车平台发出订车信息（即选择乘坐网约车）。那么，对巡游出租车公司而言则面临两种类型的乘客：忠诚乘客和不忠诚乘客。所谓"忠诚乘客"是指只要选择出租车方式出行，就必然选择乘坐"扬手即停"的巡游出租车方式，直接向巡游出租车公司购买出租车服务，这可能与这类乘客过去的出行习惯有关，或者是由于使用网约车平台订车的学习成本过高等原因而不愿意尝试新的出行方式。而"不忠诚乘客"则是指在选择出租车方式出行时，先通过移动打车软件（网约车平台）查询到达目的地的网约车里程价，并同自己的保留价格进行比较，若所有网约车平台的最低价格仍高于自己的保留价格，则选择其他出行方式。因此，本章将乘客分为两种类型：一类是习惯于选择乘坐巡游出租车的忠诚乘客；另一类是习惯在网约车平台订车的不忠诚乘客。

　　虽然乘客对于巡游出租车服务的忠诚度问题本身比较复杂，受到出行时间段内很多因素的影响。但是根据 Blackwellet 等（1999）提出的"价值－忠诚驱动模型"，顾客内心对商品或服务的价值衡量受忠诚度的影响，也就是顾客对感知"收益"与"损失"的权衡价值会直接影响其忠诚度。因此，本章假定习惯于选择巡游出租车服务的忠诚乘客的比例与里程价 p 有关。巡游出租车服务的里程价 p 越高，乘客对巡游出租车服务的感知价值越低，则忠诚乘客的比例就越低。用 $\theta(p)$ 表示里程价为 p 时，习惯选择巡游出租车服务的忠诚乘客的比例，则有 $d\theta(p)/dp \leqslant 0$。假设忠诚乘客的比例在0到1之间，并且存在一个上界和一个下界，即 $0 \leqslant \theta_{下}(p) \leqslant \theta_{上}(p) \leqslant 1$。其中上界 $\theta_{上}(p)$ 值表示将巡游

出租车里程价 p 定为边际成本水平值时忠诚乘客的比例，下界 $\theta_{\text{下}}(p)$ 表示当巡游出租车公司对它的忠诚乘客收取垄断价格时忠诚乘客的比例。

7.2.2 博弈顺序说明

根据目前我国网约车市场的现状，本章假设出租车司机可以选择两种服务模式：只提供巡游出租车服务，以及既提供巡游出租车服务也可以通过网约车平台抢单提供预约出租车服务，前者被称为单渠道出租车服务模式，后者被称为双渠道出租车服务模式。出租车司机选择采用哪种方式提供出租车服务主要取决于两种服务模式所带来的利润回报的大小。

巡游出租车公司、网约车平台和出租车司机之间是关于价格的先后博弈，属于动态博弈模型中的先行定价模型，因此可视为 Stackelberg 博弈，其中巡游出租车公司为领导者，而网约车平台是后行动一方，为追随者。双方的博弈顺序如下：第一，巡游出租车公司以自身利润最大化为目标确定最优的出租车里程价以及出租车司机所缴纳的"份子钱"（为研究简便，假定"份子钱"为一个固定常量）；第二，网约车平台根据巡游出租车公司的定价政策确定预约出租车的里程价以及要支付给出租车司机的佣金或补贴金额；第三，出租车司机根据单渠道和双渠道出租车服务模式下的利润回报，选择最优的出租车服务模式。网约车平台、巡游出租车公司和出租车司机三方的博弈关系如图7-1所示。

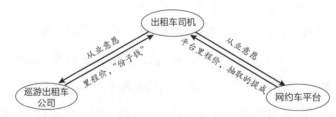

图7-1　网约车平台、巡游出租车公司和出租车司机三方的博弈关系图

7.3　单渠道出租车服务模式下出租车司机的最优决策

首先考虑单渠道出租车服务模式，即出租车司机只提供巡游出租车服务模式下出租车司机的最优决策。此时，只要出租车公司提供的出租车里程价低于乘客的保留价格，乘客就会直接选择乘坐巡游出租车。尽管巡游出租车公司对其忠诚乘客有一定的垄断话语权，但同时也会面临来自其他出行方式（如公交车、地铁等）的效用体验的制约。而巡游出租车公司的主要盈利方式在于向出租车司机收取"份子钱"，如果出租车里程价定价过高则不可避免地会造成乘客分流，从而使乘客忠诚度 $\theta(p)$ 降低，而这又将影响出租车司机的从业意愿，进而降低巡游出租车公司的"份子钱"收入。因此，在单渠道出租车服务模式下，巡游出租车公司决定里程价的最优定价水平，并确保出租车司机获得最大化的收益，从而使自己的收益最大化。单渠道出租车服务模式下出租车司机的最大利润为：

$$\max \pi_{AS} = p_{AS}\theta(p_{AS})[1 - F(p_{AS})] - \beta - C_a \tag{7-1}$$

其中，p_{AS} 表示单渠道出租车服务模式下的出租车里程价；而 $1 - F(p_{AS})$ 表示出租车里程价为 p_{AS} 时市场上对出租车服务的需求量，则 $p_{AS}\theta(p_{AS})[1 - F(p_{AS})]$ 表示出租车司机的收入；β 表示出租车司机需向巡游出租车公司缴纳的"份子钱"；C_a 表示出租车司机运营所支付的出租车修理费、车辆折旧损耗以及燃油费等固定支出。

根据出租车司机利润最大化的条件，令式（7-1）的一阶导为0（一阶最优性条件），则有：

$$\partial \pi_{AS}/\partial p_{AS} = \theta(p_{AS})[1 - F(p_{AS})] + p_{AS}\theta'(p_{AS})[1 - F(p_{AS})] - p_{AS}\theta(p_{AS})F'(p_{AS}) = 0 \tag{7-2}$$

进而可以得到：

$$p_{AS} = [\varepsilon(p_{AS}) + 1]/\lambda(p_{AS}) \tag{7-3}$$

其中，$\varepsilon(p_{AS}) \equiv \theta'(p_{AS})[p_{AS}/\theta(p_{AS})]$ 表示里程价为 p_{AS} 时乘客忠诚度的价格弹性，因为 $\theta'(p_{AS}) \leqslant 0$，且 p_{AS} 恒大于0，所以 $-1 < \varepsilon(p_{AS}) \leqslant 0$。则当乘客忠诚度的价

格弹性越大，表示乘客对巡游出租车服务越不忠诚，相应的出租车里程价就会越低。$\lambda(p_{AS})=F'(p_{AS})/[1-F(p_{AS})]$ 代表在单渠道出租车服务模式下出租车里程价的分布函数为 $F(p_{AS})$ 并且市场上对巡游出租车服务需求量为 $1-F(p_{AS})$ 的情形下，在里程价为 p_{AS} 时乘客对巡游出租车服务的瞬时需求率。

对巡游出租车公司而言，一方面，其制定的里程价定价决策将影响乘客的忠诚度，进而影响出租车司机赚取的利润；另一方面，因出租车司机所获得的利润直接影响出租车司机的从业意愿，进而影响巡游出租车公司的利润。因此，巡游出租车公司的最大利润为：

$$\max \pi_2 = n(\beta-C_f)-C_0 = \pi_{AS}(\beta-C_f)-C_0 = \{p_{AS}\theta(p_{AS})[1-F(p_{AS})]-\beta-C_a\}(\beta-C_f)-C_0$$

（7-4）

其中，n 表示巡游出租车公司所拥有的营运出租车的数量；C_f 表示巡游出租车公司运营的变动成本，如给出租车和司机购买保险、管理费用等，与运营的出租车的数量有关；C_0 表示巡游出租车公司运营的固定成本，与运营的出租车的数量无关；$(\beta-C_f)$ 则表示每辆出租车给巡游出租车公司所带来的收益。巡游出租车公司作为价格制定者决定 (p_{AS}, β)，使得其利润最大化，因此对式（7-4）关于 p_{AS} 求一阶偏导，根据一阶最优性条件，即：

$$\partial\pi_2/\partial p_{AS} = \{\theta(p_{AS})[1-F(p_{AS})]+p_{AS}\theta'(p_{AS})[1-F(p_{AS})]-p_{AS}\theta(p_{AS})F'(p_{AS})\}(\beta-C_f)=0$$

（7-5）

用 π_{AS}^* 表示当巡游出租车的最优里程价定为 p_{AS}^* 时出租车司机所能获得的最大利润。因此，当巡游出租车的里程价定为 $p_{AS}^*=[\varepsilon(p_{AS}^*)+1]/\lambda(p_{AS}^*)$ 时，司机与巡游出租车公司均可获得最大的利润。在单渠道出租车服务模式下，巡游出租车的最优里程价 p_{AS}^* 的取值与乘客忠诚度的价格弹性 ε 以及巡游出租车里程价的累积分布函数 $F(p_{AS})$ 相关。当乘客对巡游出租车的忠诚度与出租车里程价无关时，即 $\theta'(p_{AS})=0$ 或者 $\varepsilon(p_{AS})=0$，意味着巡游出租车公司对其忠诚乘客拥有绝对的定价垄断权，则此时巡游出租车的最优里程价可以表示为：$p_{AS}^*=1/\lambda(p_{AS}^*)$。

7.4　双渠道出租车服务模式下网约车平台和司机的 Stackelberg 博弈模型

为了吸引更多司机加入网约车行业，充分调动司机接单的积极性，同时培养乘客对网约车的消费习惯，抢夺市场份额，网约车平台在市场开拓期间曾疯狂"烧钱"，通过优惠、返利等方式对司机和乘客采取高额补贴策略，一度成为社会的热门话题。随着行业垄断巨头的酝酿诞生，网约车平台作为联结司机和乘客的中介平台，通过向客户收取佣金等方式作为其主要的盈利来源。

在双渠道出租车服务模式下，假设出租车市场有 n 个完全同质的出租车司机（专车司机不在本章的考虑范围以内）和网约车平台。所有出租车司机都采取双渠道出租车服务模式，即 n 个同质的出租车司机既可以提供"招手即停"的巡游出租车服务，也可以加入网约车平台参与抢单。对于巡游出租车公司和网约车平台而言，其目标都是追求自身利润最大化。

具体而言，对于同一段里程而言，假设出租车司机提供的巡游出租车的里程价为 p_{AD}，而司机通过网约车平台抢单所提供的所有网约车服务的里程价均是一样的，设为 p_0。对巡游出租车服务不忠诚的乘客在出行时会首先使用网约车平台（如移动打车软件）查看网约车的信息，如果到目的地的网约车里程价高于巡游出租车服务的里程价，就会选择"扬手即停"的巡游出租车服务，那么网约车平台就会流失这部分对价格敏感的乘客。因此，需要保证 $p_0 \leqslant p_{AD}$。

网约车服务可以看作是网约车平台先向出租车司机进行购买服务然后再将其销售给乘客。网约车平台向出租车司机购买出租车服务的价格为 $p_{AD}-c$，$c \geqslant 0$ 表示出租车司机给予网约车平台的优惠，也可以理解为网约车平台向司机所收取的"回扣"数或者"抽成"，这是网约车平台的主要盈利来源之一。因此，网约车平台以 $p_{AD}-c$ 的里程价向司机买进出租车服务，然后再以 p_0 的里程价出售给乘客，在该里程中从每位乘客那获得的利润为 $p_0-(p_{AD}-c)$。通常情况下，为了使网约车平台不亏损，需要满足：$p_0 \geqslant (p_{AD}-c)$，即网约车平台出售给乘客的出租车里程价要不小于其成本，以维持网约车平台的正常运营。综上所述，网约车里程价应满足条件：$p_{AD}-c \leqslant p_0 \leqslant p_{AD}$。

在完全理性的"经济人"假设下，对网约车平台、出租车司机以及巡游出租车公司而言，其目标都是追求自身利润最大化。在双渠道出租车服务模式下，巡游出租车公司、出租车司机和网约车平台三方的 Stackelberg 博弈的顺序具体如下：

（1）巡游出租车公司以利润最大化为目标，首先决定巡游出租车的最优里程价 p_{AD}^*，以及向出租车司机收取的"份子钱"β（假定"份子钱"为与出租车司机收入正相关的固定常量，并且出租车的总数等于出租车司机的总数）。

（2）网约车平台根据巡游出租车的定价政策，以利润最大化为目标决定向司机抽取的"回扣"数 c^*，即索要的优惠，以及网约车的最优里程价 p_0^*。

（3）出租车司机根据巡游出租车公司与网约车平台的定价政策，选择最优的出租车服务模式。

为进一步分析上述 Stackelberg 博弈模型，本章采用逆向归纳法进行求解。先对追随者即网约车平台的最优决策进行求解，再进一步对领导者即巡游出租车公司的最优定价决策进行求解，最后讨论出租车司机的最优服务模式的选择问题。

7.4.1　网约车平台的最优定价决策分析

在巡游出租车的里程价 p_{AD} 给定的情形下，网约车平台会优化自己的决策 (p_0, c) 以实现自身最大化的利润，即：

$$\max \pi_0(p_0, c)=[p_0-(p_{AD}-c)][1-n\theta(p_{AD})][1-F(p_0)]-C_p \qquad (7\text{-}6)$$

其中，$p_0-(p_{AD}-c)$ 表示每公里里程中网约车平台从每位乘客那获得的利润；$1-n\theta(p_{AD})$ 表示乘坐网约车出行的乘客的比例，也就是减去对巡游出租车市场中 n 个出租车司机忠诚乘客后剩余的比例；$1-F(p_0)$ 表示网约车里程价为 p_0 时乘客对网约车的需求量；$[1-n\theta(p_{AD})][1-F(p_0)]$ 表示网约车平台将里程价定为 p_0

时，争取到价格敏感的乘客对网约车出行的需求量；C_p 则表示网约车平台的固定运营成本。

定理1　网约车的最优里程价 p_0^* 关于巡游出租车的里程价 p_{AD}^* 严格单调递增，关于出租车司机支付给网约车平台的"回扣"数 c^* 严格单调递减。

证明：对式（7-6）关于 p_0 求一阶偏导，同样地，根据一阶最优性条件可得：

$$p_0^* = [1 - F(p_0^*)] / F'(p_0^*) + p_{AD}^* - c^* \qquad (7\text{-}7)$$

对 p_0^* 分别关于巡游出租车的里程价 p_{AD}^* 和出租车司机支付的"回扣"数 c^* 求一阶偏导，有 $\partial p_0^* / \partial p_{AD}^* > 0$，$\partial p_0^* / \partial c^* < 0$。

显然，网约车的最优里程价 p_0^* 关于巡游出租车的里程价 p_{AD}^* 严格单调递增，而关于出租车司机支付给网约车平台的"回扣"数 c^* 严格单调递减。

进一步令 $\lambda(p_0^*) = F'(p_0^*) / [1 - F(p_0^*)]$，表示在双渠道出租车服务模式下网约车最优里程价的分布函数为 $F(p_0^*)$ 并且市场上对网约车服务需求量为 $1 - F(p_0^*)$ 的情况下，在 p_0^* 点乘客对网约车服务的瞬时需求率。而 $1 / \lambda(p_0^*) = [1 - F(p_0^*)] / F'(p_0^*) = p_0^* - (p_{AC}^* - c^*)$ 表示网约车平台出售给乘客的网约车里程价 p_0^* 与购买出租车司机出租车服务价格 $p_{AC}^* - c^*$ 的差额，代表加价量（网约车平台的净利润）。

定理2　网约车平台向出租车司机收取的"回扣"数 c^* 关于巡游出租车的里程价 p_{AD}^* 严格单调递增。

证明：对式（7-6）关于"回扣"数 c^* 求一阶偏导，同样可得：

$$c^* = \dfrac{\left(\dfrac{\partial p_0^*}{\partial c^*} + 1\right)\left[1 - F(p_0^*)\right]}{\dfrac{\partial p_0^*}{\partial c^*} F'(p_0^*)} - p_0^* + p_{AD}^* \qquad (7\text{-}8)$$

对式（7-8）关于巡游出租车的里程价 p_{AD}^* 求一阶偏导，显然有 $\partial c^* / \partial p_{AD}^* > 0$。因此，网约车平台向出租车司机收取的"回扣"数 c^* 关于巡游出租车的里程价 p_{AD}^* 严格单调递增。

在假定 $F(p) = p / \mu$，$p \in [0, \mu]$ 函数的情形下，由式（7-8）可得：$c = p_{AD} - \mu$。

另外，由式（7-7）$p_0^* = [1-F(p_0^*)]/F'(p_0^*) + p_{AD}^* - c^* = (\mu - p_0^*) + p_{AD}^* - c^*$，所以 $p_0^* = (\mu + p_{AD}^* - c^*)/2$。综合两式可得 $c^* = p_{AD}^* - \mu$。又因为网约车平台向出租车司机收取的"回扣"数 c^* 非负，即要求 $c^* \geq 0$，则有 $c^* = \max(0, p_{AD}^* - \mu)$。

由此可知网约车的最优里程价 p_0^* 关于出租车司机支付给网约车平台的"回扣"数 c^* 严格单调递减，而"回扣"数 c^* 又与巡游出租车的里程价 p_{AD}^* 呈线性关系，并且随巡游出租车里程价 p_{AD}^* 增加而严格单调递增。一般情况下，如果巡游出租车的里程价越高，选择乘坐出租车方式出行的乘客大多为对价格不敏感的忠诚乘客，而对出租车价格敏感的乘客则会选择其他出行方式，如搭乘公交、地铁等。因此，为了提高对巡游出租车不忠诚的乘客对网约车的使用意愿，网约车平台通常会向出租车司机收取更多的"回扣"数或"抽成"，从而降低乘客选择乘坐网约车的出行成本，培养用户的使用习惯，以培育市场。

然而，对于出租车司机而言，在该种市场竞争结构中，尽管传统出租车公司和网约车平台对出租车司机有较大的话语权，但传统出租车公司为实现自身利益最大化，应在考虑乘客忠诚度的情形下，使司机获得最大利润，由此确定最优里程价 p_{AD}^*。当巡游出租车的里程价越高，乘客对巡游出租车的需求就越少，从而出租车司机为搭载乘客的所花费的巡游时间和搜寻成本将显著增加，因此，从这个角度来分析，出租车司机开始愿意采取双渠道出租车服务模式，即在交纳了出租车公司租金后，又从事网约车服务，并给予网约车平台价格优惠。因为在网约车平台抢单可以降低非繁忙时段和路段的空驶率，进而降低司机的巡游成本。看似提高自己的服务成本，又降低了自身收入，实则是在考虑乘客忠诚度的情形下，降低非繁忙时段、路段的空驶率，减少巡游成本，同时最大化满足乘客的出行需求，以薄利多销的方式保证收益。

采用双渠道模式提供出租车服务的司机在租车需求大时，通过巡游出租车揽客，当租车需求较小时，则采用网约车平台寻找客源，减少出租车的空驶率。而网约车平台需要合理确定向司机索要的"回扣"数 c^*，若索要的"回扣"数过低，其根据给定的价格再确定平台的里程价 p_0^* 相对传统巡游出租车价格

p_{AD}^* 并无价格优势，不利于吸引乘客采用网约车出行方式出行。但若网约车平台索要的"回扣"数 c^* 过高，尽管使用网约车平台的乘客较多，但司机从事网约车的意愿减弱。对司机而言，使用网约车平台抢单无异于过分降低自己的服务价格，过度增加自己的服务时间来维持以往所能获得的收益。在此情形下，出租车司机不会加入网约车平台，甚至会引发出租车司机集体抵制网约车。由此可知，对于网约车平台而言，为了实现自身利益最大化，需要在考虑乘客对传统巡游出租车的依赖程度下，制定合理的里程价，一方面吸引乘客对约车App 的使用意愿，另一方面吸引司机从事网约车服务工作。从而在新一轮的行业重新洗牌中，占据有利地位，实现规模经济发展目标。

7.4.2　出租车司机和巡游出租车公司的最优决策分析

7.4.2.1　出租车司机利润函数的构建

尽管长期以来我国政府对出租车行业实行经营许可和总量控制政策，由政府监管部门和出租车公司来共同制定巡游出租车的里程车价，但是正如前文所假设的，出租车公司向单一出租车司机收取的"份子钱"是固定常量 β。出租车司机收入越高，吸引的出租车行业的从业者越多。此时，出租车公司收取的"份子钱"也就越多，出租车公司为了实现自身利润最大化，就必须在确保出租车司机收入最大化的基础上来制定巡游出租车最优里程价。因此，在出租车公司和司机两者目标一致的情况下，本章假设巡游出租车的里程价 p_{AD} 是由出租车司机在追求自身利润最大化的基础上制定的。

从出租车司机的角度来看，由于网约车的里程价是在巡游出租车公司确定里程价 p_{AD} 后确定的，因此出租车司机会以追求利润最大化为目标来制定巡游出租车的里程价，最大化利润表达式为：

$$\max \pi_{AD} = p_{AD}\theta(p_{AD})[1-F(p_{AD})]+(p_{AD}-c)[1-n\theta(p_{AD})][1-F(p_0)]/n-\beta-C_a$$

$$(7\text{-}9)$$

由式（7-9）可知，出租车司机的收入主要来源于两部分：一是式（7-9）

的第一部分所表示的通过提供巡游出租车服务而取得的收入；二是式（7-9）的第二部分所表示的通过提供网约车服务而取得的收入。

因此，本章令 $D_{AD}(p_{AD}) = \theta(p_{AD})[1-F(p_{AD})]$，表示出租车司机提供的巡游出租车服务的里程数；而 $D_0(p_{AD}) = [1-n\theta(p_{AD})][1-F(p_0)]$，表示出租车司机通过在网约车平台上抢单而提供的网约车服务的里程数。

7.4.2.2 巡游出租车与网约车的价格需求弹性比较分析

当出租车的计程价变动时，巡游出租车和网约车服务售出的里程数也会相应地变动，下面将两者的价格需求弹性进行对比分析。

巡游出租车的价格需求弹性为：

$$
\begin{aligned}
Ep_{AD} &= \frac{\Delta D_{AD}(p_{AD})/D_{AD}(p_{AD})}{\Delta p_{AD}/p_{AD}} = D'_{AD}(p_{AD})\frac{p_{AD}}{D_{AD}(p_{AD})} \\
&= \left\{\theta'(p_{AD})[1-F(p_{AD})] - \theta(p_{AD})F'(p_{AD})\right\}\frac{p_{AD}}{\theta(p_{AD})[1-F(p_{AD})]} \\
&= \left[\frac{\theta'(p_{AD})}{\theta(p_{AD})} - \frac{F'(p_{AD})}{1-F(p_{AD})}\right]P_{AD}
\end{aligned}
\tag{7-10}
$$

网约车的价格需求弹性为：

$$
\begin{aligned}
Ep_0 &= \frac{\Delta D_0(p_0)/D_0(p_0)}{\Delta p_0/p_0} = D'_0(p_0)\frac{p_0}{D_0(p_0)} \\
&= -F'(p_0)[1-n\theta(p_{AD})]\frac{p_0}{[1-n\theta(p_{AD})][1-F(p_0)]} = -\frac{F'(p_0)}{1-F(p_0)}p_0
\end{aligned}
\tag{7-11}
$$

由于 $\theta'(p_{AD}) < 0$，比较式（7-10）和式（7-11），可知 $Ep_{AD} < Ep_0$，$|Ep_{AD}| > |Ep_0|$。因此巡游出租车的价格需求弹性大于网约车的价格需求弹性，意味着巡游出租车对价格变动产生的影响会更敏感。

7.4.2.3 巡游出租车的最优里程价决策分析

将 $D_{AD}(p_{AD})$、$D_0(p_0)$ 代入式（7-9），则出租车司机的最大化利润函数为：

$$
\max \pi_{AD}(p_{AD}) = p_{AD}D_{AD}(p_{AD}) + (p_{AD}-c)D_0(p_{AD})/n - \beta - C_a
\tag{7-12}
$$

定理3　当 $F(p)$ 服从 $p \in [0, \mu]$ 的均匀分布时，此时巡游出租车的最优里程定价 p_{AD}^* 满足下述关系式：

$$p_{AD}^* \leqslant \left[\frac{1 - F\left(p_{AD}^*\right)}{F'\left(p_{AD}^*\right)} \right] \left\{ \frac{2n\theta'\left(p_{AD}^*\right)}{1 + n\theta\left(p_{AD}^*\right)} \frac{1 - F\left(p_{AD}^*\right)}{F'\left(p_{AD}^*\right)} + 1 \right\} \qquad (7\text{-}13)$$

证明：对式（7-12）关于 p_{AD} 求一阶导数，根据一阶最优性条件，可得巡游出租车的最优里程价 p_{AD}^* 为：

$$p_{AD}^* = \frac{c^* \dfrac{dD_0^*\left(p_{AD}^*\right)}{dp_{AD}^*}\left(1 - \dfrac{\partial c^*}{\partial p_{AD}^*}\right) D_0^*\left(p_{AD}^*\right) - n D_{AD}^*\left(p_{AD}^*\right)}{n \dfrac{dD_{AD}^*\left(p_{AD}^*\right)}{dp_{AD}^*} + \dfrac{dD_0^*\left(p_{AD}^*\right)}{dp_{AD}^*}} \qquad (7\text{-}14)$$

其中，

$$dD_{AD}^*\left(p_{AD}^*\right) / dp_{AD}^* = \theta'\left(p_{AD}^*\right)\left[1 - F\left(p_{AD}^*\right)\right] - \theta\left(p_{AD}^*\right) F'\left(p_{AD}^*\right) \qquad (7\text{-}15)$$

$$dD_0^*\left(p_{AD}^*\right) / dp_{AD}^* = -n\theta'\left(p_{AD}^*\right)\left[1 - F\left(p_0^*\right)\right] - \left[1 - n\theta\left(p_{AD}^*\right)\right] F'\left(p_0^*\right)\left(\partial p_0^* / \partial p_{AD}^*\right) \qquad (7\text{-}16)$$

为了求得 $\partial p_0^* / \partial p_{AD}^*$、$\partial p_0^* / \partial c^*$ 的值，需对式（7-7）$p_0^* = \left[1 - F\left(p_0^*\right)\right] / F'\left(p_0^*\right) + p_{AD}^* - c^*$ 进行隐函数求导。对式（7-7）的两边同时乘以一个 $F'\left(p_0^*\right)$，整理得到：

$$1 - F\left(p_0^*\right) + \left(p_{AD}^* - c^* - p_0^*\right) F'\left(p_0^*\right) = 0 \qquad (7\text{-}17)$$

对式（7-17）两边分别关于 p_{AD}^* 进行求导，得：

$$-F'\left(p_0^*\right)\left(\frac{\partial p_0^*}{\partial p_{AD}^*} + \frac{\partial p_0^*}{\partial c^*} \frac{\partial c^*}{\partial p_{AD}^*}\right) + \left(1 - \frac{\partial c^*}{\partial p_{AD}^*} - \frac{\partial p_0^*}{\partial p_{AD}^*} - \frac{\partial p_0^*}{\partial c^*} \frac{\partial c^*}{\partial p_{AD}^*}\right) F'\left(p_0^*\right) +$$

$$\left(p_{AD}^* - c^* - p_0^*\right) F''\left(p_0^*\right) \frac{\partial p_0^*}{\partial p_{AD}^*} = 0 \qquad (7\text{-}18)$$

进一步对式（7-18）进行整理：

$$\frac{\partial p_0^*}{\partial p_{AD}^*} = \frac{\left(\dfrac{\partial c^*}{\partial p_{AD}^*} + 2\dfrac{\partial p_0^*}{\partial c^*} \dfrac{\partial c^*}{\partial p_{AD}^*} - 1\right) F'\left(p_0^*\right) - \dfrac{\partial p_0^*}{\partial c^*} \dfrac{\partial c^*}{\partial p_{AD}^*}\left(p_{AD}^* - c^* - p_0^*\right) F''\left(p_0^*\right)}{\left(p_{AD}^* - c^* - p_0^*\right) F''\left(p_0^*\right) - 2F'\left(p_0^*\right)}$$

$$(7\text{-}19)$$

同理，可得：

$$\frac{\partial p_0^*}{\partial c^*} = \frac{\left(p_{AD}^* - c^* - p_0^*\right)F''\left(p_0^*\right)\frac{\partial p_0^*}{\partial p_{AD}^*} + \left(1 - \frac{\partial c^*}{\partial p_{AD}^*} - 2\frac{\partial p_0^*}{\partial p_{AD}^*}\right)F''\left(p_0^*\right)}{2F''\left(p_0^*\right)\frac{\partial c^*}{\partial p_{AD}^*}\left(p_{AD}^* - c^* - p_0^*\right)F''\left(p_0^*\right)\frac{\partial c^*}{\partial p_{AD}^*}} \quad (7\text{-}20)$$

$$\frac{\partial c^*}{\partial p_{AD}^*} = \frac{\left(1 - 2\frac{\partial p_0^*}{\partial p_{AD}^*}\right)F'\left(p_0^*\right) + \left(p_{AD}^* - c^* - p_0^*\right)F''\left(p_0^*\right)\frac{\partial p_0^*}{\partial p_{AD}^*}}{\left(1 + 2\frac{\partial p_0^*}{\partial c^*}\right)F'\left(p_0^*\right) - \left(p_{AD}^* - c^* - p_0^*\right)F''\left(p_0^*\right)\frac{\partial p_0^*}{\partial c^*}} \quad (7\text{-}21)$$

为进一步分析，我们假定累积分布函数 $F(p)$ 为 p 在 $[0,\mu]$ 上均匀分布，即 $F(p)=p/\mu$，$p \in [0,\mu]$，则 $F'(p)=1/\mu$，$F''(p)=0$，代入式（7-19）、式（7-20）、式（7-21）可知 $\partial p_0^*/\partial p_{AD}^*=-1/2$，$\partial p_0^*/\partial c^*=1/2$，$\partial c^*/\partial p_{AD}^*=1$，即：

$$p_{AD}^* = \frac{c^*\frac{dD_0^*\left(p_{AD}^*\right)}{dp_{AD}^*} - nD_{AD}^*\left(p_{AD}^*\right)}{n\frac{dD_{AD}^*\left(p_{AD}^*\right)}{dp_{AD}^*} + \frac{dD_0^*\left(p_{AD}^*\right)}{dp_{AD}^*}},$$

将式（7-7）、式（7-8）、式（7-16）、式（7-17）代入上式可得：

$$p_{AD}^* = \frac{c^*\left[-n\theta'\left(p_{AD}^*\right)\right]\left[1-F\left(p_0^*\right)\right] - \left[\frac{1}{2} - \frac{n\theta\left(p_{AD}^*\right)}{2}\right]F'\left(p_0^*\right) - n\theta\left(p_{AD}^*\right)\left[1-F\left(p_{AD}^*\right)\right]}{n\theta'\left(p_{AD}^*\right)\left[1-F\left(p_{AD}^*\right)\right] - n\theta\left(p_{AD}^*\right)F'\left(p_{AD}^*\right) - n\theta'\left(p_{AD}^*\right)\left[1-F\left(p_0^*\right)\right] - \left[\frac{1}{2} - \frac{n\theta\left(p_{AD}^*\right)}{2}\right]F'\left(p_0^*\right)}$$

$$(7\text{-}22)$$

将式（7-22）右式中 p_0^* 替换为 p_{AD}^*，分子分母同除 $-\frac{1}{2}\left[1+\theta\left(p_{AD}^*\right)\right]F'\left(p_{AD}^*\right)$，化简得：

$$p_{AD}^* \leqslant \left[\frac{1-F\left(p_{AD}^*\right)}{F'\left(p_{AD}^*\right)}\right]\left\{\frac{2n\theta'\left(p_{AD}^*\right)}{1+n\theta\left(p_{AD}^*\right)}\frac{1-F\left(p_{AD}^*\right)}{F'\left(p_{AD}^*\right)} + 1\right\} \quad (7\text{-}23)$$

由定理3可知，传统出租车公司的定价受乘客忠诚度、乘客忠诚度的导数以及 $F(p_{AD})$ 的价格弹性的倒数的影响。乘客忠诚度越高、对价格越不敏感时，传统出租车公司的定价越高，但不会超出式（7-23）。当里程价达到一个高位时，即大大超出保留价格时，乘客会选择其他出行方式。

7.4.3　网约车司机的最优服务模式选择分析

对于司机而言，面临两种服务模式选择。只有当司机采用双渠道服务模式可获得更多利润时，才选择从事网约车。我们假定司机从事网约车存在门槛价格 p_{AT}，当出租车公司里程价也定为 p_{AD} 时，两种服务模式所获利润相等 $\pi_{AD}=\pi_{AS}^*$。由此，通过对 p_{AT}、p_{AS}^* 进行比较来确定司机从事网约车的意愿。

当 $p_{AT}\leqslant p_{AS}^*$ 时，即司机从事网约车的门槛价格低于单一模式下的最优价格，将里程价确定在 p_{AT} 至 p_{AS}^* 区间，可以通过降低里程价，减少空驶率来获得更大利润。此时司机会选择加入网约车行业，即采用双渠道服务模式。当 $p_{AT}>p_{AS}^*$ 时，即司机从事网约车的门槛价格高于单一模式下的最优价格，最优模式的选择不确定，则需要根据其利润函数来判断。当价格小于 p_{AT} 时，若单渠道模式能获得更大利润则选择单渠道服务模式最佳，可以通过一个低价格获得相同利润。反之，则应选择双渠道服务模式。

司机进行最优模式选择最终由 $F(p)$ 里程价的累积分布函数、乘客忠诚度 $\theta(p)$ 以及各参数值确定。因 $F(p)$、$\theta(p)$ 的函数形式多样，为确定门槛价格 p_{AT}，下面将通过算例给出 $F(p)$、$\theta(p)$ 的具体表达式，并对参数进行赋值，讨论司机的最优模式选择。

7.5　算例分析

7.5.1　问题描述

单渠道服务模式下最优里程价 p_{AS}^* 以及双渠道服务模式下的门槛价格 p_{AT} 的具体表达式的确定，取决于假定的乘客租车出行的价格累积分布函数 $F(p)$ 以及乘客忠诚度 $\theta(p)$ 的具体函数表达式。假定乘客忠诚度 $\theta(p)=a-bp$，$0\leqslant\theta(p)\leqslant1$，价格累积分布函数符合均匀分布 $F(p)=p/\mu$，$p\in[0,\mu]$。

同时对各参数进行赋值，令乘客忠诚度函数系数：$a=0.3$，$b=0.01$；累积概率密度分布系数：μ=40；忠诚乘客占比的上界与下界：$\theta_{上}$=0.3，$\theta_{下}$=0.1；网约车平台的数量：n=1。

7.5.2 两种出租车服务模式下的里程价说明

在确定具体的函数表达式后，由式 (7-3) 可得到单渠道服务模式的最优里程价，即：

$$p_{AS}^{*} = \frac{(a+b\mu) - \sqrt{a^2 - ab\mu + b^2\mu^2}}{3b} \tag{7-24}$$

而门槛价格的确定源于两种服务模式下利润相同时，采用双渠道服务模式的价格，其表达式为：

$$\pi_{AD} = p_{AT}\left(a - bp_{AT}\right)\left(1 - \frac{p_{AT}}{\mu}\right) + \frac{(p_{AT} - c)(1 - na + nbp_{AT})\left(\frac{1}{2} - \frac{p_{AT} - c}{2\mu}\right)}{n} - \beta - C_a$$

$$= \pi_{AS}^{*}\left(p_{AS}^{*}\right) = p_{AS}^{*}\left(a - bp_{AS}^{*}\right)\left(1 - \frac{p_{AS}^{*}}{\mu}\right) - \beta - C_a \tag{7-25}$$

7.5.3 网约车司机的最优服务模式决策比较分析

我们首先考虑当乘客忠诚度不受价格影响时的情形，即 $\theta'(p)$ =0。图7-2 表示随忠诚乘客比例的改变，最优里程价 p_{AS}^{*} 与门槛价格 p_{AT} 相应的变动情况。在单渠道出租车服务模式下，出租车公司对忠诚乘客拥有定价垄断地位，其收取的垄断价格 p_{AS}^{*}=μ/2=20。由图7-2可知，无论乘客忠诚度为何值，单渠道下最优里程价 p_{AS}^{*} 均不变。

当出租车司机选择加入网约车行业，是在双渠道出租车服务模式下以较低的门槛价格，通过增加提供服务的跑车量，并获得与单渠道出租车服务模式下相同甚至更多的利润。随着忠诚乘客比例减少，出租车司机加入网约车意愿增强。主要是因为忠诚乘客比例越低，一方面，大部分乘客对价格变动较敏感，当采用网络约车相比"扬手叫车"出行成本更低时，不忠诚乘客会选择成本更低的出行方式，甚至一些常采用其他交通工具出行的乘客，面对网约车平台收

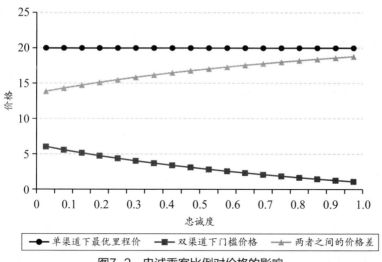

图7-2　忠诚乘客比例对价格的影响

取的较低里程价也会产生心动，因而可以扩大客户群，使得出租车空载率降低。另一方面，对于忠诚乘客而言，对价格不在乎或过去使用习惯等原因造成他们依旧使用"扬手叫车"方式出行，出租车司机并不会流失该客户群体。此时，出租车司机更愿意加入网约车行业，这对网约车平台越有利。而当出租车市场中拥有较高的忠诚乘客群体时，司机更愿意通过较高的服务价格来满足忠诚乘客的乘车需求，以保证获得收益。随着乘客忠诚比例增加，司机采用单渠道出租车服务模式提供的里程量也增加，同时利润也相应地增加。当每名司机每天工作时间一定时，意味着司机空驶时间段不多，不会以牺牲"扬手叫车"出行乘客的需求来满足"网络约车"出行乘客的需求。此时，出租车司机不愿意加入网约车行业，对网约车平台不利。两种渠道服务模式下价格差即 p_{AS}^* 与 p_{AT} 差值，代表为获得相同利润，司机加入网约车行业后降低里程价的空间。忠诚乘客比例增加会扩大价格差的幅度，意味着司机为保证获得相较于同一忠诚度比例下单渠道服务模式下的收益，他们付出的服务时间成本将会增加，导致网约车司机从业意愿不断减弱。

　　当出租车公司里程价定价过高，忠诚乘客也会选择其他方式降低出行成本。因此忠诚乘客敏感度也将影响司机加入网约车行业的意愿。因乘客忠诚度受到价格影响，当 $p=0$ 时，$\theta(p)$ 达到上界 $\theta_上 = a$。当收取垄断价格 $p=\mu/2$ 时，$\theta(p)$ 达到下界 $\theta_下$。在此将敏感度定义为 $\theta'(p) = 2(\theta_上 - \theta_下)/\mu$，代表每增加一单位里程价使得忠诚乘客比例变动的幅度。

图7-3表示随忠诚乘客敏感度变化，p^*_{AS} 与 p_{AT} 的变动情况。当忠诚乘客对价格变动不断敏感时，出租车公司会降低 p^*_{AS} 避免敏感型忠诚乘客选择其他出行方式。在忠诚乘客对价格不敏感时，门槛价格 p_{AT} 小于最优里程价 p^*_{AS}，司机不愿意选择双渠道出租车服务模式，司机一般会采取较高的服务价保证忠诚乘客的出行需求。随着忠诚乘客敏感度增加，p^*_{AS} 与 p_{AT} 均随之减小，两者价格差也逐渐缩小。即通过降价方式挽留价格敏感型乘客。面对相同敏感度的乘客群，采用双渠道出租车服务模式的里程价相对于单渠道下更优惠些，更多乘客会选择"网络约车"方式出行。对于司机而言两者差价不大，但可以减少搜寻成本，降低空驶率，增加了跑车需求量，进而增加了收益。此时，司机的加入意愿随着乘客对价格敏感度的增加而增强，对网约车平台也越有利。

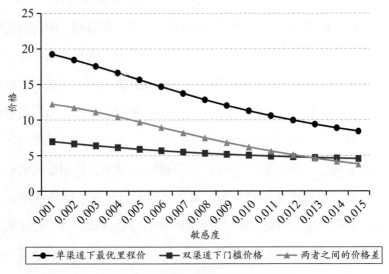

图7-3　忠诚乘客敏感度对价格的影响

图7-4为在假定下界 $\theta_下$ 取0.1时，忠诚乘客比例的上界变化对 p^*_{AS}、p_{AT} 的影响。当上界 $\theta_上$ 取0.1时，意味着忠诚乘客比例恒为10%，巡游出租车公司在

单渠道出租车服务模式下将采取垄断价格。随着上界 $\theta_\perp$ 增加，价格波动引起乘客敏感度增加，巡游出租车公司将降价保留顾客。当 $\theta_\perp$ 处于高位段时，p_{AS}^* 变动趋于平稳。在双渠道出租车服务模式下，门槛价格随上界增加而由最初变动微小到小幅上扬，但两者价格之间的差距始终随 $\theta_\perp$ 增加而减少。此时，司机从事网约车服务的意愿加强。主要原因是前期的补贴"烧钱"模式已培养乘客乘坐网约车出行的习惯，尽管乘客对价格变动更加敏感并且网约车平台会提升里程价格，这在一定程度上会影响网约车市场的活跃量，但司机采用双渠道服务模式仍然比采用单渠道服务模式获利更多。

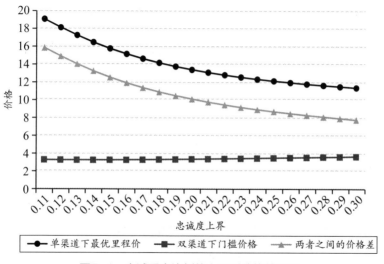

图7-4 忠诚乘客比例的上界对价格的影响

图7-5为忠诚乘客比例的下界 $\theta_\top$ 对两种价格的影响。较低的下界值代表着乘客对价格更为敏感，巡游出租车公司与网约车平台均宜采用低价策略。随着下界 $\theta_\top$ 增加，巡游出租车公司与网约车平台会提价且两者之差随下界增加而加大，意味着随着下界 $\theta_\top$ 增加，乘客忠诚度总体上升，乘客对价格的敏感度下降，此时司机越不愿意加入网约车平台，主要通过高价策略保证收益，会不利于网约车平台进一步扩张。

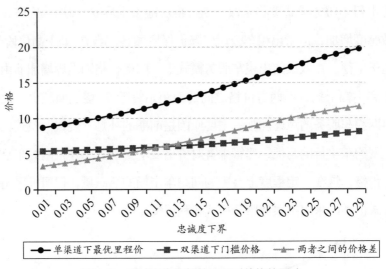

图7-5　忠诚乘客比例的下界对价格的影响

7.6　本章小结

网约车的兴起降低了出租车市场准入门槛，为司机提供了一个额外客源渠道，扩大了消费群体，同时降低了搜寻成本，也为乘客节省了等车时间，带来快捷、便利的出行体验，使得网约车市场发展迅猛。随着新政发布，政府对网约车行业不断加强监管、网约车行业垄断巨头兴起以及网约车平台对网约车补贴力度减少，这都引发网约车行业各利益相关者之间的新一轮博弈。网约车市场各利益主体以追求自身利益最大化为出发点，本章考虑乘客忠诚度的有限理性行为特征，首先建立出租车公司以利润最大化为目标的利润函数，并确定其最优里程价；接着网约车平台根据给定的出租车公司里程价确定平台里程价以及向司机索要的优惠；最终，司机根据自身利润最大化选择采用单渠道出租车服务模式或是双渠道出租车服务模式。

本章通过探究乘客忠诚占比、对价格的敏感度对司机从事网约车意愿的影响机制，得出以下结论：

（1）网约车的最优里程价随着巡游出租车的里程价增加而递增，随着出租车司机支付给网约车平台的"回扣"数的增加而递减。

（2）乘客忠诚度越高（即乘客对使用传统叫车方式忠诚度越高）、对价格越不敏感时，传统巡游出租车公司的里程价定价越高。

（3）乘客的忠诚度越低、对价格越敏感的情况下，司机越愿意加入网约车平台，对网约车平台发展越有利。

因此，网约车平台在决定定价策略时，应充分考虑乘客的忠诚度及乘客对价格的敏感程度，发挥双边市场的规模效应，从而吸引更多司机加入网约车行业以及更多乘客使用网约车出行，实现三方共赢。

第8章　基于司机过度自信的网约车平台最优补贴契约设计与选择

8.1 引　言

在网约车市场发展初期，网约车平台便开启了用高补贴高奖励"抢用户"和"抢司机"的"烧钱大战"模式，虽然这种模式曾使网约车市场在短时间内获得爆发式增长，但是补贴"烧钱"的模式并非长久之计。随着新政的正式出台，根据《网络预约出租汽车经营服务管理暂行办法》第二十条[①]和第二十一条[②]，网约车平台公司不得有为排挤竞争对手或者独占市场，以低于成本的价格运营扰乱正常市场秩序，应当合理确定网约车运价，实行明码标价。在网约车市场集中度不断扩大的竞争格局下，网约车平台逐步从依靠高补贴抢占市场转为高服务质量赢得市场的发展模式。那么，差异化服务下平台应该如何制定匹配的司乘补贴策略，以推动网约车市场供需关系新的稳定均衡？

本章基于网约车市场运营决策的信息不对称性和契约的不完备性，建立考虑网约车服务努力水平和过度自信倾向的网约车平台、司机和乘客三方的委托代理模型，对比分析与完全理性情况下的结果差异，探究网约车平台的最优

---

①《网络预约出租汽车经营服务管理暂行办法》第二十条：网约车平台公司应当合理确定网约车运价，实行明码标价，并向乘客提供相应的出租汽车发票。

②《网络预约出租汽车经营服务管理暂行办法》第二十一条：网约车平台公司不得妨碍市场公平竞争，不得侵害乘客合法权益和社会公共利益。网约车平台公司不得有为排挤竞争对手或者独占市场，以低于成本的价格运营扰乱正常市场秩序，损害国家利益或者其他经营者合法权益等不正当价格行为，不得有价格违法行为。

补贴契约设计与选择问题。本章拓展了网约车市场利益相关者博弈关系的研究视角，尤其是对司机对网约车市场环境不利条件和有利条件过度自信倾向的纳入讨论有助于更全面地考察利益相关者的心理偏差和行为偏差对行为决策的影响，使得网约车平台制定的补贴策略更为贴近现实，从而对既有研究形成补充。

8.2　问题描述和模型假设

以网约车平台为中介，为司机和乘客提供供需服务的网约车行业已进入存量博弈阶段，由于网约车平台、司机和乘客三方的信息不对称性以及契约的不完备性，司机和乘客双方的道德风险问题将改变双边用户对网约车平台的使用意愿，成为制约网约车平台企业在激烈的竞争中维持竞争优势的突出问题。因此，本章构建网约车平台、司机和乘客的三方委托代理模型，更为直观有效地分析网约车平台、司机和乘客三方的博弈关系。为便于分析，有如下模型假设：

（1）根据双边市场理论，网约车市场的双边用户——司机和乘客双方对平台的需求及参与规模都会影响另一方的收益和参与数量，因此司机的努力程度 η 和乘客对网约车的使用意愿 ξ 会同时影响市场的运行状况和各自的收益水平，同时参考相关文献构建的协同产出模型（Milgrom et al.，1990；Siggelkow，2002；Kretschmer et al.，2008），假设网约车市场的收益状况为 $\pi=\beta_1\eta+\beta_2\xi+\varepsilon$，其中 β_1 为司机努力程度的效果系数，β_2 为乘客对网约车使用意愿的效果系数，ε 表示网约车市场中不确定的随机扰动因素，服从数学期望为0、方差为 σ^2 的正态分布。同时，网约车平台和司机需签订网约车服务收益的分成契约，契约形式为 $h\pi$，其中 h 为平台的抽成力度。

（2）由于市场信息的不对称，作为委托人的网约车平台无法完全观测到司机和乘客的决策行为，即司机在网约车市场中所付出的时间、体力和精力等努力程度 η，以及乘客选择网约车出行的使用意愿 ξ，根据委托代理理论的激励相容原理，平台分别对司机端和乘客端采取补贴策略，补贴函数为 $G=g_0+g_1\pi$，其中 g_0 为平台支付的固定补贴，g_1 为平台支付的边际补贴力度，即补贴力度对于市场收益改进的敏感系数。进一步，假设平台把补贴的 k_1G 部分分享给司机，k_2G 部分分享给乘客，$k_i(i=1, 2)$ 为补贴分享系数，且 $k_1+k_2=1$。

（3）为了完成平台委托的网约车服务，司机需付出的时间成本、油费等物质成本以及丧失接送就近乘客的机会成本等各种努力成本为 $C_1=\frac{1}{2}b_1\eta^2$，其中 b_1 为网约车司机的努力成本系数，代表了司机的接单意愿和技术能力水平。乘客在接受网约车服务的过程中，产生的等待的时间成本以及丧失乘坐就近的巡游出租车的机会成本等各种成本为 $C_2=\frac{1}{2}b_2\xi^2$，b_2 为乘客使用网约车的成本系数。进一步，假设 W_1 和 W_2 分别为司机和乘客的保留收益，即司机不提供网约车服务而选择搭载街边扬招的其他乘客时的最低收入，以及乘客选择乘坐就近的巡游出租车或其他车辆时获得的最低效用水平。

（4）假设司机为风险规避型偏好，司机的预期收益为 $\pi_1=(1-h)\pi+k_1G-\frac{1}{2}b_1\eta^2$，司机的效用函数为 $U=e^{-\rho\pi_1}$，ρ 为司机的绝对风险规避系数 $(\rho>0)$，司机的风险成本为 $\frac{1}{2}\rho(1-h+k_1g_1)^2\sigma^2$；乘客为风险中性的理性"经济人"，乘客的预期收益为 $\pi_2=k_2G-\frac{1}{2}b_2\xi^2$；假设网约车平台面对社会收益方面为风险规避，面对支山补贴为风险中性，平台的预期收益为 $\pi_3=h\pi-G$，平台对社会收益的风险规避带来的风险成本为 $\frac{1}{2}\rho h^2\sigma^2$。

8.3 模型构建与分析

关于网约车市场利益相关者之间博弈关系的研究大多基于完全理性的分析框架，忽视了决策者的有限理性心理和行为特征。大量心理和行为实验的研究结果表明，人们在不同情境下的决策总是表现出过度自信的倾向（Loch，2007；Bendoly et al.，2010）。过度自信是指决策者经常过度相信自己判断的正确性，主要来源于对自我能力认知的不完全（Galasso et al.，2011；Ren et al.，2017）。Moore 等（2008）总结了过度自信的三种表现形式：过度估计，过度定位和过度准确。Langer 等（1975）、Weinstein（1980）、Taylor 等（1988）的研究表明，人们总是趋向于过高估计自身的知识和能力水平以及对成功的贡献度；Fischhoff 等（1977）证明，人们总是趋向于过高估计自己所掌握的信息的精确性。

基于上述问题描述和模型假设条件，本章构建网约车平台、司机和乘客之间的三边道德风险规避委托代理模型，同时考虑到司机的不同过度自信倾向会导致其在决策中产生各种认知偏误，进而对网约车市场其他利益相关者的决策行为产生影响，本章将网约车司机分为三种不同类型：完全理性的司机、对不利条件过度自信的司机、对有利条件过度自信的司机，通过三种情形的对比分析来考察司机过度自信倾向对网约车市场均衡以及其他利益相关者的最优决策行为的影响。

8.3.1　网约车司机为完全理性的决策者

根据上文模型假设条件可以得到网约车市场、司机、乘客和平台的期望收益以及司机和平台的确定性等价收入。

网约车市场的期望收益为：

$$E(\pi)=\beta_1\eta+\beta_2\xi \tag{8-1}$$

司机的期望收益为：

$$E(\pi_1)=(1-h+k_1g_1)(\beta_1\eta+\beta_2\xi)+k_1g_0-\frac{1}{2}b_1\eta^2 \tag{8-2}$$

司机的确定性等价收入（driver certainty equivalence，DCE）为：

$$P_{DCE}=(1-h+k_1g_1)(\beta_1\eta+\beta_2\xi)+k_1g_0-\frac{1}{2}b_1\eta^2-\frac{1}{2}\rho(1-h+k_1g_1)^2\sigma^2 \tag{8-3}$$

乘客的期望收益为：

$$E(\pi_2)=k_2g_1(\beta_1\eta+\beta_2\xi)+k_2g_0-\frac{1}{2}b_2\xi^2 \tag{8-4}$$

网约车平台的期望收益为：

$$E(\pi_3)=(h-g_1)(\beta_1\eta+\beta_2\xi)-g_0 \tag{8-5}$$

网约车平台的确定性等价收入（platform certainty equivalence，PCE）为：

$$P_{DCE}=(h-g_1)(\beta_1\eta+\beta_2\xi)-g_0-\frac{1}{2}\rho h^2\sigma^2 \quad\quad (8\text{-}6)$$

网约车平台面临如下非线性最优约束问题：

$$\max P_{PCE}=(h-g_1)(\beta_1\eta+\beta_2\xi)-g_0-\frac{1}{2}\rho h^2\sigma^2$$

$$\text{s.t.}\begin{cases} P_{DCE}=(1-h+k_1g_1)(\beta_1\eta+\beta_2\xi)+k_1g_0-\frac{1}{2}b_1\eta^2-\frac{1}{2}\rho(1-h+k_1g_1)^2\sigma^2\geqslant W_1 \\[2mm] E(\pi_2)=k_2g_1(\beta_1\eta+\beta_2\xi)+k_2g_0-\frac{1}{2}b_2\xi^2\geqslant W_2 \\[2mm] \eta\in\arg\max P_{DCE} \\[2mm] \xi\in\arg\max E(\pi_2) \end{cases}$$

$$(8\text{-}7)$$

其中，$\max P_{DCE}=(h-g_1)(\beta_1\eta+\beta_2\xi)-g_0-\frac{1}{2}\rho h^2\sigma^2$ 为网约车平台的目标函数，$P_{DCE}\geqslant W_1$ 和 $E(\pi_2)\geqslant W_1$ 分别为司机和乘客的个人理性参与约束条件，$\eta\in\arg\max P_{DCE}$ 和 $\xi\in\arg\max E(\pi_2)$ 分别为司机和乘客的激励相容约束条件。

在市场信息不对称的情形下，司机的努力程度 η 和乘客的使用意愿 ξ 作为私有信息是无法有效观测到的，网约车平台只能根据事前的已知信息推测与他们之间的契约关系，但是根据激励相容约束条件，无论平台如何激励司机提升服务积极性和乘客提高使用意愿，司机和乘客总是会选择最有利于自己收益水平的行动。因此，平台需要解决的问题是如何在满足司机、乘客的参与约束和激励相容约束条件下制定最优的补贴决策，从而使自身的期望收益实现最大化。

由于司机和乘客都是基于其自身的期望收益最大化而分别决定其最佳努力程度和对网约车的使用意愿，与平台支付给司机端和乘客端的补贴力度没有关联，那么在满足司机和乘客的个人理性参与约束条件下，完全理性的网约车平台无须再向司机和乘客支付更多的补贴，在此情形下，司机和乘客的参与约束条件都可以取等号，网约车平台的非线性最优约束问题则转变为：

$$\max P_{\mathrm{PCE}} = (h - g_1)(\beta_1\eta + \beta_2\xi) - g_0 - \frac{1}{2}\rho h^2\sigma^2$$

$$\mathrm{s.t.}\begin{cases} P_{\mathrm{DCE}} = (1 - h + k_1 g_1)(\beta_1\eta + \beta_2\xi) + k_1 g_0 - \frac{1}{2}b_1\eta^2 - \frac{1}{2}\rho(1 - h + k_1 g_1)^2\sigma^2 = W_1 \\ E(\pi_2) = k_2 g_1(\beta_1\eta + \beta_2\xi) + k_2 g_0 - \frac{1}{2}b_2\xi^2 = W_2 \\ \eta \in \arg\max P_{\mathrm{DCE}} \\ \xi \in \arg\max E(\pi_2) \end{cases}$$

$$(8\text{-}8)$$

在网约车司机完全理性条件下，根据一阶最优条件可得，在信息不对称的情景下存在如下关系：

$$g_1^* = \frac{b_2 k_1 \beta_1^2 + b_1 k_2 \beta_2^2 - (1 - h)b_2 k_1 \beta_1^2 - (1 - h)b_1 b_2 k_1 \rho\sigma^2}{b_2 k_1^2 \beta_1^2 + b_1 k_2^2 \beta_2^2 + b_1 b_2 k_1^2 \rho\sigma^2}$$

$$g_0^* = W_1 + W_2 + \frac{1}{2}b_1(\eta^*)^2 + \frac{1}{2}b_2(\xi^*)^2 + \frac{1}{2}\rho(1 - h + k_1 g_1)^2\sigma^2 - (1 - h + g_1^*)(\beta_1\eta^* + \beta_2\xi^*)$$

$$\eta^* = \frac{(1 - h + k_1 g_1^*)\beta_1}{b_1}$$

$$\xi^* = \frac{k_2 g_1^* \beta_2}{b_2}$$

$$(8\text{-}9)$$

式中 g_1^*、g_0^*、η^*、ξ^* 分别表示网约车平台支付的最优边际补贴、最优固定补贴、司机的最优努力程度以及乘客对网约车的最优使用意愿。

（1）网约车平台的补贴力度。对平台支付的最优边际补贴力度 g_1^* 分别关于 ρ、σ^2、h 求导，可得一阶最优条件为（具体推导过程略，下同）：

$$\frac{\partial g_1^*}{\partial \rho} = \frac{-(1 - h)b_1^2 b_2 k_1 k_2^2 \beta_2^2 \sigma^2 - b_1 b_2^2 k_1^3 \beta_1^2 \sigma^2 - b_1^2 b_2 k_1^2 k_2 \beta_2^2 \sigma^2}{\left(b_2 k_1^2 \beta_1^2 + b_1 k_2^2 \beta_2^2 + b_1 b_2 k_1^2 \rho\sigma^2\right)^2} < 0$$

$$\frac{\partial g_1^*}{\partial \sigma^2} = \frac{-(1 - h)b_1^2 b_2 k_1 k_2^2 \beta_2^2 \rho - b_1 b_2^2 k_1^3 \beta_1^2 \rho - b_1^2 b_2 k_1^2 k_2 \beta_2^2 \rho}{\left(b_2 k_1^2 \beta_1^2 + b_1 k_2^2 \beta_2^2 + b_1 b_2 k_1^2 \rho\sigma^2\right)^2} < 0$$

$$\frac{\partial g_1^*}{\partial h} = \frac{b_2 k_1 \beta_1^2 + b_1 b_2 k_1 \rho\sigma^2}{b_2 k_1^2 \beta_1^2 + b_1 k_2^2 \beta_2^2 + b_1 b_2 k_1^2 \rho\sigma^2} > 0$$

$$(8\text{-}10)$$

由式（8-10）可知，在司机完全理性的情况下，司机的绝对风险规避系数以及随机扰动因素的方差与网约车平台支付的边际补贴力度呈负相关关系，平台的抽成力度与其支付的边际补贴力度呈正相关关系。当司机的风险规避倾向较高时，会将风险更多地转移给网约车平台，根据风险与收益共存的原则，平台自然会降低对司机端和乘客端的补贴力度。同理，随机扰动因素的方差越大，表明市场条件和外部环境的不确定性程度越高，由此导致了网约车平台的业绩波动、经营风险以及信息不对称等问题，从而向网约车平台传递了不利的市场信号，增加了平台的运营难度和运营成本，由此降低了平台给司机和乘客支付补贴的意愿。

此外，较高的抽成力度在一定程度上意味着司机提供网约车服务所获得的收益减少，使得其选择其他网约车平台或离开网约车行业从而寻求保留收入的可能性增加，根据双边平台理论，不断流失的司机资源在影响网约车市场供应量的同时会进一步影响乘客对其的市场需求量，从而给网约车平台运营带来巨大的风险，因此为了降低营运风险和保证市场份额，网约车平台企业在增加抽成力度的同时也会相应提高补贴力度。

综上所述，可得如下结论：

结论1 司机绝对风险规避系数增加，市场环境随机扰动因素的方差增加，网约车平台支付给司机端和乘客端的补贴力度下降。网约车平台的抽成力度增加，其支付给司机端和乘客端的补贴力度上升。

（2）网约车司机的努力程度。对网约车司机的最优努力程度 η^* 分别关于 β_1、b_1、g_1 求导，可得一阶最优条件为：

$$\frac{\partial \eta^*}{\partial \beta_1} = \frac{1-h+k_1 g_1^*}{b_1} > 0, \quad \frac{\partial \eta^*}{\partial b_1} = -\frac{\left(1-h+k_1 g_1^*\right)\beta_1}{b_1^2} < 0, \quad \frac{\partial \eta^*}{\partial g_1} = \frac{k_1 \beta_1}{b_1} > 0 \quad (8\text{-}11)$$

司机的努力成本系数与其努力程度呈负相关关系，而司机的努力效果系数以及平台支付的边际补贴力度分别与司机的努力程度呈正相关关系。努力成本系数用以衡量司机付出的努力成本的大小，在一定程度上反映了司机从事网约车服务的业务能力，努力成本系数越大体现了其业务能力越低，意味着司机每多贡献一单位的努力所要付出的成本越大，根据边际递减原则，司机付出努力的积极性就会随之下降。当司机努力效果系数较大时，司机的单位努力产出也会较高，同时自身所得的回报也较大，这在一定程度上提升了司机网约车服务的积极性和努力程度。同时，网约车平台支付的补贴力度在一定程度上可以激励司机从事网约车服务，平台对司机的补贴力度越大，司机的努力程度就越高。

综上可得如下研究结论：

结论2　司机的努力效果系数增加，网约车平台支付的边际补贴力度提高，司机的努力程度上升；司机的努力成本系数增加，其努力程度下降。

（3）乘客对网约车的最优使用意愿。同理，对乘客的最优使用意愿 ζ^* 分别关于 β_2、b_2、g_1 求导，可得一阶最优条件为：

$$\frac{\partial \eta^*}{\partial \beta_1} = \frac{1 - h + k_1 g_1^*}{b_1} > 0, \quad \frac{\partial \eta^*}{\partial b_1} = -\frac{\left(1 - h + k_1 g_1^*\right)\beta_1}{b_1^2} < 0, \quad \frac{\partial \eta^*}{\partial g_1} = \frac{k_1 \beta_1}{b_1} > 0 \quad （8\text{-}12）$$

乘客选择乘坐网约车出行的成本系数与其使用意愿呈负相关关系，而乘客的使用意愿效果系数和平台支付的边际补贴力度分别与乘客的使用意愿呈正相关关系。乘客对网约车的使用成本系数代表其乘坐网约车过程中付出的成本，包括其支付的网约车车费、搜寻成本和等待时间成本以及丧失乘坐就近的巡游出租车的机会成本等，使用成本系数越大意味着乘客选择网约车出行所付出的成本越大，这会导致乘客对网约车的使用意愿不断下降。另一方面，当乘客的使用意愿效果系数较大时，表示其选择网约车出行的效用系数较高，根据双边市场理论，乘客对网约车市场需求量的增加势必会增加网约车市场供应量，乘客随时随地便捷出行的需求进一步得到满足，从而其选择网约车出行的意愿就越高。同理，平台支付的补贴力度在一定程度上也可以提高乘客对网约车的使用意愿。

由此可得如下研究结论：

结论3 乘客选择网约车的使用意愿效果系数增加，平台支付的边际补贴力度提高，乘客对网约车的使用意愿上升；另一方面，乘客的使用成本系数增加，乘客对网约车的使用意愿下降。

8.3.2 网约车司机具有过度自信倾向

在委托代理框架下，如果委托代理关系中的代理人——司机是过度自信的，那么司机的过度自信水平对委托代理关系的作用机制如何？当网约车司机具有过度自信倾向时，他们往往在实际决策过程中存在对市场环境的心理偏差和认知偏差，对网约车市场的不利条件（放大市场可能存在的潜在风险和损失）和有利条件（高估未来预期收益）的判断认识不足，夸大个人的控制能力，即表现为高估或低估自己的努力效果系数，从而产生价值判断的误判并制定错误的决策，给网约车运营带来风险，此时司机预期的市场收益为 $E(\pi') = (\beta_1 + \Delta\beta_1)\eta' + \beta_2\xi'$，其中 $\Delta\beta_1$ 表示司机的过度自信系数：$\Delta\beta_1 = 0$ 表示司机为完全理性的"经济人"；$\Delta\beta_1 < 0$ 表示司机对网约车市场不利条件具有过度自信倾向，即司机对网约车市场不利自然条件的认知，$\Delta\beta_1$ 越小表示司机对不利条件的过度自信水平越高；$\Delta\beta_1 > 0$ 表示司机对网约车市场有利条件的过度自信倾向，即司机对网约车市场有利自然条件的认知，$\Delta\beta_1$ 越大表示司机对有利条件的过度自信水平越高。

因此，当司机具有过度自信倾向时，其期望收益为：

$$E(\pi_1') = (1 - h + k_1 g_1')\left[(\beta_1 + \Delta\beta_1)\eta' + \beta_2\xi'\right] + k_1 g_0' - \frac{1}{2}b_1\eta'^2 \tag{8-13}$$

此时，司机的确定性等价收入为：

$$P_{\mathrm{DCE'}} = (1 - h + k_1 g_1')\left[(\beta_1 + \Delta\beta_1)\eta' + \beta_2\xi'\right] + k_1 g_0' - \frac{1}{2}b_1\eta'^2 - \frac{1}{2}\rho(1 - h + k_1 g_1')^2\sigma^2 \tag{8-14}$$

那么，网约车平台面临如下非线性最优约束问题：

$$\max P_{\mathrm{PCE'}} = (h - g_1')(\beta_1\eta' + \beta_2\xi') - g_0' - \frac{1}{2}\rho h^2\sigma^2$$

$$
\text{s.t.}\begin{cases}
\left(1-h+k_1g_1'\right)\left[\left(\beta_1+\triangle\beta_1\right)\eta'+\beta_2\xi'\right]+k_1g_0'-\dfrac{1}{2}b_1\eta'^2-\dfrac{1}{2}\rho\left(1-h+k_1g_1'\right)^2\sigma^2\geqslant W_1 \\[4mm]
k_2g_1'\left(\beta_1\eta'+\beta_2\xi'\right)+k_2g_0'-\dfrac{1}{2}b_2\xi'^2\geqslant W_2 \\[3mm]
\eta'\in\arg\max P_{\mathrm{DCE'}} \\[2mm]
\xi'\in\arg\max E\left(\pi_2'\right)
\end{cases}
$$

$$(8\text{-}15)$$

同理，根据一阶最优条件可得，当司机具有过度自信倾向时，存在如下关系：

$$
g_1'^* = \frac{b_2k_1\beta_1\left(\beta_1+\triangle\beta_1\right)+b_1k_2\beta_2^2+2\left(1-h\right)b_2k_1\triangle\beta_1\left(\beta_1+\triangle\beta_1\right)}{-2b_2k_1^2\triangle\beta_1\left(\beta_1+\triangle\beta_1\right)+b_2k_1^2\left(\beta_1+\triangle\beta_1\right)^2+b_1k_2^2\beta_2^2+b_1b_2k_1^2\rho\sigma^2}-
$$

$$
\frac{\left(1-h\right)b_2k_1\left(\beta_1+\triangle\beta_1\right)^2-\left(1-h\right)b_1b_2k_1\rho\sigma^2}{-2b_2k_1^2\triangle\beta_1\left(\beta_1+\triangle\beta_1\right)+b_2k_1^2\left(\beta_1+\triangle\beta_1\right)^2+b_1k_2^2\beta_2^2+b_1b_2k_1^2\rho\sigma^2}
$$

$$
g_0'^* = W_1+W_2+\frac{1}{2}b_1\left(\eta'^*\right)^2+\frac{1}{2}b_2\left(\xi'^*\right)^2+\frac{1}{2}\rho\left(1-h+k_1g_1'^*\right)^2\sigma^2-\left(1-h\right)\triangle\beta_1\eta'^*-
$$

$$
k_1g_1'^*\triangle\beta_1\eta'^*-\left(1-h+g_1'^*\right)\left(\beta_1\eta'^*+\beta_2\xi'^*\right)
$$

$$
\eta'^* = \frac{\left(1-h+k_1g_1'^*\right)\left(\beta_1+\triangle\beta_1\right)}{b_1}
$$

$$
\xi'^* = \frac{k_2g_1'^*\beta_2}{b_2}
$$

$$(8\text{-}16)$$

分析 $g_1'^*$ 和 η'^* 的表达式（由于 ξ'^* 的值与 $g_1'^*$ 呈正相关关系，故此处仅分析 $g_1'^*$ 与过度自信系数 $\triangle\beta_1$ 的关系），有：

$$
\frac{\partial g_1'^*}{\partial\triangle\beta_1} = \frac{b_2^2k_1^3\beta_1\left(\beta_1+\triangle\beta_1\right)^2+b_1b_2k_1k_2^2\beta_1\beta_2^2+b_1b_2^2k_1^3\beta_1\rho\sigma^2}{\left[-2b_2k_1^2\triangle\beta_1\left(\beta_1+\triangle\beta_1\right)+b_2k_1^2\left(\beta_1+\triangle\beta_1\right)^2+b_1k_2^2\beta_2^2+b_1b_2k_1^2\rho\sigma^2\right]^2}+
$$

$$
\frac{2\left(1-h\right)b_1b_2k_1k_2^2\triangle\beta_1\beta_2^2+2b_1b_2k_1^2k_2\triangle\beta_1\beta_2^2}{\left[-2b_2k_1^2\triangle\beta_1\left(\beta_1+\triangle\beta_1\right)+b_2k_1^2\left(\beta_1+\triangle\beta_1\right)^2+b_1k_2^2\beta_2^2+b_1b_2k_1^2\rho\sigma^2\right]^2}
$$

$$
\frac{\partial\eta'^*}{\partial\triangle\beta_1} = \frac{1-h+k_1g_1'^*}{b_1}
$$

$$(8\text{-}17)$$

根据司机过度自信系数 $\Delta\beta_1$ 的取值不同，分为如下两种情形进行讨论：

（1）网约车司机对不利条件具有过度自信倾向。此时 $\Delta\beta_1 < 0$，考虑网约车平台的最优补贴 $g_1^{\prime*}$，有：

$$当 -\frac{2b_2^2 k_1^3 \beta_1^2 + 2b_1 b_2 k_1^2 k_2 \beta_2^2 + 2(1-h) b_1 b_2 k_1 k_2^2 \beta_2^2}{2b_2^2 k_1^3 \beta_1} \leq \Delta\beta_1 < 0 \ 时，\ \frac{\partial g_1^{\prime*}}{\partial \Delta\beta_1} > 0 ；$$

$$当 \Delta\beta_1 < -\frac{2b_2^2 k_1^3 \beta_1^2 + 2b_1 b_2 k_1^2 k_2 \beta_2^2 + 2(1-h) b_1 b_2 k_1 k_2^2 \beta_2^2}{2b_2^2 k_1^3 \beta_1} \ 时，\ \frac{\partial g_1^{\prime*}}{\partial \Delta\beta_1} < 0 。$$

考虑司机的最优努力程度 η^*，有 $\frac{\partial \eta^*}{\partial \Delta\beta_1} > 0$。

当司机对网约车市场不利条件具有过度自信倾向时，表明司机对网约车市场中未来可能存在的风险与损失持悲观的态度，此时如果司机的过度自信水平较低 $[-2b_2^2 k_1^3 \beta_1^2 + 2b_1 b_2 k_1^2 k_2 \beta_2^2 + 2(1-h) b_1 b_2 k_1 k_2^2 \beta_2^2]/2b_2^2 k_1^3 \beta_1 \leq \Delta\beta_1 < 0$，则司机的过度自信系数与平台支付的补贴力度呈正相关关系，即过度自信水平与补贴力度负相关，这是因为司机的过度自信水平越低，表明其对网约车市场不利环境下可能存在的风险或损失的悲观态度越不强烈，此时司机对平台的补贴力度比较敏感，平台可以通过适当的补贴改善司机对网约车市场所持有的悲观态度，激励司机努力工作，调动司机服务的积极性。

当司机对网约车市场的不利条件具有较高的过度自信水平时 $\Delta\beta_1 < -[2b_2^2 k_1^3 \beta_1^2 + 2b_1 b_2 k_1^2 k_2 \beta_2^2 + 2(1-h) b_1 b_2 k_1 k_2^2 \beta_2^2]/2b_2^2 k_1^3 \beta_1$，司机的过度自信系数与平台支付的补贴力度呈负相关关系，即过度自信水平与补贴力度正相关。此时司机对自身能力的清醒认识和对网约车市场存在的不确定性风险或损失持有很强的悲观态度，使得其没有动力继续从事网约车服务，司机对平台较小的补贴力度并不敏感，因此平台为了防止司机资源的流失和乘客量的骤减带来的市场份额紧缩，不得不采取高额的补贴，且随着司机过度自信水平的上升，平台补贴力度逐渐增大，以此激励司机努力工作，调动司机服务的积极性。

当司机存在对网约车市场不利条件过度自信时，司机的过度自信系数与努力程度呈正相关关系，即过度自信水平与努力程度负相关。此时司机对网约车市场的发展前景并不看好，不愿意或者消极从事网约车服务，工作积极性不高，过度自信水平越高意味着司机对网约车行业所持的悲观态度越强烈，感知风险成本越大，则司机越不愿意努力工作。

因而可得如下研究结论：

结论4　当司机对网约车市场不利条件具有过度自信倾向（$\Delta\beta_1 < 0$）时，若司机过度自信系数满足 $-[2b_2^2 k_1^3 \beta_1^2 + 2b_1 b_2 k_1^2 k_2 \beta_2^2 + 2(1-h)b_1 b_2 k_1 k_2^2 \beta_2^2]/2b_2^2 k_1^3 \beta_1 \leq \Delta\beta_1 < 0$，即司机对网约车市场不利条件的过度自信水平较低时，则司机过度自信水平上升，网约车平台支付的补贴力度减少；若司机过度自信系数满足 $\Delta\beta_1 < -[2b_2^2 k_1^3 \beta_1^2 + 2b_1 b_2 k_1^2 k_2 \beta_2^2 + 2(1-h)b_1 b_2 k_1 k_2^2 \beta_2^2]/2b_2^2 k_1^3 \beta_1$，即司机对网约车市场不利条件的过度自信水平较高时，则司机过度自信水平上升，网约车平台支付的补贴力度增加。

结论5　当司机对网约车市场不利条件存在过度自信倾向（$\Delta\beta_1 < 0$）时，司机过度自信水平上升，其努力程度下降。

（2）网约车司机对有利条件具有过度自信倾向时。此时，$\Delta\beta_1 \geq 0$时，考虑平台的最优补贴 g_1^{i*} 和司机的最优努力程度 η^*，有 $\partial g_1^{i*}/\partial\Delta\beta_1 > 0$，$\partial\eta^*/\partial\Delta\beta_1 > 0$。

当司机存在对有利条件过度自信时，司机的过度自信系数（过度自信水平）与平台支付的补贴力度以及司机的努力程度呈正相关关系。这是因为当司机对网约车市场有利条件存在过度自信倾向时，其过度自信水平增加意味着司机对自身控制不确定性因素的能力比较乐观，良好的市场环境以及对未来预期收益的乐观态度使得其从事网约车服务的积极性提升，出行资源的供应量增加能大大减少乘客的等候时间和搜寻成本，满足人们随时随地出行的个性化需求，提升乘客的出行体验，从而增加整个网约车市场的收益水平，使得网约车平台充分意识到司机在网约车市场中的重要性。为了维持和进一步扩大市场份额，网约车平台会相应地提高其补贴力度。另一方面，当司机存在对有利条件过度自信时，司机的过度自信系数（过度自信水平）与努力程度呈正相关关系。

此时司机对市场环境的发展前景持乐观态度，愿意加入网约车市场并付出更多的努力投入，接单积极性高，即对有利条件过度自信水平越高，司机越有动力努力工作。

结论6 当司机对网约车市场有利条件具有过度自信倾向（$\Delta\beta_1 > 0$）时，则司机过度自信水平上升，网约车平台支付的补贴力度增加，司机的努力程度增加。

8.4 数值仿真和比较分析

为了更清晰地说明司机对不利条件的过度自信倾向和对有利条件的过度自信倾向分别对网约车平台最优补贴契约以及市场运营机制的影响，我们将通过具体的数值仿真来进行比较分析。将基本参数设定为：$\beta_1 = 5$，$\beta_2 = 6$，$b_1 = 4$，$b_2 = 3$，$h = 0.2$，$k_1 = 0.6$，$k_2 = 0.4$，$\rho = 1$，$\sigma^2 = 2$，$W_1 = 0$，$W_2 = 0$。由此可以得到司机完全理性时的网约车市场平台、司机和乘客三方的博弈结果，并以此为比较参照，其中司机的努力程度 $\eta^* = 1.704\ 0$、乘客的使用意愿 $\xi^* = 0.750\ 9$、平台的补贴力度 $g_1^* = 0.938\ 7$、平台的确定性等价收入 $P_{\text{PCE}*} = 2.112\ 7$。

8.4.1 司机对不利条件的过度自信倾向对网约车平台补贴契约以及市场运营的影响

当司机存在对网约车市场不利条件过度自信时，令过度自信系数 $\Delta\beta_1$ 从 -5 以等间距1增加到0，则网约车平台的最优补贴力度、乘客对网约车的使用意愿、司机的努力程度和平台的确定性等价收入变化如图8-1至图8-4所示（其中区间 $[-5, 0]$ 表示司机具有对不利条件的过度自信倾向）。

观察图8-1和图8-2，我们可以发现，网约车平台的最优补贴力度和乘客的最优使用意愿随着司机对不利条件过度自信程度的减小先降低后上升，而且，当司机对网约车市场不利条件的过度自信程度较高，网约车平台的补贴力度和乘客的使用意愿都高于司机完全理性时，平台补贴力度与司机的过度自信系数呈负相关。这是因为司机对网约车市场不利情况的过度估计，会导致司机对网约车市场前景持过于悲观或不确定的态度，从而使得其从事网约车服务的积极性降低，不断流失的司机资源进一步影响网约车市场的供应量和需求量，而网约车平台为了保持和抢夺市场份额，不得不以高额补贴来争取稀缺的司机资源和乘客资源，以吸引更多司机加入网约车市场，同时也培养乘客乘坐网约车出行的消费习惯。

当司机对网约车市场不利情况的过度自信水平较低时，网约车司机和乘客已经逐渐适应网约车市场环境，司机接单积极性提高，乘客使用网约车出行的习惯基本形成，网约车平台对司机端由"补贴模式"转换为"抽成模式"，开始降补贴、提车价，使平台的补贴力度低于司机完全理性时的补贴力度，由此导致乘客使用网约车出行的意愿也低于司机完全理性的使用意愿。

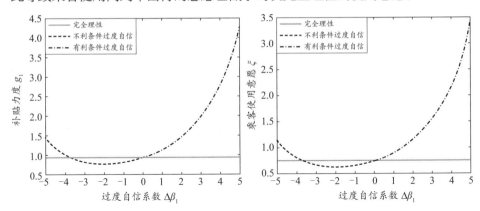

图8-1 司机过度自信对网约车平台补贴力度的影响 图8-2 司机过度自信对乘客使用意愿的影响

观察图8-3和图8-4，当司机具有对网约车市场不利情况的过度自信倾向，司机的努力程度和网约车平台的确定性等价收入都低于司机完全理性情况时，司机的努力程度与过度自信系数呈正相关。这是因为，司机高估自己对网约车市场不利环境的判断能力，对网约车市场发展前景持过于悲观的态度，认为自己的努力并不会得到相应的回报，就会采取降低努力投入、减少努力程度的机会主义行为，所以司机的努力程度低于其完全理性时的努力程度，对网约车市场不利情况的过度自信水平越高，网约车司机的努力程度越低，反之亦然。

这意味着司机对网约车市场不利条件的过度自信倾向不利于他的接单积极性，在缺乏合理的成果分享激励机制时，司机程度过高的过度自信将导致其自身效用损失，从事网约车服务的积极性大大降低，容易产生降低努力投入、减少努力程度的机会主义道德风险问题，甚至引发其退车离场，造成网约车供给端的数量下跌，进而影响乘客使用网约车随时随地个性化出行的便利性和体验度，对需求端造成挤压，导致市场需求量萎缩，最终造成网约车的网状经济规模大幅缩小，从而使网约车平台的运营收入大幅缩水。另一方面，网约车平台为了激励司机从事网约车服务的努力程度，不得不通过打折、优惠、降价、返券等方式进行不计成本的"补贴大战"，变相增加了平台的运营成本。因此，司机对网约车市场不利条件的过度自信会对网约车平台的收益产生负面影响。

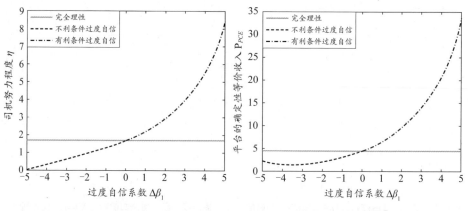

图8-3 司机过度自信对司机努力程度的影响　　图8-4 司机过度自信对平台的确定性等价收入的影响

8.4.2 司机对有利条件的过度自信倾向对网约车平台补贴契约及市场运营的影响

当司机具有对网约车市场有利条件过度自信倾向时，令过度自信系数 $\Delta\beta_1$ 从0以等间距1增加到5，则最终网约车平台的补贴力度、乘客对网约车的使用意愿、司机的努力程度和平台的确定性等价收入变化如图8-1至图8-4所示（其

中区间 [0, 5] 表示的是司机具有对有利条件的过度自信倾向）。

观察图8-1至图8-4，我们可以发现，当司机具有对网约车市场有利条件的过度自信倾向时，网约车平台最优的补贴力度、乘客对网约车的使用意愿、司机的努力程度以及平台的确定性等价收入都将高于司机完全理性时，且与过度自信系数成正比，这说明司机对网约车市场有利条件程度较高的过度自信有利于改进网约车平台、司机和乘客三方的收益。这是因为在司机对网约车市场未来发展前景和预期收益持乐观的态度时，他们会积极参与和投入网约车服务，而高效的接单效率和高质量的服务质量又会带动乘客对网约车出行的需求数量，提高乘客的体验度，增加网约车平台的市场收益。同时平台为了进一步抢夺市场份额，在对市场收益进行分成时给予司机和乘客较高的补贴力度，由此调动司机和乘客的积极性，形成良性循环，最终网约车市场三方的收益都得到改进，实现社会的帕累托改进。

8.5　本章小结

在网约车市场中，由于网约车平台、司机和乘客间的信息不对称性和机会主义行为倾向以及契约的不完备性，司机和乘客往往会发生相互违约行为，使得合作博弈难免走入"囚徒困境"，成为困扰司机营运和乘客出行的关键问题之一。而且，司机的努力程度和乘客对网约车的使用意愿作为私有信息往往无法被网约车平台观测到，作为联结司机和乘客的中介方，处于信息劣势地位的网约车平台应该如何设计有效的补贴契约和激励机制，从而减少司机和乘客的机会主义行为进而保护双方的参与积极性。本章将司机的过度自信倾向引入网约车平台、司机和乘客的补贴契约分析模型中，构建了一个三方的委托代理分析框架，对比分析了司机对网约车市场不利条件和有利条件下的过度自信水平对其努力程度、网约车平台补贴力度、收益水平以及乘客对网约车的使用意愿的影响机理。研究得到了一系列重要的管理启示：

（1）在司机完全理性的情况下，司机的绝对风险规避系数以及随机扰动因素的方差与网约车平台的补贴力度呈负相关关系，平台的抽成力度与其支付的补贴力度呈正相关关系。而司机的努力效果系数以及平台的补贴力度分别与司机的努力程度呈正相关关系。对于乘客而言，乘客的使用意愿效果系数以及平台的补贴力度分别与乘客的使用意愿呈正相关关系。

（2）在满足一定的条件下，司机的过度自信倾向能够成为改进网约车市场整体效益的积极因素。也就是说，司机在一定条件下的过度自信倾向可以增加网约车平台的收益水平和补贴力度，也能激励司机提升其从事网约车服务的努力程度，同时还可以刺激乘客的使用意愿。

（3）在其他条件相同的情形下，司机的过度自信水平可以作为网约车平台制定最优补贴契约时应该考虑的重要度量指标：在司机对网约车市场不利条件具有过度自信倾向时，平台可以采取一定的激励措施（提高补贴力度）来调整司机对网约车市场的认知偏差，从而调动司机营运的积极性，进而提高乘客对网约车的使用意愿；而当司机对网约车市场有利条件存在过度自信倾向时，平台可以采取一定的奖励措施（合理的补贴契约），进一步提高司机的努力程度和乘客的使用意愿，实现网约车市场三方受益。

为了降低司机和乘客的机会主义行为倾向，实现网约车市场最优的整体收益，实现帕累托改进，网约车平台必须根据司机的过度自信水平及市场环境相关因素适当调整补贴策略，同时设计一个突破个体理性局限的补贴分享机制，提供更高效、有品质、有差异化的服务，用服务和品质赢得客户。

同时，本章的研究还有待于进一步探讨的问题，例如，司机过度自信水平的衰退速度问题：一旦网约车市场的发展在某一时期趋于稳定，过度自信的司机基于对市场环境的整体把握将逐渐变得理性，此时会出现完全理性状况下的道德风险问题，如果司机过度自信水平的衰减速度很快，那么，其过度自信水平作为网约车市场的重要度量指标就不会有很大的现实意义；反之，如果司机过度自信水平的衰减速度很慢，能够长期存在，那么对过度自信水平的研究就能够在网约车市场的运营决策中发挥重要作用。

第9章 网约车新政对我国出租车市场和利益相关者最优决策的影响研究

9.1 引 言

近年来，网约车的快速发展深刻影响了人们的出行方式和城市的交通状况，在世界各地引发了广泛的关注和争议。2016年7月27日，《网络预约出租汽车经营服务管理暂行办法》正式公布，明确了网约车的"合法身份"，在方便公众交通出行的同时，也触发了乘客、司机、网约车平台与传统出租行业等相关利益主体的新一轮博弈行为。本章通过"收益 - 成本"函数构建了网约车的定价模型，并系统地分析了网约车新政出台对于网约车市场均衡价格、补贴力度以及政府价格管制等方面的影响，在此基础上，运用博弈理论分别探讨在网约车新政背景下乘客、网约车司机及网约车平台各自的最优行为选择。本章的研究有助于政府对网约车市场经济中平台定价模式的合理引导，用"有形的手"调控市场价格，营造网约车与出租车的良性竞争环境，从而协调经济主体的利益关系，促进客运行业健康发展。

9.2 网约车新政背景下网约车定价模型的构建

9.2.1 网约车运营成本的影响因素分析

根据西方经济学的观点，影响价格形成的因素主要有成本、市场与行业竞争、供求关系与政府监管等（高鸿业，2011）。本书认为网约车运营成本主要由以下几个要素构成：

（1）折旧费。《网络预约出租汽车经营服务管理暂行办法》明确规定，网约车行驶里程达到60万千米时强制报废。行驶里程未达到60万千米但使用年限达到8年时，退出网约车经营。8年后网约车如果不能顺利转成私家车，那么高昂的折旧费会大大提高兼职网约车的运营成本。

（2）保险费。中国平安保险公司车险投保相关工作人员表示，参照出租车的车险保费标准，营运小汽车的保费是非营运小汽车的1.5~2.0倍（李博，2016）。

（3）网约车平台的管理费。即网约车平台为组织和管理经营活动而发生的各项费用，包括公司经费、董事会费、业务招待费等。

（4）网约车平台的佣金。网约车平台作为给乘客与司机提供沟通渠道、促进交易达成的中间人，向网约车司机收取一定的运营管理报酬。

（5）行车燃料费、修理费、轮胎消耗费及其他费用。车辆本身的维护、保养所需支出及车辆使用过程中的燃料消耗而产生的费用。

（6）给予使用网约车出行的乘客的打车补贴。通过发放优惠券、红包、打折优惠、与支付宝等第三方支付平台合作"单单立减"等方式给予乘客补贴福利，隐性地降低乘客出行费用。

9.2.2 符号定义

网约车司机的收入来源于为乘客提供的服务，记为 R_a；网约车司机的成本 C_1 包括保险费用和折旧费、燃料费、修理费、轮胎消耗费以及其交给网约车平台的管理费用等，其中 F 表示网约车司机交付的管理费用及保险费，C_r 表示车辆运营时的耗费（包括折旧费、燃料费、修理费、轮胎消耗费等）。

乘客乘坐网约车的行为实际上是购买网约车服务，v 为乘客乘坐网约车获得的效用（即乘客愿意为乘坐网约车所支付的最高价格）；λ 为网约车平台发放给乘客乘坐网约车的补贴（网约车平台通过多种形式给乘客发放补贴：如优惠券、打折优惠、减免优惠等）；ω 为网约车新政出台后，网约车司机增加的驾驶成本；R_b 为网约车平台的收益；C_b 为网约车平台的固定成本，如公司的日常运营费用以及网站的建设推广费等。

9.2.3　假设说明

为简化分析，忽略乘坐里程，假设乘坐网约车出行费用为平均价格 p_1，乘坐传统出租车出行的费用为平均价格 p_2，q_1 为乘坐网约车出行的乘客量，q_2 为选择出租车出行的乘客量。乘客对网约车出行的偏好程度 $\theta \geqslant 1$，则乘客乘坐网约车的收益为 θv。当乘客选择乘坐某辆网约车后会有 $\theta v-p_1$ 的消费者剩余，而只有满足效用约束条件 $\theta v-p_1 \geqslant 0$ 时，乘客才会选择乘坐网约车。因为网约车服务的特殊性，假设每辆网约车的乘客的数量和效用都服从0到1之间的均匀分布（尹贻林 等，2016）。因此，当网约车价格为 p_1 时（$0 \leqslant p_1 \leqslant 1$），每辆网约车的乘客量为 $q_1=1-p_1$（图9-1）。

同理，假设司机驾驶网约车的营运效用为 r，每位司机驾驶车辆的成本为 c_1。不同司机的效用不同，只有满足效用约束条件 $(r-c_1) \geqslant 0$ 的司机会选择从事网约车行业。为简化分析，假设驾驶网约车的司机数量和效用服从0到1之间均匀分布。因此，当平均驾驶成本为 c_1 时（$0 \leqslant c_1 \leqslant 1$），网约车司机的数量为 $q_3=1-c_1$（图9-2）。假设网约车行业的平均收益（即无差异的各个网约车司机的收益）为 R_a 时（$0 \leqslant R_a \leqslant 1$），网约车司机的总量（即网约车的总量）为 $n=R_a$（图9-3）。

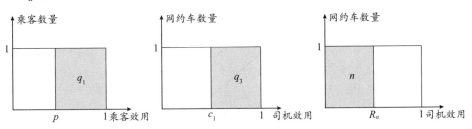

图9-1　乘客的效用分布图　图9-2　网约车司机的效用分布①　图9-3　网约车司机的效用分布②

9.3　网约车新政对我国出租车市场的均衡价格的影响分析

9.3.1　基于市场供求理论的网约车均衡价格分析

网约车新政出台前，供给曲线 S_1 与需求曲线 D_1 相交，形成均衡价格 p_1。随着网约车的合法化，供给量与需求量均受到一定程度的影响。

在需求方面，基于滴滴出行曾有的高额补贴所培养的乘客出行习惯和网约车领域的用户黏性，尽管网约车平台的补贴力度趋于下降，但乘客为避免传统出租车行业"打车难"，仍偏好于选择网约车出行。与此同时，网约车新政明确了平台与司机的相互约束关系和责任界定，保障乘客安全，提高乘客出行质量。这使得用户对网约车的信赖度和需求量得到提升，进而需求曲线就会从 D_1 平移增加到 D_2。在原均衡价格 p_1 上会出现过度需求，价格有上升的趋势。

在供给方面，网约车司机的驾驶成本增加且平台对司机的补贴力度减小，这会使得很多私家车退出经营领域，网约车供给量出现一定程度的减少。此时供给曲线会由 S_1 平移减少到 S_2。在原均衡价格 p_1 上就会出现供不应求的市场供求状态，网约车市场会通过价格上涨来维持新的均衡。在需求提高与供给减少的共同作用下，目前网约车的价格由 p_1 上升至 p_1^*（图9-4）。

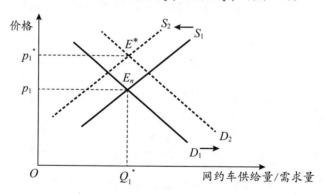

图9-4　供求变动对网约车均衡价格的影响

9.3.2　网约车新政对网约车平台定价方式的影响分析

首先，网约车平台与网约车司机的收入分配：平台确定乘客的支付为 p_1，网约车司机每笔订单的收入为 p_0，则 p_1-p_0 为网约车平台每笔订单的收入，q_1 为采用网约车出行的乘客量。因此，网约车司机收益为：

$$R_a = p_0 q_1 - F - C_r \tag{9-1}$$

由于 $0 \leqslant p_0 \leqslant 1$，$0 \leqslant p_1 \leqslant 1$，所以 $0 \leqslant p_0(1-p_1) \leqslant 1$。

网约车平台的收益为（C_b 为网约车平台的固定成本）：

$$R_b = nq_1(p_1-p_0) - C_b \tag{9-2}$$

其次，对于网约车司机而言，为了使其收益不会恒为负，我们假设网约车运营时的耗费 C_r 满足下述条件：

$$C_r + F \leqslant 1/4 \tag{9-3}$$

最后，乘客乘坐网约车的效用 v_1 满足以下条件：

$$\begin{cases} \theta \cdot v_1 - p_1 \geqslant 0 \\ \theta \cdot v_1 - p_1 \geqslant v_1 - p_2 \end{cases} \tag{9-4}$$

其中，$\theta \cdot v_1 - p_1 \geqslant 0$ 为乘客乘坐网约车的个人理性约束，又称参与约束，满足参与约束的机制为可行机制（Von Neumann et al.，2007）。在个人理性约束条件下，乘客选择乘坐网约车出行，使其保留效用得到满足。

$\theta \cdot v_1 - p_1 \geqslant v_1 - p_2$ 为激励相容约束，它是一种使行为人追求个人利益最大化的约束条件，激励主体采取最有利于自身的行为。该行动下的预期效用不小于其他行动所得到的预期效用，即实现激励相容。满足激励相容约束的机制为可实施机制（Von Neumann et al.，2007）。与乘坐传统出租车相比，乘客选择乘坐网约车的出行方式可获得更大的预期效用。可见，在式（9-4）的两个约束条件下，乘客采取了一种可行的可实施机制。

由乘客的效用约束条件（9-4）可推导得到 $v_1 \geqslant \max\left\{\dfrac{p_1-p_2}{\theta-1}, \dfrac{p_1}{\theta}\right\}$。

由乘客效用分布（见图9-1）可知，采用网约车出行的乘客量 q_1 为：

$$q_1 = \begin{cases} 1 - \dfrac{p_1-p_2}{\theta-1} & p_1 \geqslant \theta \cdot p_2 \\ 1 - \dfrac{p_1}{\theta} & p_1 < \theta \cdot p_2 \end{cases} \tag{9-5}$$

由此可见，乘客的意愿、网约车及传统出租车的价格影响了乘客的出行效用。在比较网约车与传统出租车的出行成本后，他们会选择价格相对更低、更能提升其出行满意度的出行方式，进而与倾向于乘坐网约车的乘客形成一定数量的网约车出行用户群。

假定网约车司机数量等于网约车数量，由司机效用分布图（图9-3），得出网约车司机数量如下：

$$n=R_a=p_0q_1-F-C_r \qquad (9-6)$$

由于在式（9-5）中，q_1 为分段函数，在 $p_1 \geqslant \theta \cdot p_2$ 时，$q_1=1-[(p_1-p_2)/(\theta-1)]$，将该式代入式（9-2）得：

$$R_b=(p_0q_1-F-C_r)\,q_1\,(p_1-p_0)-C_b$$
$$\partial R_b/\partial p_1=p_0q_1^2-(F+C_r)\cdot q_1 \qquad (9-7)$$

令式（9-7）为零，得下述结论：

$$\partial R_b/\partial p_1=p_1^2-\theta p_1+\theta^2(F+C_r)=0 \quad \Rightarrow \Delta=\theta^2-4\theta^2(F+C_r) \qquad (9-8)$$

由式（9-3）易知：$\theta^2-4\theta^2(F+C_r)\geqslant 0$，得到式（9-7）的两个解：

$$p_{11}=\frac{\theta+\sqrt{\theta^2-4\theta^2(F+C_r)}}{2},\ p_{12}=\frac{\theta-\sqrt{\theta^2-4\theta^2(F+C_r)}}{2} \qquad (9-9)$$

又 $d^2R_b/dp_1^2<0$，因此，在 $p_1^*=\dfrac{\theta+\sqrt{\theta^2-4\theta^2(F+C_r)}}{2}$ 处取最大值。所以，网约车平台的最优收益为：

$$R_b^*=n\cdot q_1\cdot(p_1-p_0)-C_b=(1/4-F-C_r)\cdot[(\theta-1)/4]-C_b \qquad (9-10)$$

而此时，网约车司机的收益为：

$$R_b^*=1/4-F-C_r \qquad (9-11)$$

由式（9-10）和式（9-11）发现 $R_b^*=[(\theta-1)/4]R_a^*-C_b$。

当乘客对网约车的偏好程度满足 $\theta>1$ 时，可得网约车平台收益与网约车司机收益正相关。因而网约车平台欲使其收益最大化，由式（9-7）知，需降低 $F+C_r(C_r+F\leqslant 1/4)$ 的值，即通过减少网约车司机的驾驶成本，来提升盈利能力，实现网约车行业的良性健康发展。

　　此外，从乘客角度而言，由式（9-10）得，网约车平台的收益与乘客对网约车的偏好程度正相关，培养用户乘坐网约车的出行习惯有助于增强网约车平台的用户黏性，提升网约车平台的收益。

　　从网约车与传统出租车的关系来看，随着网约车呈现繁荣发展的态势，滴滴出行等网约车平台深刻影响着乘客的出行方式，使出行行业呈现垄断竞争的市场结构。这意味着网约车平台对网约车定价有一定的控制力量，但在短期内又处于与传统出租车竞争的压力之下。因此在网约车新政背景下，网约车平台要着力提升出行服务质量，给予乘客安全保障；同时不断扩大市场份额，以增强盈利能力，构建出行行业良性健康的发展格局。

9.3.3　网约车新政对政府价格管制的影响分析

　　《网络预约出租汽车经营服务管理暂行办法》第二十一条规定，网约车平台公司不得有为排挤竞争对手或者独占市场，以低于成本的价格运营扰乱正常市场秩序，损害国家利益或者其他经营者合法权益等不正当价格行为，不得有价格违法行为。同时规定政府指导价或市场调节价这两种网约车运价形成机制。鉴于网约车价格趋于上升的局面，政府监管部门可以对网约车采取不同于传统巡游出租汽车的价格管制机制，设定最高限价为市场均衡价格 p^*（图9-5），各大网约车平台公司可以在限价内进行价格竞争。政府还可以基于本地区的实

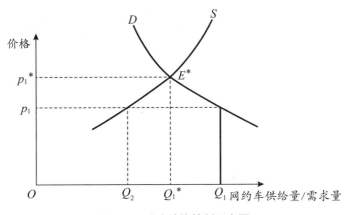

图9-5　政府价格管制示意图

际情况，适时对最高限价进行调整（姜鹏，2015）。以往的研究运用混合模型来分析政府宏观调控对出租车市场价格的影响，证实了政府对行业垄断定价具有规制作用的假设。

9.4 网约车新政对网约车利益相关者的最优决策影响分析

9.4.1 网约车平台的补贴政策对乘客出行行为的影响分析

在市场开拓期，滴滴打车等网约车平台实施了大力度的补贴措施，吸引广大乘客选择网约车作为出行方式，以提高市场占有率。假定 λ 为平台给乘客每次乘坐网约车的补贴，乘坐网约车的乘客的出行效用 v_1 满足以下约束条件：

$$\begin{cases} \theta \bullet v_1 + \lambda - p_1 \geqslant 0 \\ \theta \bullet v_1 + \lambda - p_1 \geqslant v_1 - p_2 \end{cases} \Rightarrow \frac{p_1 - \lambda}{\theta} \leqslant v_1 \leqslant \frac{p_2 - p_1 + \lambda}{\theta} \qquad （9-12）$$

由乘客效用分布图（图9-1）得，乘坐网约车的乘客量 q_1 为：

$$q_1 = \begin{cases} 0 & \lambda \geqslant p_1 - \theta \bullet p_2 \\ \dfrac{0 \bullet p_2 - p_1 + \lambda}{(1 - \theta) \bullet \theta} & \lambda < p_1 - \theta \bullet p_2 \end{cases} \qquad （9-13）$$

由式（9-13）可知，当网约车平台对乘客予以补贴时，使用网约车的乘客数量大于零，人们偏好于选择网约车作为出行方式。同时，乘坐网约车的用户量与补贴力度呈正相关关系。随着补贴的降低，乘客对网约车的需求也会相应缩减。

在网约车新政背景下，原有的"优惠券""抢单奖""单单立减"等补贴模式成为历史，不同地区的收费标准都出现了不同程度的提高。

由此可见，网约车新政出台后，网约车平台的补贴力度减小，网约车低廉的价格不再有，乘客出行成本上升，网约车的推广策略也应当从低价向优质转变。

9.4.2　网约车新政对网约车司机的从业意愿影响分析

《网络预约出租汽车经营服务管理暂行办法》[①]规定，网约车行驶里程达到60万千米时强制报废，行驶里程未达到60万千米但使用年限达到8年时，退出网约车经营（交通运输部，2016，2020，2022）。除符合网约车新政规定的条件外，各地对从事网约车经营的车辆轴距、排量、安全性能、终端设备等具体标准另有明确规定，如银川市交通运输局等六部门联合发布的《银川市交通运输局　工业和信息化局　公安局　商务局　市场监管局　网信办关于印发〈银川市网络预约出租车经营服务管理实施细则〉的通知》[②]规定网约车车辆的轴距不可小于2 650毫米，车辆排气量不小于1.6升（或1.4 T）（银川市交通运输局，2020）。国家以及各地政策的出台，在推进网约车行业健康发展的同时，实际上也抬高了网约车的运营成本和从业门槛。

---

① 《网络预约出租汽车经营服务管理暂行办法》第三十九条：网约车行驶里程达到60万千米时强制报废。行驶里程未达到60万千米但使用年限达到8年时，退出网约车经营。

② 《银川市网络预约出租汽车经营服务管理实施细则》第九条：在本市从事网约车经营服务的车辆，除符合《网络预约出租汽车经营服务管理暂行办法》规定的条件外，还应当符合下列条件：（一）在本市注册登记的7座及以下乘用车，达到本市规定的可予注册登记的机动车排放标准。（二）车辆轴距不小于2 650毫米，排气量不小于1.6升（或1.4 T）；鼓励推广新能源网络预约出租汽车，新能源车辆纯电驱动状态下续航里程不低于400公里。（三）车辆行驶证载明的初次注册日期至申请时未满7年，通过营业性车辆环保和安全性能检测，车辆外观颜色、车辆标识及号牌段应当明显区分于巡游车，不得安装顶灯、空载灯等巡游车服务设施设备。（四）投保营业性交强险、营业性第三者责任险和乘客意外伤害险等保险。（五）车辆符合国家和本市相关规定的具有行驶记录功能的车载卫星定位装置、应急报警装置（含音视频回传），车辆技术性能符合运营安全相关标准要求。（六）车辆需配备具有网约车服务平台服务端、价格计算、在线支付、服务评价等功能的终端设备。（七）车辆属于个人所有的，车辆使用性质登记为"预约出租客运"，所有人名下应当没有登记的其他巡游车或网约车，并且本人应当取得"网络预约出租汽车驾驶员证"（资格证）。（八）法律法规规定的其他条件。

进入网约车行业的成本上升会对司机从业意愿产生一定的影响。用 δ 表示司机对驾驶网约车的从业意愿，r 为传统出租车司机的收益，则司机驾驶网约车的收益为 $\delta \cdot r$。c_1 为驾驶网约车的成本（包括保险费、燃料费、修理费、轮胎消耗费及其他费用），c_2 为驾驶传统出租车的相应成本，ω 为网约车新政实施后，相对于之前，司机额外付出的成本（包括折旧费、车辆报废损失等）。网约车司机的效用 r_d 满足以下约束条件：

$$r_d = \begin{cases} \theta \cdot r_d - c_1 - \omega \geq 0 \\ \theta \cdot r_d - c_1 - \omega \geq r_d - c_2 \end{cases} \Rightarrow \frac{c_1 + \omega}{\delta} \leq r_d \leq \frac{c_1 - c_2 + \omega}{\delta - 1} \qquad （9\text{-}14）$$

由网约车司机效用分布图（图9-2）得，愿意驾驶网约车的司机数量 n 为：

$$n = \begin{cases} \dfrac{\delta \cdot c_2 - c_1 - \omega}{(1-\delta) \cdot \delta} & \omega < c_1 - \delta \cdot c_2 \\ \\ 0 & \omega \geq c_1 - \delta \cdot c_2 \end{cases} \qquad （9\text{-}15）$$

由式（9-15）可见，网约车新政出台后，只有当司机额外付出的驾驶成本 ω 满足约束条件 $\omega < c_1 - \delta c_2$ 时，他们才会从事网约车行业，并且从业数量随着额外驾驶成本的增加而减少。依照西方经济学中的"理性经济人"假设，进行经济决策的主体的思考和行为都是目标理性的，在决策中追求的目标都是使自己的利益最大化，即物质性补偿的最人化（高鸿业，2011）。随着网约车行业准入门槛和从业成本提升，原有的专职网约车司机为了保障自身的经济利益，在面对网约车新政中有关从业资格、排气量、车辆轴距等要素的严格规定时，会采取退出行业的举措。与此同时，不少兼职的专车司机也会放弃提供网约车服务，总体来说，专车供给量减少是大势。在网约车价格提升、司机队伍减少的背景下，今后网约车司机的平均收入会有所上涨，服务质量也将得到提升。

此外，从网约车平台角度而言，由式（9-10）和式（9-11）得，网约车平台收益与网约车司机收益正相关。在网约车新政背景下，司机的从业成本在一定程度上增加，收益减少，因而网约车平台可通过减少网约车司机驾驶成本来提升盈利能力，营造网约车行业良性循环的发展环境。

9.5　本章小结

本章着眼于网约车新政背景下供求关系对原有均衡价格的共同作用，兼顾政府宏观调控和市场调节机制，由"收益 - 成本"函数构建定价模型，得出网约车平台的最优定价，并通过分析补贴力度、驾驶成本的变化对乘客出行及对司机从业的影响，来更好地探索不同主体的最优决策。基于上述分析可知，网约车合法化后，网约车平台放弃了高额补贴、不计前期投资成本的资本运作模式，"烧钱大战"已成历史，价格上涨成为必然趋势。补贴力度回落、驾驶成本增加影响了乘客的出行成本和司机的从业意愿，网约车平台的用户黏性有所下降。以上事实将促使中国出行市场回归商业本质，探索合适的盈利模式，重回用服务和品质赢得市场的时代。基于前文的论述，网约车平台可以从以下几方面做出努力：

（1）保障乘客安全。由网约车平台将数据与管理部门实现对接、共享，驾驶员在申请接入滴滴出行平台时，滴滴出行能在管理部门的数据中比对该司机的个人信息。在接到乘客投诉时，管理部门也能查询滴滴出行的数据，从而形成一条闭合的安全管理链条。

（2）扩展服务形式。对于用户来说价格是选择网约车的一个重要的影响因素，而叫车时间、打车成功率、安全舒适的服务也是用户最为关心的部分。企业之间从价格敏感型竞争向服务综合型竞争的过渡已在业界逐渐形成共识。

网约车新政的出台促进了网约车市场竞争格局的改变，用服务和品质赢得市场才是网约车市场未来的出路。网约车平台应深挖用户体验，提供更多的增值服务，提供更高效且有品质、有差异化的服务，如神州专车推出的孕妈专车、迪士尼专车和聚会专车等服务。未来这种多元化的定制服务在出行领域或将得到更大释放。

（3）完善服务体系。网约车平台需要明确自身的战略定位：通过共享经济理念和出行方式变革，构建一站式出行服务的移动交通综合平台。在提供基本的服务同时，完善服务评价、行驶导航、全程跟踪和后台支付等功能，实现整个打车流程的高效运转，以促进"互联网＋"时代出行行业的繁荣。

  在本章研究的基础上，还有许多相关问题值得进一步讨论，如考虑三方博弈关系构成的动态博弈模型，探讨相关利益主体可能做出的反应、实际的行为及相应的纳什均衡。

第10章 网约车平台和传统出租车行业的 Cournot 博弈模型

10.1 引　言

为了抢占市场，提高打车软件的使用率，以及增强用户对打车软件的黏性，滴滴出行和优步等几家网约车平台在市场开拓期间曾疯狂"烧钱"，对乘客和司机采取大力补贴和高额奖励政策，一度成为社会的热门话题。竞争激烈的网约车平台通过对乘客和网约车司机采取高额的补贴争取稀缺的乘客和驾驶员资源，直至达到非合作博弈下的纳什均衡（零和博弈）。

然而，网约车平台之间惨烈的补贴大战的意义更多在于通过培养消费者乘坐网约车的习惯（正和博弈），缩小与传统出租车市场的差距，并非完全是平台之间为了互相抢夺市场份额（零和博弈）。此外，网约车相对于传统出租车的价格优势也体现在司机端，网约车平台的补贴策略减轻了司机的营运负担，吸引更多私家车和出租车加入网约车行业。更重要的是网约车提供满足乘客个性化、多元化出行需求的服务。

随着消费者自主意识的不断提升与供应端服务质量的升级改善，网约车市场持续增长，并严重威胁传统出租车行业的利益，传统巡游出租车的运营体制与预约出租车的运营模式之间的矛盾越来越多，双方的博弈与竞争也日趋激烈。因此，本章在第9章对我国出租车市场均衡以及网约车利益相关者的最优决策进行系统分析的基础上，研究我国网约车平台之间以及预约出租车与传统巡游出租车之间错综复杂的博弈关系，为政府制定相应的监管措施提供良好的决策支持与借鉴，具有比较重要的现实意义。

10.2　网约车平台与传统出租车公司 Cournot 博弈模型的构建

10.2.1　问题描述

本章假设有两家网约车平台 A 和 B 进行水平竞争，提供预约出租车服务，记为产品1，其价格为 p_1。另外，由于网约车新政对出租车数量的管制，本章假设两公司所拥有的网约车总量都是固定的。模型假设在同一地区的多家传统出租车公司（记为实体 C）提供同质化的巡游出租车服务，统一记为产品2，其价格为 p_2。

本章假设预约出租车服务和巡游出租车服务的价格是外生变量，即他们只能通过预约出租车和巡游出租车的数量控制策略来使自己的利润最大化，因此可以将两个网约车平台之间的博弈看作是 Cournot 寡头竞争和合作博弈模型，他们分别与传统出租车公司 C 进行 Cournot 寡头竞争博弈。在这个三方博弈模型中，两个激烈竞争的网约车平台通过补贴大战互相争夺网约车市场的份额，同时决定各自提供的网约车数量；另一方面，他们也通过补贴政策培养消费者选择网约车出行的习惯，形成合作的联盟与传统出租车市场进行竞争。

10.2.2　符号定义和假设说明

（1）公司 i 的产量记为 q_i（$i=A, B, C$），分别表示两家网约车平台 A 和 B 以及传统出租车公司 C 提供的出租车数量。借鉴 Bárcena-Ruiz 等（1999）的方法，假设市场上对产品1（预约出租车）和产品2（巡游出租车）的逆需求函数分别为：

$$p_1=a-(q_A+q_B)-dq_C, \ 0 \leqslant |d| \leqslant 1 \qquad (10\text{-}1)$$

$$p_2=a-q_C-d(q_A+q_B), \ 0 \leqslant |d| \leqslant 1 \qquad (10\text{-}2)$$

根据 Bárcena-Ruiz 等（1999）的假设，上式中当 $d > 0$ 时，表明产品1和产品2为替代品（substitute）；当 $d=1$ 时，两个产品为完全替代品；当 $d < 0$ 时，

产品1和产品2为互补品（complement）；当 $d=-1$ 时，两个产品为完全互补品；当 $d=0$ 时，表明产品1和产品2完全无关。

（2）假设传统出租车公司 C 提供的巡游出租车的服务质量可以用价格量化为 m_1。由于出租车行业具有一定的自然垄断特点，且出租车的燃油费、维修费、车辆折旧费和保险费等较为相近，因此假设出租车的边际成本不变，记为 $c_i(i=A, B, C)$。假设 $0 < c_i < a(i=A, B, C)$，且 $a > c_A+c_B$，即假设 a 足够大，以至于达到博弈均衡时的最优价格大于0。

（3）公司 i 的固定成本记为 $f_i(i=A, B, C)$，网约车平台的固定成本表现为平台的日常运营费用以及网站的建设推广费等，而传统出租车公司的固定成本主要为公司的日常运营费用和车辆的损耗费等。

（4）由于网约车具有"共享经济"的特征，因此不妨假设 $c_2 < c_1$，即预约出租车的边际成本比传统出租车的边际成本低。同时，由于预约出租车司机本不用像出租车司机一样面对严格的准入管制，也不需要向传统出租车公司缴纳"份子钱"，因此，本章假设固定成本 $f_2 < f_1$。另外，本章假设传统出租车提供的服务质量比预约出租车的服务质量更高，即 $m_1 > m_2$。

（5）假设所有公司均为完全理性的参与人，即追求各自利润最大化的"经济人"，分别选择最优的出租车数量以最大化各自的利润函数。

10.2.3　博弈模型的构建

根据上文的问题描述和假设说明，将网约车行业的三方 Cournot 寡头竞争与合作博弈的纳什均衡记为 $q=(q_A^*, q_B^*, q_C^*)$：

$$q_A^* \in \arg\max \pi_A(q_A+q_B^*+q_C^*)=q_A[a-(q_A+q_B^*)-dq_C^*]-c_Aq_A-f_A \quad (10\text{-}3)$$

$$q_B^* \in \arg\max \pi_B(q_A^*+q_B+q_C^*)=q_B[a-(q_A^*+q_B)-dq_C^*]-c_Bq_B-f_B \quad (10\text{-}4)$$

$$q_C^* \in \arg\max \pi_C(q_A^*+q_B^*+q_C)=q_C[a-q_C-d(q_A^*+q_B^*)]-c_Bq_B-f_B \quad (10\text{-}5)$$

10.3 Cournot 寡头竞争与合作博弈的 Nash 均衡求解

10.3.1 两个网约车平台不合作时 Cournot-Nash 博弈的纳什均衡解

本章首先求解网约车平台 A 和 B 不合作时三方的 Cournot-Nash 博弈的均衡解，即网约车平台 A 和 B 作为对等的主体与传统出租车公司 C 进行 Cournot 寡头竞争，三方同时决定各自最优的出租车投放数量以最大化自己的利润目标。

对式（10-3）至式（10-5）分别关于产量 q_A、q_B 和 q_C 求一阶偏导，根据一阶最优性条件，得到：

$$q_A^*(d) = \frac{c_B - c_A}{2} + \frac{2a - c_A - c_B - d(a - c_C)}{2(3 - d^2)} \tag{10-6}$$

$$q_B^*(d) = \frac{c_A - c_B}{2} + \frac{2a - c_A - c_B - d(a - c_C)}{2(3 - d^2)} \tag{10-7}$$

$$q_C^*(d) = \frac{3(a - c_C) - d(2a - c_A - c_B)}{2(3 - d^2)} \tag{10-8}$$

由于决策主体的利润函数 $\pi_i(q)(i=A, B, C)$ 显然是关于产量 $q_i(i=A, B, C)$ 的严格凹函数，即二阶条件满足。根据 Nash 均衡的存在性定理，当 $q_i^* \leqslant 0$，$(i=A, B, C)$ 时，$q_i^*(i=A, B, C)$ 是 Cournot 博弈的纳什均衡解。此时，网络预约出租车和传统巡游出租车的最优定价以及网约车平台（包括企业 A 和 B）和传统出租车公司的利润分别为：

$$p_1^*(d) = a - \frac{(2 - d^2)(2a - c_A - c_B) + d(a - c_C)}{2(3 - d^2)} \tag{10-9}$$

$$p_2^*(d) = a - \frac{d(2a - c_A - c_B) + (3 - 2d^2)(a - c_C)}{2(3 - d^2)} \tag{10-10}$$

$$
\begin{aligned}
\pi_U\left[q^*(d)\right] &= \pi_A\left[q^*(d)\right] + \pi_B\left[q^*(d)\right] \\
&= \left[p_1^*(d) - c_A\right]q_A^*(d) - f_A + \left[p_1^*(d) - c_B\right]q_B^*(d) - f_B \\
&= \frac{1}{2}\left[\frac{2a - c_A - c_B - d(a - c_C)}{3 - d^2}\right]^2 + \frac{1}{2}(c_A - c_B)^2 - f_A - f_B \tag{10-11}
\end{aligned}
$$

$$\pi_C\left[q^*(d)\right] = \left[\frac{3(a - c_C) - d(2a - c_A - c_B)}{2(3 - d^2)}\right]^2 - f_C \tag{10-12}$$

10.3.2　两个网约车平台合作时 Cournot-Nash 博弈的纳什均衡解

网约车平台惨烈的补贴大战从一个方面来说是平台之间通过高额补贴竞争来争取稀缺的乘客和驾驶员资源，互相抢夺市场份额（零和博弈）；但是从另一个方面来说，网约车平台补贴大战的意义更多在于与巡游出租车市场进行竞争，在市场发展初期培养消费者乘坐网约车的习惯（正和博弈）。2015年2月14日，滴滴出行与快的打车宣布两家实现战略合并；2016年8月1日，滴滴出行宣布与优步达成战略协议，滴滴出行将收购优步的品牌、业务、数据等全部资产在中国运营，这些案例表明在复杂多变的政策环境和激烈的市场竞争下，发展到一定规模的网约车平台趋向于通过并购的形式实现合作，以此来打造竞争优势和实现市场扩张，我国网约车领域的市场寡头趋势甚至垄断地位越来越明显。因此，本章将重点探讨网约车平台 A 和 B 采取合作策略时的 Cournot-Nash 博弈的纳什均衡。此时，将两个网约车平台看作是同一个决策的"自然人"，与传统出租车公司进行 Cournot 博弈，A 和 B 的产量由合作后的企业协调决策，基于双方总利润最大化的决策目标来确定最优的总产量，然后再调整利润分配。

网约车平台 A 和 B 进行合作以后，共享市场推广的效果和运营管理技术，低成本的平台帮助高成本的平台，直到两个平台的运营成本相等，不妨假设 $c_A \leqslant c_B$，则合作后两个平台的运营成本均为 c_A。因此，合作后网约车平台 A 和 B 的总利润函数为：

$$\bar{\pi}_U(q) = \left[a - (q_A + q_B) - dq_C - c_A\right](q_A + q_B) - f_A - f_B \qquad （10-13）$$

对式（10-13）关于产量 (q_A+q_B) 求一阶偏导，并令其等于零，得到：

$$\frac{\partial \bar{\pi}_U(q)}{\partial (q_A + q_B)} = a - 2(q_A + q_B) - dq_C - c_A = 0 \qquad （10-14）$$

显然 $\bar{\pi}_U(q)$ 是关于产量 (q_A+q_B) 的严格凹函数。因此，可求得网约车平台 A 和 B 合作情况下的均衡解分别为：

$$\bar{q}_A^*(d) + \bar{q}_B^*(d) = \frac{2(a-c_A)-d(a-c_C)}{4-d^2} \quad (10\text{-}15)$$

$$\bar{q}_C^*(d) = \frac{2(a-c_C)-d(a-c_A)}{4-d^2} \quad (10\text{-}16)$$

$$\bar{p}(d) = a - \frac{(2-d)(a-c_A)+d(a-c_C)}{4-d^2} \quad (10\text{-}17)$$

$$\bar{p}_2^*(d) = a - \frac{(2-d^2)(a-c_C)+d(a-c_A)}{4-d^2} \quad (10\text{-}18)$$

$$\pi_U\left[\bar{q}^*(d)\right] = \left[\bar{p}_1^*(d)-c_A\right]\left[(\bar{q}_A^*(d)+\bar{q}_B^*(d)\right] - f_A - f_B$$
$$= \left[\frac{2(a-c_A)-d(a-c_C)}{4-d^2}\right]^2 - f_A - f_B \quad (10\text{-}19)$$

$$\pi_C\left[\bar{q}^*(d)\right] = \left[\frac{2(a-c_C)-d(a-c_A)}{4-d^2}\right]^2 - f_C \quad (10\text{-}20)$$

上文分别研究了在两家网约车平台 A 与 B 不合作以及合作两种情况下的 Cournot-Nash 博弈的均衡解，那么在我国网约车新政出台以及垄断巨头的酝酿诞生的背景下，网约车平台有没有合作的动机呢？判断的准则为要使他们的总利润实现最大化，也就是采取哪种策略时能实现总利润最大化：如果合作后的总利润大，那么他们可以共享市场推广的效果和运营管理技术，通过一定的协调机制重新分配利润，使得他们各自的利润都比采取不合作策略时的利润高，从而他们就有合作的动机。

10.4 Cournot 寡头竞争与合作博弈模型的比较分析

10.4.1 网约车平台合作动机的分析

为了便于讨论网约车平台 A 和 B 的合作动机，不妨假设网约车平台采取合作策略与不合作策略时双方的总利润差为 $\Delta\pi_u(d)$。因此探讨网约车平台的合作动机问题就转化为分析 $\Delta\pi_u(d)$ 是否大于0的问题：如果 $\Delta\pi_u(d) < 0$，那么网约车平台 A 和 B 就没有合作的动机；而如果 $\Delta\pi_u(d) > 0$，那么网约车平台 A 和 B 就有动机合作；而如果 $\Delta\pi_u(d) = 0$，则网约车平台 A 和 B 对是否合作的偏好一样。

$$\Delta \pi_u(d) = \bar{\pi}_U\left[\bar{q}^*(d)\right] - \pi_U\left[q^*(d)\right]$$

$$= \left[\frac{2(a-c_A)-d(a-c_C)}{4-d^2}\right]^2 - \frac{1}{2}\left[\frac{2a-c_A-c_B-d(a-c_C)}{3-d^2}\right]^2 - \frac{1}{2}(c_A-c_B)^2$$

（10-21）

根据式（10-21），肖条军等（2004）证明了下述结论：如果网约车平台 A 和 B 的单位成本相等，即 $C_A=C_B$，则：

当 $|d| < \sqrt{\dfrac{6-4\sqrt{2}}{2-\sqrt{2}}}$ 时，网约车平台 A 和 B 有动机合作；

当 $|d| = \sqrt{\dfrac{6-4\sqrt{2}}{2-\sqrt{2}}}$ 时，网约车平台 A 和 B 对是否合作的偏好一样；

当 $\sqrt{\dfrac{6-4\sqrt{2}}{2-\sqrt{2}}} < |d| \leq 1$ 时，网约车平台 A 和 B 没有动机合作。

该结论说明，如果预约出租车和巡游出租车的替代程度过高，即 $|d|$ 值过大，则网约车平台没有动机合作，这主要是因为巡游出租车公司可能会窃取网约车平台合作所带来的一部分好处；而如果预约出租车提供差异化的服务，也就是双方的替代性较小，则网约车平台有动机合作，这也符合我国网约车的发展趋势。因为网约车在一定程度上打破了传统固有格局，为公众出行提供了更多的选择，在深刻影响城市整体交通状况和城市居民出行方式以及司机生活的同时，也对原有的以特许经营为基础的传统出租车行业造成了巨大的冲击。下面将重点分析网约车平台的合作策略对我国出租车市场价格和数量的影响。

10.4.2　网约车平台合作对预约出租车价格的影响分析

网约车新政的出台在赋予网约车合法身份的同时也意味着网约车行业将面临更加严格的行政许可政策以及更加苛刻的监管措施，例如网约车司机需要像传统出租车司机一样，通过考试取得从业资格证，还需要和网约车平台签订劳动合同或协议。在此情形下司机的驾驶成本毫无疑问会上涨，这些是否会影响网约车司机的从业意愿进而影响我国出租车市场的服务供应数量？而网约车平台之间的合作策略将会使我国网约车市场的价格如何变化？这些变化是否会进一步影响乘客对网约车平台的忠诚度和用户黏性？

不妨假设网约车平台 A 和 B 合作以及不合作情况下的预约出租车价格差为 $\Delta p_1(d) = \bar{p}_1^*(d) - p_1^*(d)$，要分析网约车平台合作策略对预约出租车价格的影响情况，只需要判断 $\Delta p_1(d)$ 是否大于0即可。

$$\Delta p_1(d) = \bar{p}_1^*(d) - p_1^*(d)$$

$$= \frac{(4-d^2)\left[(2-d^2)(2a-C_A-C_B)+d(a-C_C)\right]}{2(3-d^2)(4-d^2)} \qquad (10\text{-}22)$$

$$- \frac{(3-d^2)\left[(2-d^2)(a-C_A)+d(a-C_C)\right]}{2(3-d^2)(4-d^2)}$$

由式（10-22）可以推得下面的定理：

定理1 如果网约车平台 A 和 B 的单位成本相等，即 $C_A=C_B$，则网约车平台的合作策略使预约出租车的均衡价格 $p_1^*(d)$ 上涨。

证明：令式（10-22）的分子为 $\Delta \bar{p}_1(d)$，很明显由于 $d \leqslant 1$，式（10-22）的分母必然大于0，所以 $\mathrm{sgn}[\Delta p_1(d)]=\mathrm{sgn}[\Delta \bar{p}_1(d)]$，这样只需要判断式（10-22）的分子的符号即可。根据 $\Delta \bar{p}_1(d)$ 的定义可将其化简为：

$$\Delta \bar{p}_1(d)=(2-d^2)(5a-C_A-4C_B-ad^2+C_Bd^2)+d(a-C_C)=(2-d^2)(5-d^2)(a-C_A)+d(a-C_C)$$

$$(10\text{-}23)$$

根据上文中关于 d 的定义，预约出租车 p_1 和巡游出租车 p_2 为替代品，则 $0< d \leqslant 1$，以及关于模型的描述，有 $0< c_i \leqslant a(i=A, B, C)$，且 $a > c_A+c_B$，因此可推得 $\Delta \bar{p}_1(d)$ 多项式的第一部分和第二部分均大于0，从而 $\Delta \bar{p}_1(d) >0$，因此定理10-1得证。

自2016年8月1日滴滴出行宣布与优步合并之后，关于中国网约车市场的猜想就没有间断过，其中，消费者最为关心的问题就是未来网约车的价格是否会上涨。定理1的结论说明，网约车平台的合作策略使得预约出租车的价格上涨，从理论上证明了垄断巨头产生后，多家网约车平台会降补贴、提车价。滴滴出行和优步合并形成新的资本壁垒，才能保证网约车平台在每单抽成上的话语权。平台在抽成上的话语权越强，司机和乘客的话语权就越弱。

10.5　本章小结

网约车平台在市场开拓期间曾疯狂"烧钱"，对乘客和司机采取大力补贴策略，一度成为社会的热门话题。网约车平台惨烈的补贴大战从一个方面来说是平台之间通过高额补贴竞争来争取稀缺的乘客和驾驶员资源，互相抢夺市场份额（零和博弈）；但是从另一个方面来说，网约车平台补贴大战的意义更多在于与巡游出租车市场进行竞争，在市场发展初期培养消费者乘坐网约车的习惯（正和博弈）。

本章分析了"互联网 +"时代背景下网约车平台与传统出租车公司之间的三方 Cournot 寡头竞争与合作博弈模型，并开展了对应的数学推导，分别得到两个网约车平台合作与竞争时 Cournot-Nash 博弈的纳什均衡解，以及网约车平台合作动机以及对网约车价格的影响，从理论上证明了我国网约车垄断巨头产生后，多家网约车平台降补贴、提车价的行为举措。为此，网约车平台应该在追求止损、盈利的商业模式时寻求行业新的经济增长点，制定明晰的发展战略，以提升自身竞争力、更好地适应市场需要。

第11章　大数据"杀熟"如何破？
基于政府 – 消费者协同监管的策略研究

11.1 引　言

2018年年初，一则网友自曝被电商平台大数据"杀熟"经历的微博蹿红媒体，并迅速引起人们对互联网打车、购票、订房等电商消费领域相似遭遇的声讨（邹开亮 等，2018）。所谓电商市场的大数据"杀熟"，是指电商平台运用大数据收集消费者的信息，并通过复杂算法分析其消费偏好、购买习惯、收入水平等信息，将同一产品或服务以不同的价格卖给不同的消费者，实行价格歧视的行为。频频曝光的平台大数据"杀熟"现象，暴露出电商市场存在平台道德风险行为的隐患，无疑会降低电商平台的信誉，致使电商市场遭遇诚信危机。

大数据"杀熟"行为最早产生于电商企业——亚马逊，它曾根据平台上消费者的人口统计资料、购买历史、上网行为和登录设备等消费大数据对不同的用户进行差别定价，这一定价策略利用了忠诚用户对亚马逊平台的路径依赖和交易过程中信息的不对称性，使得部分老顾客付出了比新顾客更高的价格。目前我国还未出台相关法律规范规制该行为，虽然正式生效的《中华人民共和国电子商务法》对电商平台行为规范①及相应的惩罚措施②作了明确规定，但

---

① 《中华人民共和国电子商务法》第十八条：电子商务经营者根据消费者的兴趣爱好、消费习惯等特征向其提供商品或者服务的搜索结果的，应当同时向该消费者提供不针对其个人特征的选项，尊重和平等保护消费者合法权益。

② 《中华人民共和国电子商务法》第七十七条：电子商务经营者违反本法第十八条第一款规定提供搜索结果，或者违反本法第十九条规定搭售商品、服务的，由市场监

未明确界定平台大数据"杀熟"现象，从而不能对其形成有效规制。《中华人民共和国消费者权益保护法》相关条例规定 [1]，消费者在购买商品或接受服务的过程中享有对真实价格的知情权和公正透明交易的公平权，同时企业需承担保障消费者个人信息安全的义务。因此，本章考虑电商平台定价行为中存在不确定性的道德风险问题，基于消费者公平关切以及政府－消费者协同监管的视角，分析应该如何规范电商平台的定价行为，维护消费者合法权益，为电商市场健康发展提供借鉴。

11.2 政府监管模式下电商平台"杀熟"定价行为的演化博弈分析

大数据"杀熟"现象引发了媒体和社会大众的广泛关注和争议，也是学者们讨论的热点问题之一（杨成越 等，2018；李侠，2019）。大数据的广泛运用在颠覆某些传统的社会认知和商业逻辑的同时，使得电商平台实施价格歧视的"杀熟"行为也更加便捷，北京市消费者协会于2019年通过问卷调查、舆情采集和体验调查三种方式研究大数据"杀熟"问题，结果显示88.32%的被调查者认为大数据"杀熟"现象很普遍，其中56.92%的被调查者表示有过被大数据"杀熟"的经历。因此，一方面，本章考虑了电商平台定价策略的道德风险问题，建立以政府监管为主导的影响消费者渠道选择和平台定价决策的演化博弈

督管理部门责令限期改正，没收违法所得，可以并处五万元以上二十万元以下的罚款；情节严重的，并处二十万元以上五十万元以下的罚款。

[1]《中华人民共和国消费者权益保护法》第八条：消费者享有知悉其购买、使用的商品或者接受的服务的真实情况的权利。消费者有权根据商品或者服务的不同情况，要求经营者提供商品的价格、产地、生产者、用途、性能、规格、等级、主要成分、生产日期、有效期限、检验合格证明、使用方法说明书、售后服务，或者服务的内容、规格、费用等有关情况。

《中华人民共和国消费者权益保护法》第十条：消费者享有公平交易的权利。消费者在购买商品或者接受服务时，有权获得质量保障、价格合理、计量正确等公平交易条件，有权拒绝经营者的强制交易行为。

模型，分析并量化不同程度的政府惩罚力度和消费者公平关切水平对系统均衡、演化稳定策略（evolutionarily stable strategy，ESS）以及平台"杀熟"定价行为的影响；另一方面，在此基础之上，建立规避电商平台定价行为道德风险的政府－消费者协同监管机制，分析此机制下电商平台"杀熟"定价行为演化的影响因素以及影响机理，及时遏制平台大数据"杀熟"行为，增强消费者对电商市场的信心，对维持电商市场健康可持续发展具有重要的现实意义。

11.2.1 基本假设与模型建立

以消费者和电商平台作为演化博弈参与人，其中消费者有两种策略（购物渠道）可供选择——网络消费或实体消费，其中"网络消费"策略是指消费者借助各大电商平台（包括亚马逊、京东、滴滴出行、携程和飞猪等）实现产品或服务的线上交易；"实体消费"渠道是指消费者进行传统的线下交易或消费，包括传统实体零售、传统出租车服务等。考虑到电商平台在产品定价过程中可能存在道德风险问题，电商平台也有两类定价策略可供选择——公平定价和"杀熟"定价，其中"公平定价"策略是指电商平台以市场为基准、以需求为导向，制定公平合理的价格水平，不侵害消费者合法权益；而"杀熟定价"策略是指电商平台利用线上交易过程中存在的信息不透明这一特性，通过大数据和复杂算法对不同消费者进行差别定价和价格歧视。在消费者和电商平台之间，可做如下合理性假设：

假设1 假设消费者选择"网络消费"渠道和"实体消费"渠道的概率分别为 x 和 $1-x$；而电商平台选择"公平定价"策略和"杀熟定价"策略的概率分别 y 和 $1-y$。对某一电商平台而言，面临两种类型的消费者：忠诚消费者和不忠诚消费者。所谓"忠诚消费者"是指习惯于并且频繁在同一平台上重复购物的老客户，这可能与其过去的购物习惯有关，也有可能是由于使用其他电商平台的学习成本或者实体消费的交易成本过高而不愿意尝试新的电商平台或实体消费；而"不忠诚消费者"则是指不愿意长期锁定在某一电商平台的消费者，要么是习惯于在众多电商平台上频繁转换的网络购物者，要么就是习惯于实体消费渠道的消费者。

假设2 当消费者选择"网络消费"渠道购物时，电商平台没有对客户进行大数据"杀熟"时消费者付出的正常成本为 C_L，而遭遇平台"杀熟"价格歧视时其付出的成本为 C_H，当消费者选择"实体消费"渠道时，所支付的商品或服务的成本为 C_T，考虑到网络消费相比实体消费的价格优势（刘玉明 等，2012；厉春雷 等，2012；赵道致 等，2019），不失一般性，假设 $C_H > C_L$，$C_T > C_L$。此外，与实体消费不同，由于网络消费可以突破时间和空间的限制快速了解产品的各种信息，大大降低了消费者的交易成本（Lynch et al.，2000；申悦 等，2011），因此，此处仅考虑消费者选择实体消费所付出的交易成本为 C，从而将"网络消费"渠道的交易成本忽略不计，尤其是对于服务型的平台而言，如滴滴出行平台，网约车服务相比传统出租车服务在缩短等候时间及降低搜寻成本方面能表现出尤其明显的效率优势（谢志刚，2015；杨浩雄 等，2016）。而且，网络消费可以更好地满足消费者对时效性、快捷性、经济性、娱乐性等方面的个性化需求（Emerald，2015；李世杰 等，2019），因此，在假设"网络消费"渠道中消费者的基本效用为 R_1 的基础上，考虑消费者选择实体消费时存在效用的折扣系数 $\theta (0 \leqslant \theta \leqslant 1)$，$\theta$ 值越大表示用户对实体消费的满意度越高。

假设3 当电商平台采取"杀熟定价"策略时，平台对忠诚消费者购物的"杀熟"程度为 α，即"杀熟"定价与公平定价时价格的偏离程度。由于遭受电商平台的大数据"杀熟"差别定价，消费者会有受到不公平对待的愤怒心理而存在效用递减，假设消费者对平台"杀熟"定价行为的公平关切水平为 $\lambda (\lambda \geqslant 0)$。电商平台采取"杀熟定价"策略时所获得的额外收益为 $\omega\alpha$，参数 ω 为平台"杀熟"定价的边际收益，即平台获得的额外收益对于"杀熟"程度的敏感系数。针对忠诚消费者和不忠诚消费者，电商平台正常运营的基本收益分别为 R_2 和 R_3，平台对忠诚消费者和不忠诚消费者的补贴分别为 S_H 和 S_L。

假设4 政府对平台"杀熟"定价行为给予的惩罚为 $C(P,\alpha)=P\alpha^2$，惩罚成本与平台"杀熟"程度 α 以及政府惩罚力度 P 有关。当平台"杀熟"程度 α 一定时，$\partial C(P,\alpha)/\partial P>0$，$\partial^2 C(P,\alpha)/\partial P^2=0$，表明惩罚成本是政府惩罚力度 P 的递增函数；当政府惩罚力度 P 一定时，$\partial C(P,\alpha)/\partial \alpha>0$，$\partial^2 C(P,\alpha)/\partial \alpha^2>0$，即惩罚成本是平台"杀熟"程度 α 的递增函数，而且随着平台"杀熟"程度 α 的增加，政府对平台"杀熟"行为实施更重的惩罚成本。

综上，在政府监管模式下消费者和电商平台演化博弈的支付矩阵如表11-1所示。

表11-1 消费者和电商平台演化博弈的支付矩阵

消费者		电商平台	
		公平定价	"杀熟"定价
网络消费	忠诚消费者	$R_1-C_L+S_H$ R_2-S_H	$R_1-C_H-\lambda\alpha+S_H$ $R_2+\omega\alpha-P\alpha^2-S_H$
	不忠诚消费者	$R_1-C_L+S_L$ R_3-S_L	$R_1-C_L+S_L$ $R_3-P\alpha^2-S_L$
实体消费		θR_1-C_T-C 0	θR_1-C_T-C $-P\alpha^2$

11.2.2 演化博弈的均衡点及稳定性分析

根据表11-1的收益矩阵，得到忠诚消费者选择"网络消费"渠道和"实体消费"渠道时的期望收益 π_{11}、π_{12} 及其平均收益 π_1：

$$\pi_{11}=y(R_1-C_L+S_H)+(1-y)(R_1-C_H-\lambda\alpha+S_H)$$
$$=-yC_L+(1-y)(-C_H-\lambda\alpha)+R_1+S_H \quad (11\text{-}1)$$

$$\pi_{12}=y(\theta R_1-C_T-C)+(1-y)(\theta R_1-C_T-C)=\theta R_1-C_T-C \quad (11\text{-}2)$$

$$\pi_1=x\pi_{11}+(1-x)\pi_{12}=-xyC_L-x(1-y)C_H-x(1-y)\lambda\alpha+(x+\theta-x\theta)R_1+xS_H-(1-x)(C_T+C) \quad (11\text{-}3)$$

则忠诚消费者选择"网络消费"策略的复制动态方程为：

$$\overline{\pi}_1=x(\pi_{11}-\pi_1)=x(1-x)[y(-C_L+C_H+\lambda\alpha)-C_H-\lambda\alpha+(1-\theta)R_1+S_H+C_T+C] \quad (11\text{-}4)$$

同理，电商平台选择"正常定价"策略和"杀熟定价"策略时的期望收益 π_{21}、π_{22} 及其平均收益 π_2 如下：

$$\pi_{21}=x(R_2-S_H) \tag{11-5}$$

$$\pi_{22}=x(R_2+\omega\alpha-P\alpha^2-S_H)+(1-x)(-P\alpha^2)=x(R_2+\omega\alpha-S_H)-P\alpha^2 \tag{11-6}$$

$$\pi_2=y\pi_{21}+(1-y)\pi_{22}=xy(R_2-S_H)+x(1-y)(R_2+\omega\alpha-S_H)-(1-y)P\alpha^2 \tag{11-7}$$

则电商平台选择"正常定价"策略的复制动态方程为：

$$\bar{\pi}_2=y(\pi_{21}-\pi_2)=y(1-y)(-\omega\alpha x+P\alpha^2) \tag{11-8}$$

上述复制动态方程式（11-4）和式（11-8）分别描述了消费者购物渠道选择和平台定价选择的演化过程。根据复制动态方程，可以得到此演化博弈的雅克比矩阵：

$$J_1=\begin{bmatrix} (1-2x)\left[y(-C_L+C_H+\lambda\alpha)-C_H-\lambda\alpha+(1-\theta)R_1+S_H+C_T+C\right] & x(1-x)(-C_L+C_H+\lambda\alpha) \\ y(1-y)(-\omega\alpha) & (1-2y)(-\omega\alpha x+P\alpha^2) \end{bmatrix} \tag{11-9}$$

命题1：

① 复制动态系统存在4个固定的局部均衡点：$(0,0)$、$(0,1)$、$(1,0)$、$(1,1)$。

② 若 $0<P<\omega/\alpha$ 且 $\lambda > \max\left\{\dfrac{(1-\theta)R_1+S_H+C_T+C-C_H}{\alpha},0\right\}$，令 $x_0=\dfrac{P\alpha}{\omega}$，

$y_0=\dfrac{(1-\theta)R_1+S_H+C_T+C-C_H-\lambda\alpha}{C_L-C_H-\lambda\alpha}$，则 (x_0,y_0) 是局部均衡点。

证明： 根据微分方程稳定性定理，复制动态系统的均衡点应该满足复制动态方程（11-4）和（11-8），即 $\bar{\pi}_1(x,y)=0$，$\bar{\pi}_2(x,y)=0$，且 $(x,y)\in[0,1]\times[0,1]$。所以很明显命题1①满足条件，$(0,0)$、$(0,1)$、$(1,0)$、$(1,1)$ 是复制动态系统的局部均衡点。对于命题1②，当 $0<P<\omega/\alpha$ 且 $\lambda>\max\left\{\dfrac{(1-\theta)R_1+S_H+C_T+C-C_H}{\alpha},0\right\}$

时，联立求解方程组 $\begin{cases} x(1-x)\left[y(-C_L+C_H+\lambda\alpha)-C_H-\lambda\alpha+(1-\theta)R_1+S_H+C_T+C\right]=0 \\ y(1-y)(-\omega\alpha x+P\alpha^2)=0 \end{cases}$，

得到 (x_0,y_0)，且 $(x_0,y_0)\in(0,1)\times(0,1)$，则 (x_0,y_0) 是局部均衡点，命题1②成立。

为了便于下面的分析，令 $P_0=\omega/\alpha$，$\lambda_0 = \max\left\{\dfrac{(1-\theta)R_1+S_H+C_T+C-C_H}{\alpha},0\right\}$。

命题2：

情形1：若 $0<P<P_0$，$0<\lambda<\lambda_0$，则系统演化稳定策略为 $(1,0)$。

情形2：若 $0<P<P_0$，$\lambda>\lambda_0$，则系统不存在演化稳定策略。

情形3：若 $P>P_0$，$0<\lambda<\lambda_0$，则系统演化稳定策略为 $(1,1)$。

情形4：若 $P>P_0$，$\lambda>\lambda_0$，则系统演化稳定策略为 $(1,1)$。

证明： 基于 Friedman（1991b）的结论，采用雅克比矩阵来分析系统演化均衡点的稳定性。在4种情形下各个均衡点的雅克比行列式和特征值，如表11-2所示。

表11-2　不同情形下系统均衡点的稳定性分析

均衡点	特征值	情形 1		情形 2		情形 3		情形 4	
		特征值的符号	行列式的符号	特征值的符号	行列式的符号	特征值的符号	行列式的符号	特征值的符号	行列式的符号
$(0,0)$	$\mu_1=(1-\theta)R_1+S_H+C_T+C-C_H-\lambda\alpha$ $\mu_2=P\alpha^2$	$\mu_1>0$ $\mu_2>0$	+	$\mu_1<0$ $\mu_2>0$	−	$\mu_1>0$ $\mu_2>0$	+	$\mu_1<0$ $\mu_2>0$	−
$(0,1)$	$\mu_1=(1-\theta)R_1+S_H+C_T+C-C_L$ $\mu_2=-P\alpha^2$	$\mu_1>0$ $\mu_2<0$	−	$\mu_1>0$ $\mu_2<0$	−	$\mu_1>0$ $\mu_2<0$	−	$\mu_1>0$ $\mu_2<0$	−
$(1,0)$	$\mu_1=C_H+\lambda\alpha-(1-\theta)R_1-S_H-C_T-C$ $\mu_2=P\alpha^2-\omega\alpha$	$\mu_1<0$ $\mu_2<0$	+	$\mu_1>0$ $\mu_2<0$	−	$\mu_1<0$ $\mu_2>0$	−	$\mu_1>0$ $\mu_2>0$	+
$(1,1)$	$\mu_1=C_L-(1-\theta)R_1-S_H-C_T-C$ $\mu_2=\omega\alpha-P\alpha^2$	$\mu_1<0$ $\mu_2>0$	−	$\mu_1<0$ $\mu_2>0$	−	$\mu_1<0$ $\mu_2<0$	−	$\mu_1<0$ $\mu_2<0$	+
(x_0,y_0)	$\mu_1=\delta i$ $\mu_2=-\delta i$			纯虚根	+				

注：$\delta=\sqrt{x_0 y_0(1-x_0)(1-y_0)\omega\alpha(-C_L+C_H+\lambda\alpha)}$。

上述稳定性分析表明，当政府惩罚力度 P 和消费者公平关切水平 λ 不同时，电商平台和消费者行为策略的演化博弈均衡会发生改变，具体结果如下：

（1）当政府对电商平台"杀熟"行为的惩罚力度较小（即 $0<P<P_0$）时，

点 $(0, 1)$ 和 $(1, 1)$ 均为鞍点；而当政府对电商平台"杀熟"行为的惩罚力度较大，即 $P_0 > P$ 时，点 $(1, 1)$ 为稳定点，点 $(0, 1)$ 为鞍点。

（2）当政府对电商平台"杀熟"行为的惩罚力度较小（即 $0 < P < P_0$），同时，消费者对于"杀熟"现象的公平关切水平也较低（即 $0 < \lambda < \lambda_0$）时，点 $(0, 0)$ 为不稳定点，点 $(1, 0)$ 为稳定点；若消费者对于"杀熟"现象的公平关切水平较高（即 $\lambda > \lambda_0$）时，点 $(0, 0)$ 为鞍点，$(1, 0)$ 为鞍点，(x_0, y_0) 为中心点。

（3）当政府对电商平台"杀熟"行为的惩罚力度较大（即 $P > P_0$），同时，消费者对于"杀熟"现象的公平关切水平较低（即 $0 < \lambda < \lambda_0$）时，点 $(0, 0)$ 为不稳定点，点 $(1, 0)$ 为鞍点；而当消费者对于"杀熟"现象的公平关切水平较高（即 $\lambda > \lambda_0$）时，点 $(0, 0)$ 为鞍点，点 $(1, 0)$ 为不稳定点。

11.2.3 电商市场"杀熟"定价行为的演化博弈数值分析

为了更加直观地说明平台和消费者之间策略选择的演变，本章以滴滴出行平台为案例采用数值算例进行分析（Lei et al.，2018，2019；卢珂 等，2018b；姜凤珍 等，2019）。滴滴出行是涵盖出租车、专车、快车、顺风车、代驾及巴士等全面出行服务的一站式多元化出行平台，为大众提供更为高效的、经济的、舒适的出行服务，截至2021年3月，滴滴出行平台凭借其较大的业务规模（快车、专车等）拥有4.7亿的全球年活跃用户。从滴滴出行平台的优势情况来看，相比传统巡游出租车及其他网约车服务，调查显示51.4%的出行用户认为价格实惠是滴滴出行的最大优势（艾媒咨询，2018），消费者选择滴滴出行的正常费用 C_L 低于消费者选择传统巡游出租车出行费用 C_T，即 $C_L < C_T$；而在对出行方式的优先度调查中，消费者对传统巡游出租车以及其他网约车的满意程度略低于滴滴出行（艾媒咨询，2018），因此，存在消费者对传统巡游出租车的折扣系数 $\theta (0 \leq \theta \leq 1)$。但随着互联网技术的不断发展，大数据的应用越来越普遍，滴滴出行平台被曝出存在隐形的大数据"杀熟"现象，使得消费者遭遇"杀熟"价格 C_H 大于消费者滴滴出行正常费用 C_L，即

$C_H > C_L$，"杀熟"价格 C_H 与正常价格 C_L 的差值用来表示平台"杀熟"程度 α，即 $\alpha = C_H - C_L$。

根据我国网约车市场的实际运营情况，在满足条件 $C_L < C_T$，$0 \leqslant \theta \leqslant 1$，$C_H > C_L$ 和 $\alpha = C_H - C_L$ 的前提下，由于参数初始值的量级选择并不影响文章结论，对模型设定参数初始值如下：$\omega=1$，$\alpha=2$，$\theta=0.4$，$R_1=4$，$S_H=0.5$，$C_L=1$，$C_T=2$，$C_H=3$，$C=1$，其中 $P_0=\omega/\alpha$，$\lambda_0 = \max\left\{\dfrac{(1-\theta)R_1 + S_H + C_T + C - C_H}{\alpha}, 0\right\}$，计算得到 $P_0=0.5$，$\lambda_0=1.45$。在保持其他参数不变的情况下，考虑政府惩罚力度 P 和消费者公平关切水平 λ 的不同取值对系统稳定性的影响，将消费者和平台行为的初始比例设置为 $(x,y)=\{(0.3, 0.7), (0.7, 0.3)\}$，探究电商市场"杀熟"定价行为的演化趋势。

（1）当满足 $0<P<P_0$，$0<\lambda<\lambda_0$ 条件，即情形1时，取 $P=0.1$，$\lambda=1$，得到在初始条件下博弈的动态演化路径 [图11-1（a）反映消费者和平台行为的初始比例为 $(0.3, 0.7)$，图11-1（b）反映消费者和平台行为的初始比例为 $(0.7, 0.3)$]。通过对比分析发现，随着时间的推进，电商市场中消费者和平台之间博弈的演化均衡最终都趋向于消费者选择"网络消费"渠道，平台选择"杀熟定价"策略，即系统最终的演化稳定策略是 $(1, 0)$。

这种情况是当前电商市场中普遍存在的困局，一方面消费者的公平关切水平较低（$0<\lambda<\lambda_0$），同时忠诚用户的"网络消费"习惯已养成，但由于平台存在定价选择的道德风险行为，平台利用大数据算法的隐蔽性特征对消费者进行线上"杀熟"，消费者很难发觉自己的合法权益受到侵害，在不知不觉中就遭受平台"差别定价"套路，付出比线下消费更高的成本；另一方面，如今政府对于平台"杀熟"定价行为的道德风险问题缺乏有效的监管机制（$0<P<P_0$），这使得电商平台"杀熟"现象比较猖狂。比如，北京市消费者协会的一项体验调查结果发现，2名体验人员分别在飞猪平台上订购同一天同样标准的住宿，新老用户标价不同，优惠也不同，老用户价格高且不享受优惠。从电商行业发

展的角度看，平台利用大数据分析、算法等技术手段实行差别定价，短期来看他们能赚得额外收益，但长远来看这是透支消费者信任的自杀式行为，最终对整个电商行业的发展将造成不利影响。

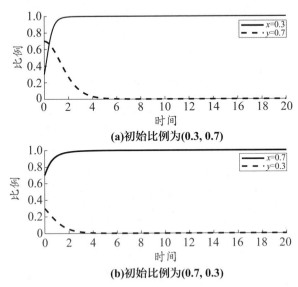

(a)初始比例为(0.3, 0.7)

(b)初始比例为(0.7, 0.3)

图11-1　情形1博弈的动态演化路径图

（2）在满足$0<P<P_0$，$\lambda>\lambda_0$的情况下（情形2），令$P=0.1$，$\lambda=3$，得到此初始条件下博弈的动态演化路径[图11-2（a）反映消费者和平台行为的初始比例为(0.3, 0.7)，图11-2（b）反映消费者和平台行为的初始比例为(0.7, 0.3)]。此时，电商平台和消费者的博弈过程最终没有形成演化稳定策略，双方的策略选择行为呈小幅震荡，随着市场情况的变化而改变。在政府的低惩罚机制（$0<P<P_0$）下，平台会趋于选择"杀熟定价"策略，从而赚取额外收益，但是消费者对于平台"杀熟"定价行为具有很高的公平关切水平（$\lambda>\lambda_0$），对平台的调价行为敏感度较高，所以消费者会逐渐倾向于选择"实体消费"渠道，于是"理性"的平台在短期获利和平台长期发展的权衡之下，必然会对平台定价模式进行调整，逐渐采取"公平定价"策略，而消费者出于对电商平台的习惯锁定和购物偏好等，又会逐渐重新选择"网络消费"渠道。此阶段为电商市场由

"杀熟定价"模式朝着日益公平透明的"公平定价"模式的一个过渡阶段，符合当前中国电商市场的发展态势。

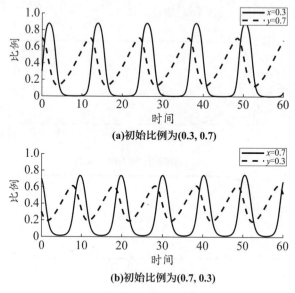

(a)初始比例为(0.3, 0.7)

(b)初始比例为(0.7, 0.3)

图11-2　情形2博弈的动态演化路径图

政府目前对电商平台"杀熟"现象缺乏有效的市场监管机制，导致网络购物、交通出行、在线购票等多个领域的电商平台频频被揭露存在"杀熟"行为，消费者面临的道德风险不断上升，但是随着消费者自我保护意识的加强，一部分消费者会转而选择"实体消费"渠道；电商平台事后为挽回声誉和夺得客户，通过各种社交媒体声明不存在价格歧视，并保证会进一步优化网上产品交互和信息展示，但此举仍难以完全抚平用户的心理创伤。更为重要的是，平台应针对大数据"杀熟"争议积极优化定价模式，最大限度地降低公众的负面情绪，重拾消费者对电商平台的信任。以网约车平台优步和 Lyft 为例，曾经由于网约车动态收费模式导致用户支付的价格不确定，他们也遭遇过大数据"杀熟"的诚信危机，为了重获乘客的信任，平台及时推出同一路线固定收费的服务模式以应对乘客对平台存在大数据"杀熟"的质疑，并上线乘客等车时间越长费用越低的新功能，降低乘客的网约车出行费用。

（3）在满足 $P>P_0$，$0<\lambda<\lambda_0$ 的情况下（情形3），令 $P=1$，$\lambda=1$，得到此初始条件下博弈的动态演化路径 [图11-3（a）反映消费者和平台行为的初始比例为 $(0.3, 0.7)$，图11-3（b）反映消费者和平台行为的初始比例为 $(0.7, 0.3)$]。由图11-3可知，$(1, 1)$ 成为系统唯一的演化稳定策略。

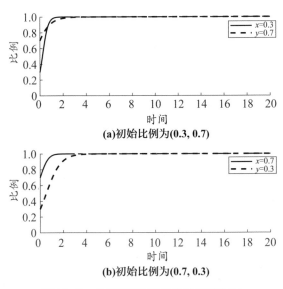

(a)初始比例为(0.3, 0.7)

(b)初始比例为(0.7, 0.3)

图11-3 情形3博弈的动态演化路径图

（4）在满足 $P>P_0$，$\lambda>\lambda_0$ 的情况下（情形4），令 $P=1$，$\lambda=3$，得到此初始条件下博弈的动态演化路径 [图11-4（a）反映消费者和平台行为的初始比例为 $(0.3, 0.7)$，图11-4（b）反映消费者和平台行为的初始比例为 $(0.7, 0.3)$]。由图11-4可知，此情形下的演化稳定策略和情形3一样，$(1, 1)$ 成为唯一的演化稳定策略。

情形3和情形4的均衡结果达到理想的演化稳定状态，即消费者选择"网络消费"渠道收敛到1，平台选择"公平定价"策略收敛到1。因此，针对电商市场中大数据"杀熟"的现象，政府亟须出台相关法律规范对平台的"杀熟"行为进行有效规制。同时，对电商平台机会主义倾向的"杀熟"行为必须严厉惩处，努力提高"杀熟"行为的识别率，识别一起惩处一起，通过将对电商平台"杀熟"行为的惩罚提高到机会收益及以上的水平从而令其即便是想为之也不敢为（即不敢"杀熟"定价），有效遏制电商平台"杀熟"定价行为的道德风险，维护消费者的合法权益，促进电商市场诚信健康发展。

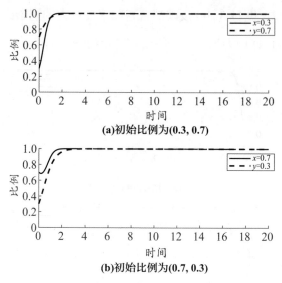

(a)初始比例为(0.3, 0.7)

(b)初始比例为(0.7, 0.3)

图11-4　情形4博弈的动态演化路径图

11.3　电商平台大数据"杀熟"行为的监管机制设计：政府－消费者协同监管机制下的演化博弈分析

由于消费者存在信息劣势，电商平台利用大数据技术对同样的商品或服务向不同消费者设置差别定价，透支消费者的信任。由上述分析可知，对于平台的大数据"杀熟"定价行为，当政府实施的惩罚力度较小，且消费者的公平关切水平较低（容忍度较高）时，平台出于机会主义倾向的道德风险，会选择对忠诚消费者进行大数据"杀熟"的差别定价，追逐额外收益，而消费者由于习惯和锁定了网络购物方式，仍然选择网络消费渠道购物，在信息不对称的情况下，消费者的合法权益由此可能受到电商平台侵犯。而消费者作为电商平台大数据"杀熟"行为的利益直接受损者，在对平台"杀熟"定价行为的监督过程中会更具有积极主动性和可选择性，因此不能忽视消费者在完善大数据"杀熟"监管机制中的重要作用（Narasimhan et al., 1993；Shi et al., 2013；王鹏 等，

2015；刘长玉 等，2019）。因此，本章建立消费者协同政府对电商市场"杀熟"行为进行监管机制（电商平台、政府和消费者三方主体的职责关系如图11-5所示），通过演化博弈模型探究有效规制电商平台大数据"杀熟"行为的政府－消费者协同监管机制和影响因素。

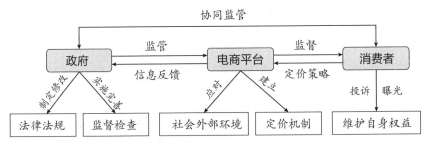

图11-5 电商平台、政府和消费者三方主体的职责关系图

11.3.1 政府-消费者协同监管机制下电商平台和消费者的演化博弈模型

在政府－消费者协同监管机制下，消费者作为博弈的参与主体面临两种备选策略——积极监督和消极监督，"积极监督"策略是指消费者积极配合政府的管理制度，通过电商平台和政府平台投诉、电话投诉以及各大媒体（电视、网站、新媒体）曝光产生舆论压力等方式对电商平台的大数据"杀熟"行为进行有效监督；"消极监督"策略是指消费者对平台的"杀熟"定价行为持消极无作为的态度，没有监督或维权的意识。当消费者付出一定的时间和精力等成本 C_1（利他性惩罚成本）配合政府积极监督平台的定价行为，对"杀熟"现象进行曝光和投诉时，平台会面临一定的声誉损失 L_1，主要表现为社会信号效应（吸引新客户加入形成的马太效应）和社会网络效应（培养老客户黏性形成的锁定效应）的损失。而消费者对平台积极监督所带来的平台服务水平提升和价格设置透明合理，消费者商品或服务知情权和公平交易权得到保障等社会效益为 R_3。政府－消费者协同监管机制下电商平台和消费者博弈的支付矩阵如表11-3所示。

表11-3 政府－消费者协同监管机制下电商平台和消费者博弈的支付矩阵

消费者	电商平台	
	公平定价	"杀熟"定价
积极监督	$R_1-C_L+S_H-C_1+R_3$ R_2-S_H	$R_1-C_H-\lambda\alpha+S_H-C_1+R_3$ $R_2+\omega\alpha-P\alpha^2-S_H-L_1$
消极监督	$R_1-C_L+S_H$ R_2-S_H	$R_1-C_H-\lambda\alpha+S_H$ $R_2+\omega\alpha-P\alpha^2-S_H$

此时消费者和电商平台的复制动态方程分别为：

$$\bar{\pi}_3=x(\pi_{11}-\pi_1)=x(1-x)(R_3-C_1) \tag{11-10}$$

$$\bar{\pi}_4=y(\pi_{21}-\pi_2)=y(1-y)(L_1x-\omega\alpha+P\alpha^2) \tag{11-11}$$

上述复制动态方程（11-10）和（11-11）分别描述了消费者监督策略和平台定价策略的演化过程。根据复制动态方程，可以得到此演化博弈的雅克比矩阵：

$$\boldsymbol{J}_2=\begin{bmatrix} (1-2x)(R_3-C_1) & 0 \\ y(1-y)L_1 & (1-2y)(L_1x-\omega\alpha+P\alpha^2) \end{bmatrix} \tag{11-12}$$

命题3 当消费者对电商平台大数据"杀熟"行为积极监督产生的社会效益大于其付出的利他性惩罚成本，即 $R_3>C_1$，且 $L_1+P\alpha^2-\omega\alpha>0$ 时，系统存在唯一的稳定点 $(1,1)$ 和鞍点 $(1,0)$。而当 $P\alpha^2-\omega\alpha>0$ 时，点 $(0,0)$ 是不稳定点，点 $(0,1)$ 是鞍点；当 $P\alpha^2-\omega\alpha<0$ 时，点 $(0,1)$ 是不稳定点，点 $(0,0)$ 是鞍点。

证明：当 $R_3>C_1$，$L_1+P\alpha^2-\omega\alpha>0$，$x=1$ 和 $y=1$ 时，行列式 $|\boldsymbol{J}_2|=(R_3-C_1)$ $(L_1+P\alpha^2-\omega\alpha)>0$，特征值 $\mu_1=C_1-R_3<0$，$\mu_2=\omega\alpha-L_1-P\alpha^2<0$，所以 $(1,1)$ 是演化稳定策略；当 $x=1$ 和 $y=0$ 时，行列式 $|\boldsymbol{J}_2|=(C_1-R_3)(L_1+P\alpha^2-\omega\alpha)<0$，特征值 $\mu_1=C_1-R_3<0$，$\mu_2=L_1+P\alpha^2-\omega\alpha>0$，因此 $(1,0)$ 是鞍点。特别地，当 $P\alpha^2-\omega\alpha>0$ 时，对于点 $(0,0)$，行列式 $|\boldsymbol{J}_2|=(R_3-C_1)(P\alpha^2-\omega\alpha)>0$，特征值 $\mu_1=R_3-C_1>0$，$\mu_2=P\alpha^2-\omega\alpha>0$，点 $(0,0)$ 为不稳定点；对于点 $(0,1)$，行列式 $|\boldsymbol{J}_2|=(R_3-C_1)$ $(\omega\alpha-P\alpha^2)<0$，特征值 $\mu_1=R_3-C_1>0$，$\mu_2=\omega\alpha-P\alpha^2<0$，点 $(0,1)$ 为鞍点。同理可得，当 $P\alpha^2-\omega\alpha>0$ 时，点 $(0,1)$ 是不稳定点，点 $(0,0)$ 是鞍点。

根据命题3，可以得到如下结论（监管机制的适用性）：当 $R_3>C_1$ 时，惩

罚参数 L_1 和 P 的不同取值对平台"杀熟"程度 α 的有效调控范围为：

当 $L_1 > \omega^2/4p$ 时，$\alpha > 0$；

当 $L_1 = \omega^2/4p$ 时，$\alpha \neq \omega/2p$；

当 $L_1 < \omega^2/4p$ 时，$\alpha > \max\left\{\dfrac{-\omega+\sqrt{\omega^2-4pL_1}}{-2P}, 0\right\}$，系统最终的演化稳定策

略是 $(1, 1)$。

证明：由命题3可知，$(1, 1)$ 是系统唯一演化稳定策略的充要条件是 $\det \boldsymbol{J} > 0$，$\mu_1 < 0$，$\mu_2 < 0$，即 $C_1 - R_3 < 0$，$-L_1 - P\alpha^2 + \omega\alpha < 0$。可以得到当 $R_3 > C_1$ 时，对于 $-L_1 - P\alpha^2 + \omega\alpha < 0$，建立关于 α 的一元二次函数：$H(\alpha) = -P\alpha^2 + \omega\alpha - L_1$，考虑函数的零点问题，当 $L_1 > \omega^2/4p$ 时，$\Delta < 0$，则 $H(\alpha) = 0$ 无解，所以对于 $\alpha > 0$，$-L_1 - P\alpha^2 + \omega\alpha < 0$ 恒成立；当 $L_1 = \omega^2/4p$ 时，$\Delta = 0$，则 $H(\alpha) = 0$ 有唯一解 $\alpha = \omega/2p$，所以对于 $\alpha \neq \omega/2p$，$-L_1 - P\alpha^2 + \omega\alpha < 0$ 恒成立；当 $L_1 < \omega^2/4p$ 时，$\Delta > 0$，则 $H(\alpha) = 0$ 有两个解，$\alpha_1 = \dfrac{-\omega+\sqrt{\omega^2-4pL_1}}{-2P}$，$\alpha_2 = \dfrac{-\omega-\sqrt{\omega^2-4pL_1}}{-2P}$，所以对于

$\alpha > \max\left\{\dfrac{-\omega+\sqrt{\omega^2-4pL_1}}{-2P}, 0\right\}$，$-L_1 - P\alpha^2 + \omega\alpha < 0$ 恒成立。

此结论说明，惩罚参数 L_1 和 P 的取值不同，监管机制能够有效监管的电商平台"杀熟"程度 α 也不同，较高的声誉损失 L_1 和惩罚力度 P 有助于提高政府对平台"杀熟"程度 α 的监管范围，进而有效遏制平台过于关注"杀熟"带来的额外收益从而侵犯消费者合法权益的行为。

11.3.2 政府－消费者协同监管机制下平台"杀熟"行为的演化策略 及路径分析

为了更加直观地反映消费者监督行为和电商平台定价行为的演化过程，采用数值算例进行分析（Lei et al.，2018，2019；卢珂 等，2018b；姜凤珍 等，2019），本章主要关注的问题是如何实现平台由"杀熟"定价到公平定价的演变过程，因此，以演化稳定点 $(1, 1)$ 为例（系统最终趋向于消费者选择"积极

监督"策略,平台选择"公平定价"策略),根据命题3的条件,在满足 $R_3 >$ C_1,$L_1+P\alpha^2-\omega\alpha>0$ 的前提下,假设参数 $R_3=0.2$,$C_1=0$,$L_1=2$,$P=0.1$,$\alpha=2$,$\omega=1$,常数初始赋值量级的选择不影响文章结论。将消费者和电商平台行为的初始比例设置为 $(x,y)=\{(0.3,0.7),(0.7,0.3)\}$,得到此初始条件下博弈的动态演化路径 [图11-6(a)反映消费者和平台行为的初始比例为 $(0.3,0.7)$,图11-6(b)反映消费者和平台行为的初始比例为 $(0.7,0.3)$]。

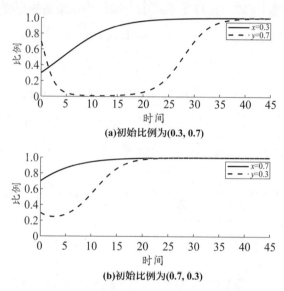

(a)初始比例为(0.3, 0.7)

(b)初始比例为(0.7, 0.3)

图11-6　稳定点 (1,1) 博弈的动态演化路径图

如图11-6所示,由于政府实施的惩罚力度较小,电商平台存在较高的机会主义"杀熟"定价行为道德风险,表现为前期电商平台采取"公平定价"策略的比例不断减少,消费者在网络消费过程中屡遭大数据"杀熟",但随着采取"积极监督"策略的消费者的比例增加,平台"杀熟"行为频频曝光,将遭受较大的声誉损失,倒逼平台被迫采取"公平定价"策略,系统演化的最终趋向是:消费者选择"积极监督"策略,平台选择"公平定价"策略,即收敛到演化稳定策略 (1, 1)。此时,消费者积极配合政府对电商市场的"杀熟"定价模式进行有效监督,维护自身合法权益;另一方面,在政府 – 消费者协同监管

机制下，电商平台不得不实施公平定价模式，消费者面临的道德风险下降，使得博弈双方的收益均实现最大化，整个电商市场趋于集体理性的健康发展。

进一步探讨影响消费者监督电商市场"杀熟"行为的主要因素——监督成本 C_1 和社会收益 R_3，以及规避电商平台"杀熟"定价行为的主要因素——政府惩罚力度 P 和声誉损失 L_1，对消费者和电商平台演化稳定性的影响过程以及影响程度，演化趋势分别如图11-7和图11-8所示。

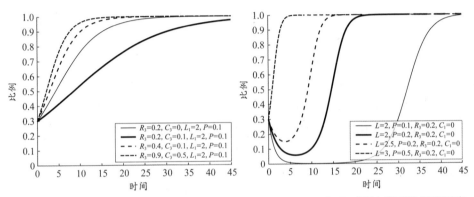

图11-7 R_3 和 C_1 对消费者策略选择的影响   图11-8 L_1 和 P 对平台策略选择的影响

由图11-7和图11-8可以得到以下结论：

（1）当满足条件 $R_3 > C_1$，$L_1 + P\alpha^2 - \omega\alpha > 0$ 时，消费者最终会选择"积极监督"策略，平台会选择"公平定价"策略，即系统的演化稳定策略为 $(1, 1)$，符合命题3的结论。

（2）由图11-7可知，当平台声誉损失 L_1 和政府惩罚力度 P 一定时，社会收益 R_3 对消费者积极监督行为的影响呈现正相关关系，监督成本 C_1 对消费者积极监督行为的影响呈现负相关关系，且社会收益与监督成本的差值（$R_3 - C_1$）越大，消费者选择"积极监督"策略的演化速度越快，即消费者越注重自身合法权益的维护；由图11-8可知，当社会收益 R_3 和监督成本 C_1 一定时，声誉损失 L_1 和政府惩罚 P 对平台"杀熟"定价行为的影响均呈现负相关关系，表明它们的共同作用使得规避平台"杀熟"定价行为的演化速度更快，达到演化均衡的时间大大缩短。

（3）图11-7中，由于消费者积极监督带来的社会收益 R_3 高于监督所付出的必要成本 C_1，所以消费者选择"积极监督"策略的比例不断上升；图11-8中，当政府惩罚力度不足以约束平台"杀熟"定价行为 ($P=0.1$, $P=0.2$) 时，电商市场初期表现为平台选择"公平定价"策略的比例小幅下降，但随着采取"积极监督"策略的消费者比例不断上升，平台因"杀熟"行为曝光面临的较大声誉损失 L_1 使其不得不进行策略调整，表现为后期平台选择"公平定价"策略的比例大幅上升；当政府惩罚力度足够大时 ($P=0.5$)，电商平台不愿意承受高额的声誉损失和惩罚成本，平台选择"公平定价"策略的比例不断上升。

11.4　本章小结

电商平台利用大数据算法分析技术对不同消费者进行差别定价，是以有意"消费"消费者对平台的忠诚度和透支消费者的信任为代价的自杀式行为。对此，本章引入电商平台"杀熟"定价行为的道德风险，分别从消费者购物渠道选择和消费者协同政府监管角度出发构建了两个演化博弈模型。首先，通过对政府监管主导下电商平台潜在的"杀熟"行为进行演化博弈分析，探讨政府惩罚力度和消费者的公平关切水平对消费者购物渠道选择策略和平台定价行为策略的影响。在此基础上，针对仅考虑平台自律行为和政府监管模式下电商市场陷入平台大数据"杀熟"的困境，从政府－消费者协同监管的角度，提出考虑消费者联合政府对电商平台"杀熟"现象进行联合监管的新机制，建立规制电商平台大数据"杀熟"行为的演化博弈模型，进一步探讨各参与主体不同的行为策略的影响因素及演化路径，并以网约车滴滴出行平台为案例进行数值模拟分析。

研究发现：

（1）在不考虑政府－消费者协同监管机制时，由于电商平台存在机会主义道德风险，消费者在不知不觉中遭受大数据"杀熟"的侵害，导致整个电商市场诚信环境的恶化。

（2）当政府惩罚力度 P 和消费者公平关切水平 λ 变动，其他参数保持不变时，尽管消费者公平关切水平 λ 对电商平台的定价策略有一定程度的影响，但政府的惩罚力度 P 对于促进电商平台和消费者的合作共赢机制具有决定性的作用，较弱的惩罚力度 P 无助于遏制电商市场"杀熟"现象，只有当政府实施较大的惩罚力度 P 才可以有效抑制电商平台的"杀熟"定价行为。

（3）在引入政府－消费者协调监管机制后，平台声誉损失 L_1 和政府惩罚力度 P 对电商平台"杀熟"行为具有明显的抑制作用，特别是当政府惩罚力度 P 不足时，消费者积极监督带来的舆论压力可以有效遏制平台"杀熟"定价行为，从而规避平台定价行为的道德风险问题。

（4）影响消费者监督策略的主要因素是社会收益 R_3 和监督成本 C_1：社会收益 R_3 对消费者积极监督行为演化速度呈正向的促进作用；反之，监督成本 C_1 对消费者积极监督行为演化速度呈负相关的抑制作用，而且，社会收益与监督成本的差值（R_3-C_1）越大，消费者越有动力选择"积极监督"策略。

解决电商市场大数据"杀熟"定价困境需要技术、监管和机制三管齐下：首先，在技术方面，大数据时代亟须政府创新对大数据发展的管控技术，通过建立大数据监督平台，利用大数据分析功能，监督企业是否存在"杀熟"嫌疑，从而为消费者提供便捷高效的维权渠道，降低消费者的监督成本；其次，在监管方面，大数据"杀熟"行为涉及面比较广，需要多个政府部门参与监管，权责不清，亟须将大数据"杀熟"行为纳入明确的法律治理范围，明确归谁监管，对违规企业施以巨额罚款，增加其违法成本，并规定网络平台应当公示其平台服务协议及支付规则；最后，在模式方面，形成政府－消费者协同监管的新模式，充分发挥政府监管和社会舆论监督的力量，真正刹住这种"薅用户羊毛"的失信行为，遏制平台大数据"杀熟"的道德风险，增强消费者对电商市场网络消费的信任，重构电商市场诚信交易的氛围。

本章的研究还存在一些需要改进的地方，首先博弈双方博弈机制设定还比较简单，策略空间也有一定程度的简化，未进行更为细致深入的建构，对其背后复杂的互动机制还没有进行深入的研究，这也是今后需要进一步改进的工作。而且，由于仿真数值是在模拟的条件下进行的，对电商市场大数据"杀熟"博弈参与者行为分析的有效性可能存在偏差，未来将收集电商平台大数据"杀熟"的大数据，采用计量经济学和数据挖掘方法进行实证分析，从而进一步完善电商市场大数据"杀熟"行为的相关研究。

第12章　网约车新政下的监管机制构建

以滴滴出行、易到用车、神州专车等新型网约车平台为代表的"互联网＋交通"新业态的出现，创新地改变了城市居民的出行方式。这种共享经济新模式，通过移动互联网、大数据和云计算等技术，科学合理地匹配网约车市场中司机和乘客的供需关系，有效地缓解了我国城市居民出行长期存在的打车难、出行难问题，减少了城市交通拥堵状况，对改善环境和创造就业岗位起到了积极作用。但由于存在网约车市场信息的不对称性和利益相关者之间机会主义的道德风险，网约车平台、司机、乘客、巡游出租车公司以及政府之间会产生错综复杂的博弈行为，这在一定程度上会影响网约车市场的和谐稳定发展。网约车市场的发展离不开政府的支持与保护，政府应该努力营造和谐宽松的发展环境，同时，也需要平台配合政府对网约车市场进行有效管理，建立政府与平台之间的协同监管体系。因此，在考虑主体有限理性博弈行为的基础上，政府应结合我国网约车市场的发展和监管实践，构建符合我国网约车运行的"公序"监管机制和"私序"监管机制。

12.1　我国网约车的"公序"监管机制

12.1.1　认同和包容网约车出行的共享经济新形态

共享经济是在互联网技术迅猛发展的背景下产生的经济新形态，它同我国创新、协调、绿色、开放、共享的新发展理念是一致的，依靠低成本高效率地分配和使用资源，使得各领域供需双方都能受益，实现"双赢"格局，成为推动我国经济快速发展的新动力。此外，从英国、美国、加拿大和澳大利亚等国家最新出台的政策也都能看出政府对共享经济合法身份的认同导向，表明了国外政府对出行资源共享市场发展的认同和包容态度（Rayle et al., 2016）。而中国市场作为共享经济的发展沃土，各个领域表现突出，包括出行共享、空间共享、医疗共享、知识付费、金融共享等等，尤其是网约车出行市场，2012—2016年，美国和中国领跑全球出行市场（艾瑞咨询，2017）。我国交通运输部等七部委于2016年颁布了全球第一个国家级网约车监管政策——《网络预约出租汽车经营服务管理暂行办法》，这也标志着网约车获得"合法身份"。网约车和巡游出租车都属于出租汽车公共服务，目前我国网约车市场的"公序"监管机制与传统出租车的"公序"监管内容一致，其中"公序"是以政府强制力做支撑的官方法律体制或管制制度，"私序"是利益相关者私下自发形成的自我约束和惩罚的制度安排（钱炳，2015），但由于网约车市场自身的共享特征以及互联网接入出租车市场带来的网约车商业模式的差异，网约车市场的监管主体增加了通信、网信等部门。

针对我国人口众多、资源相对匮乏的现状，出行共享商业模式符合社会各方的公共利益诉求，可以形成提高居民出行便利、减少交通拥堵、盘活闲置资源等溢出效应，可在一定程度上缓解我国出行资源的稀缺性。伴随着网约车市场的迅猛发展，网约车出行已逐渐成为居民的一种习惯，但同时网约车市场也并存风险与隐患，频频曝出网约车的种种风险和问题，如消费者财产及生命遭受损害、隐私信息被过度采集等等，如何处理鼓励创新发展与规避隐性风险的关系？解决问题和防范风险的方法往往都要经历一个发生、发展到成熟的过程，政府部门需要把握"包容审慎"的主基调，不妨多点耐心，"让子弹再飞一会儿"。因而，政府应合理地界定出行领域共享经济业态属性，坚持市场导向，加强分类规范化指导，鼓励网约车市场主体大胆探索，大力支持和鼓励发展网约车出行的共享经济新形态，同时，也要清楚认识并正确处理创新发展与防范风险之间的关系，从而推动网约车市场的长久稳定发展。

12.1.2　适度弱化制度刚性，适当降低准入门槛

《网络预约出租汽车经营服务管理暂行办法》的出台是为了更好地满足社会公众多样化出行需求，促进出租汽车行业和互联网融合发展，规范网络预约出租汽车经营服务行为，以及保障运营安全和乘客合法权益，所以政府实施"公序"监管措施加强社会性管制是很有必要的。比如：网约车新政第十二条规定，拟从事网约车经营的车辆为7座及以下乘用车，需要安装具有行驶记录功能的车辆卫星定位装置、应急报警装置，车辆技术性要符合运营安全相关标准要求等；第十四条规定司机应取得相应准驾车型机动车驾驶证并具有3年以上驾驶经历，要接受背景调查，包括犯罪记录和违章记录等；第十七条规定网约车平台应当保证提供服务车辆具备合法营运资质以及相关技术支持等。

仅仅通过政府附加的严格行政许可和延续传统出租车监管方式来对网约车市场进行监管，容易陷入传统出租车市场出现的单纯依靠"公序"监管的困境，导致大量网约车司机离开网约车市场或转行加入黑车市场，而传统出租车行业监管中的老问题也将重新凸显。而且行政许可的设定和实施都是需要成本的，其中既有司机申请网约车服务而付出的费用成本，也有政府、平台等监管者进行网约车市场监管的成本。因此，在民商法律、刑事法律等"硬法"之外，需要适度弱化制度的刚性，有必要进一步发挥非强制性的、柔性的"软法"的作用。例如欧盟2016年出台的《欧盟分享经济指南》（*A European agenda for the collaborative economy*）就采用发布指南的方式替代了出台具有强制执行力的条例、指令等政策的方式，我国有关政府部门可以以此作为借鉴。具体举措如发挥相关行业协会、企业内部规范化制度的作用，培育合规文化，防范风险，以构建网约车公平竞争的环境为导向，放宽对司机户籍的限制性规定，充分地利用非本地户籍务工人员的空闲车辆资源；与网约车平台、司机和车辆相关的各类许可证明的审核程序和核发程序应尽量从简，以便节约社会管理成本。

12.1.3 引领网约车市场规范化指导，延长新政策落地的过渡期

网约车服务作为新兴行业，具有巨大的发展前景。从2016年网约车市场滴滴出行、优步等网约车平台的快速崛起，到2017年各领域出行平台的遍地开花，再到2018年网约车出行的安全事故频发，面临"成长的烦恼"，当前网约车的发展确实遇到了一定的制约和瓶颈。网约车市场存在大量不符合网约车新政标准的现象，包括平台的消极管理、司机的非法营运以及司乘相互违约等，这些现象在一定程度上影响了网约车市场利益相关者的合法权益，尤其是危害到了乘客的财产乃至生命的安全，阻碍了网约车市场的可持续稳定发展。但网约车市场从事营运服务的惯性难以一刀斩断，更重要的是网约车出行新方式的出现确实给居民的出行带来了极大的便利，也使得网约车出行的需求量依旧不减。

所以，当前阶段，网约车新政的实施不可强行"着陆"。网约车市场的管理不是像制服猛兽，把它一下子关进笼子里就能牢牢驯服。社会各方都需要一个适应阶段，政府应该合理界定网约车出行领域的业态属性，清理和调整不适应网约车市场发展的行政许可、商事登记等事项及相关制度，按照"鼓励创新、包容审慎"的原则出台新的准入和监管政策。在此基础之上，政府应当科学规划网约车的发展，积极引导各平台规范化审核，落实各方责任，加大对群众宣传力度，延长从旧规到新政的过渡期，实现政府部门、平台企业、产业联盟及行业协会、用户群体的共同治理，指导网约车市场有序健康地发展，鼓励公平竞争，循序渐进地促进新政策落地。

12.1.4 转变政府管理职能，推进市场简政放权

政府在网约车市场中扮演裁判角色难免力不从心，应当转向"领队"角色，引领共治，实现人人参与、共建规则、人人遵守、人人共享的协同监管方式。近年来，国务院一直倡导转变政府职能，推进简政放权。网约车市场的管理不仅仅只依靠政府的干预，还涉及平台企业、行业协会、供需双方等多方的协调治理，包括出台行业服务标准和治理公约、完善社会监督、支持平台企业加强

内部治理和安全保障，总结有效的协同治理案例并进行推广。

政府对网约车市场的监管，放权是进步，限制是倒退。因此，政府应当创新行业管理，将市场准入许可更多地让权给网约车平台，规范其登记信息、审核资质的义务，所有车辆的状况应定期提交并在监管部门备案，通过补充相关法律法规，对怠于履行义务的平台采取处罚措施；优化政府监督模式，探索智能化监管和专业化监管，通过信息技术手段减少监管中的信息不对称，依靠技术革新和监管者的专业水平而不是借助政府行政许可制度固化"公序"监管；构建平台审核模式，建立服务质量数据采集、信誉考核、信用体系的管理机制，并通过数据挖掘和文本分析手段把握"私序"监管的规律，推动群众绿色出行、健康出行，为"互联网＋交通"营造良好发展环境。例如2017年1月，上海市交通委员会约谈滴滴出行负责人，就出租车加价功能超高额定收费的情况向平台提出整改意见，平台负责人也承诺取消该功能。政府对网约车平台不合理调价进行监管，平台采取应对措施，保证人民群众用最合理的价格出行，也避免由于市场垄断形成的价格新高。

12.2 我国网约车的"私序"监管机制

12.2.1 建立严格健全的网约车平台市场管理体系

网约车出行的安全问题受到人们的广泛关注，网约车平台作为双边市场的中介方，应当配合政府的管制制度，主动承担管理职责，充分发挥平台的管理作用，采取合理的运营管理策略，实现网约车市场健康可持续的运营。一方面，企业将平台的数据接入公安系统，政府根据企业接入的数据对车牌号码、司机证件等进行一一排查，有效减少不合规车辆、不合格司机的数量；另一方面，政府将司机的个人信息提供给企业，以便企业建立司机的个人诚信系统，对有犯罪前科的司机进行排查。随着政府不断地更新信息，企业也可以对司机个人的诚信进行定期或不定期评估。

具体而言，网约车平台应该建立事前防范、事中控制、事后应对的三位一体的监督机制。面对网约车市场可能存在的安全隐患，首先，网约车平台应完善风险防范机制，对管理盲区进行严格筛查，力求在问题尚处于萌芽状态时将其妥善解决；其次，在管理过程中明确相关管理职能和职责分配，按照网约车新政的相关规定对网约车司机进行严格管理，杜绝"睁一只眼闭一只眼"的消极管理，执行科学合理的控制机制；最后，健全事后应急联动机制，提升网约车平台应对突发安全事故的应急能力。

12.2.2 建立司乘互评机制，加强补偿 - 惩罚控制力度

司机和乘客作为网约车市场的供方和需方，由于市场运营的复杂性和信息的不对称性，双方存在机会主义的"违约"行为。司机和乘客通过网约车平台下单和抢单达成契约关系，乘客在等候网约车接送的过程中面临两种选择：要么按契约规定等候网约车司机的接送，要么乘坐巡游出租车或其他车辆，无故取消预约订单，构成乘客端"违约"行为；司机在接送乘客的过程中同样也面临两种选择：要么按契约规定接送网约车乘客，要么选择搭载街边招手的乘客，最终放弃接送网约车乘客，构成司机端"违约"行为。乘客的"违约"行为使得司机既浪费了能源和时间等成本，又丧失了接送其他乘客的机会，而司机的"违约"行为会浪费乘客等待接送的时间以及丧失乘坐就近的巡游出租车的机会成本等。司机与乘客机会主义倾向的双重违约行为使得他们的合作博弈在现实中难以实现，成为困扰司机营运和乘客出行的关键问题之一，同时也严重地制约了网约车市场的发展和壮大。

因此，作为网约车市场的中介方，网约车平台应该建立司乘互评机制，完善网约车信用体系。

具体而言：

（1）采用实名制制度，并对乘客、司机建立分级信息维护系统。以做好对用户信息隐私保护工作为前提，通过有据可查的网络，减少造谣、恶意差评等不良行为出现。

（2）建立固化考评环节，除根据服务流程涉及方面进行分项星级评价外，对存在的低星级项目增加文字说明，减少用户因受主观情感影响导致的不公正现象。同时，网约车平台可根据收集到评价信息进行深入分析，为每位司机服务改进提出专属建议，对信用不良乘客也可采取扣款、封号等措施。此外，为了保证司乘互评机制的公正性，需要网约车平台对司乘交易行为进行有效监督，同时强化补偿 - 惩罚的控制措施，综合多种手段共同减少双方"违约"行为的发生。

（3）建立用户积分制度，对按时进行星级评价的用户，根据评价内容返送积分，并对达到一定积分额度的用户进行积分兑换。对信用良好的乘客发放现金券，对服务优质的司机开启优先派单选择权。

12.2.3　推动服务产品创新

网约车平台应洞悉用户需求，整合服务链条，创新服务产品。当乘客对采用巡游出租车持有较高忠诚度时，即价格并非影响该部分乘客选择网约车方式出行的关键因素，网约车平台应及时进行市场调查，了解影响乘客端用户群体做出不同选择的其他因素，开发针对不同消费乘客群体需求而与之匹配的特色产品。例如同在线旅游平台进行联盟，在各交通换乘站点如机场、高铁站、火车站、汽车站为在线旅行平台用户提供接送服务。当乘客对采用巡游出租车持有较低忠诚度时，网约车平台可采取适度降低价格的手段，不定期在网约车 App 中免费推送优惠券等多种方式，促使更多有出行需求的乘客选择网约车出行。

随着越来越多的出行群体偏爱网约车出行，亦会吸引越来越多的司机加入网约车行业。网约车平台作为连接司机与乘客并为之提供供需信息的服务商，不仅要提供线上信息撮合，还应积极开拓增值业务服务。如网约车平台可以通过充分挖掘所掌握的数据资源，了解出行者的基本情况，分析出行者的出行路径、消费行为等。可在节假日为年龄层相仿、消费行为相似的用户推送独具特色出行路线以及周边口碑商铺信息，并增加用户生活日常玩乐记录社区，在达到增加的广告收入的同时，增强乘客使用率，为乘客带来全新的用户体验。

12.2.4　补贴契约和分享机制的合理设计

网约车已成为人们生活中最重要的出行方式之一，网约车平台补贴契约决策的复杂性和司机提供网约车服务中的非理性行为（如过度自信倾向），容易造成网约车平台契约设计效果的失衡。因此，结合网约车市场参与群体的非理性因素进行补贴契约和分享机制的设计应成为网约车平台的常态化决策方式。

具体如下：①补贴契约设计需考虑参与群体的非理性因素，网约车平台可以动态地调整契约参数来设计适应不同行为偏好的最优激励契约。如在司机对网约车市场不利条件和有利条件存在过度自信倾向时，可以针对性地提高补贴力度和设计分享机制。②引导合理的群体偏好行为。如在网约车运营过程中，网约车平台可以通过推出各项措施来保证公平公正的出行市场秩序，增强司机对网约车市场发展的信心，削弱不利条件下的过度自信倾向。

12.2.5　推广网约车平台聚合共享的商业模式

在网约车市场发展初期，网约车平台采取大规模补贴"烧钱"策略赢得出行市场份额，但最终也没有建立起一个具有盈利模式、可持续发展的经营方式。以滴滴出行为例，尽管作为网约车市场的绝对垄断巨头，滴滴出行在2021年才实现业务扭亏为盈。目前我国已全面进入移动互联网络时代，从网络营销到电子商务再到电子商务移动化，网络不再局限于单纯的营销工具和渠道，已形成社会化平台和资源。因而，网约车平台应构建基于"互联网+"模式下的更全面的、更大格局的服务生态（即第四方服务平台），实现网约车市场的价值共创。

随着网约车市场出行需求的不断增长，用户对网约车出行的时效性、快捷性、经济性、安全性等方面有了更多的个性化需求。网约车平台聚合模式通过海量的数据，借助平台共享流量和积累的口碑优势，统筹、整合和联动第三方网约车平台的服务，用户在聚合平台（第四方服务平台）上可以同时呼叫不同网约车平台（第三方服务平台）的车辆，更好地应对司机的流失和短缺问题，统一调度网约车司机，提高网约车车辆效率，满足网约车出行市场的供应和需求。例如高德地图聚合平台可一键预约19种车型（包括首汽约车、曹操专车、滴滴出行等），用户能够直接通过 App 选择多种车型下单约车，助力用户叫车多样性和高效性的提升。

12.2.6　促进网约车与传统出租车融合发展

网约车不仅是"互联网 +"引起的交通运输领域的一场革命，也是"共享经济"概念的具体实践。网约车服务被视为传统出租车行业的直接竞争对手，对传统出租车行业构成威胁（Lobel，2016）。由于政府的管制制度、行业的运营模式上的不明确和差异性，网约车与传统出租车、网约车与网约车之间的摩擦不断升级，不时发生网约车司机与出租车司机的街头冲突、网约车平台之间的恶性价格竞争以及网约车司机危害乘客自身安全等事件，而这些事件背后的诸多因素制约着网约车与传统出租车的融合发展。双方的融合发展可以更好地支撑多元化综合交通服务体系的建设，满足人们出行的个性化需求。

具体而言：①创新网约车和传统出租车融合的法规标准。对网约车和传统出租车的车辆、从业准入条件和退出机制、服务基本要求等进行统一规定，结合双方运营服务的差异性优势进行错位经营和融合发展。②引导网约车和传统出租车错位融合发展。鼓励传统出租车对标网约车进行转型升级，基于其已拥有的安全、信誉优势，积极拓展多重业务形态，包括快车、专车、顺风车、代驾、试驾、日租、半日租、时租等业务，推行 App、电话、微信叫车服务，将网约车不具备的巡游优势与互联网结合起来，实现线上和线下的优势互补，③强化网约车和传统出租车融合的保障措施。推进交通部门、出租车公司和网约车平台公司的统筹合作，加快建设分工协作机制，保障融合进程的有序开展。

第13章　总结与展望

13.1 总　　结

本书面向我国网约车运营和监管实践中多元利益相关者的自主博弈关系，基于有限理性视角，采用理论推演与仿真实验相结合的研究手段，综合运用行为决策理论和博弈理论等理论与方法来分析我国文化、历史与体制情景下网约车利益相关者的有限理性博弈行为。本书不仅丰富了有限理性博弈理论和方法，同时也为我国网约车监管和城市交通规划、管理和控制策略的制定提供更合理的分析视角和科学的决策依据，具有重要的理论价值和实践意义。主要得到如下结论：

（1）网约车市场运营管理研究。第3章运用演化博弈理论分析方法，建立了网约车新政实施背景下网约车平台和网约车司机间的演化博弈模型，并对其博弈行为演化过程及演化稳定策略进行探讨。理论研究和仿真结果表明：当政府部门对网约车市场大力调控时，即对策略对（非法营运，消极管理）主动识别并给予"非法营运"的网约车司机以较高的惩罚，对"严格管理"的网约车平台辅以适当的补偿措施，网约车平台应该提高"严格管理"的积极性，敦促网约车司机选择"合法营运"策略，使（合法营运，严格管理）成为唯一的演化稳定策略；但是当政府调控力度较小时，网约车平台"严格管理"的净收益小于其"消极管理"的净收益，使得其"严格管理"的积极性降低，（非法营运，消极管理）也可能成为演化博弈的稳定策略，此时，平台应该从长远角度来看，加强自身管理，履行社会职责，不能滋长、纵容网约车司机"非法营运"行为的发生,促进实现网约车平台"严格管理"率和司机"合法营运"率达到理想状态并可以长期保持。

第4章通过构建网约车平台和乘客之间的 Stackelberg 博弈模型,进行相应的数学推导和仿真实验,分析网约车平台的最优补贴和抽成策略以及乘客的最优出行决策。结果表明:网约车平台要想在今后的发展中找到自己的出路,不能依靠补贴的多少去"拉拢"用户,而应该实施合理的乘客端补贴和司机端抽成策略,同时在服务与品质上做出相应的改变,提供更高效且有品质、差异化的服务,用服务和品质赢得客户。本书的研究有利于网约车平台制定更加合理恰当的乘客端补贴和司机端抽成策略,控制市场网约车供应量,减少网约车平台存在的车辆供给"供过于求"或"供不应求"以及补贴成本过高补贴"烧钱"的现象,实现网约车平台的利润最大化,提高其核心竞争力,进而实现社会的帕累托改进。

第5章从网约车平台管理角度构造4个补偿－惩罚控制变量,运用演化博弈的理论分析方法,构建网约车司机和乘客之间的演化博弈模型,并分析在网约车平台不同的补偿－惩罚力度下司机和乘客的交易行为的演化稳定策略。理论研究和仿真结果表明:网约车平台的补偿－惩罚措施没有或力度较小时,网约车司机和乘客都会选择"违约"策略,即(违约,违约)成为演化均衡策略。网约车平台针对"履约"方所采取的补偿措施可以有效保护双方的"履约"积极性,但对双方的"违约"行为缺乏有效的约束力,而惩罚措施对交易中的"违约"行为有一定的抑制作用,且在惩罚力度突破临界值的情况下会出现理想的演化稳定策略。要使网约车司机和乘客之间的合作博弈在现实中实现集体理性并可以长期保持,应当加大对策略对(违约,违约)的识别并给予"违约"行为以较高的惩罚,同时对"履约"行为辅以适当的补偿措施,从而减少网约车司机和乘客的机会主义倾向的双重违约行为,促进我国网约车市场健康良性发展。

第6章基于前3章关于网约车市场三方主体之间两两博弈的研究,结合网约车市场是多方利益主体共存的交通出行市场的现实环境，运用演化博弈理论的分析方法，考虑政府部门对网约车市场的规制策略，构建网约车平台、司机和乘客的三方演化博弈模型，分析三方主体的演化路径和演化稳定策略，以及影响演化博弈均衡结果的关键因素。理论研究和仿真结果表明：在政府规制过程中，三方主体的单方决策行为会受到其他主体的共同影响，而政府的规制策略能有效地促进网约车平台、司机和乘客的合作关系。提高政府对网约车平台和司机管理的奖惩力度、降低网约车平台管理成本、降低司机营运成本、提高乘客网约车出行效用等措施可以有助于网约车市场最终实现理想状态 (1, 1, 1)。为了促进网约车市场更好地发展，政府对网约车市场的规制起着重要的作用。由于网约车市场的复杂性，基于网约车市场不同的环境，政府应该相应地制定科学有效的奖励策略和惩罚策略。比如，在网约车市场发展的初期，网约车平台对司机的准入资质、车辆的运营状况等缺乏有效的管理，使得大量违规经营的司机涌入网约车市场，此时，政府应该加大对违规平台和司机的识别并给予较高的惩罚，仅仅依靠奖励措施不能起到有效的约束作用。

（2）考虑有限理性行为的博弈研究。第7章以分析有限理性下我国网约车利益相关者的博弈关系为出发点，从存在个体认知偏差即乘客忠诚度角度考虑，通过比较单渠道出租车服务模式（即只考虑司机通过传统巡游出租车公司提供服务）与双渠道出租车服务模式（即构建双渠道下网约车平台、出租车司机和巡游出租车公司的 Stackelberg 博弈模型）。在网约车平台和巡游出租车公司的定价框架下，分析网约车司机服务模式的最优决策及其影响机制。研究旨在优化网约车市场的供需平衡问题，以期保持网约车平台司乘双边用户量，维护网约车市场的正常运营。结果表明，乘客对使用传统叫车方式忠诚度越低、对价格越敏感，司机越愿意加入网约车平台，选择采用双渠道出租车服务模式。对乘客而言，出行成本也相较传统方式降低，网约车平台能增加乘客使用出租车出行的需求意愿。对司机而言，繁忙时段采用巡游出租、非繁忙时间采用网约车平台抢单，能有效减少搜寻成本，降低空驶率，通过加入网约车平台增加接单量提高收益。此时，将极大地促进网约车平台的进一步发展。当乘客的忠诚度提高、对价格不那么敏感时，乘客对传统打车存在较高使用黏性，司机越不愿意加入网约车平台，选择采用单渠道出租车服务模式，维持高价确保收益。此时，对网约车平台的发展越不利。

基于网约车市场运营策略中的复杂性和过度自信倾向，第8章在考虑网约车司机具有对不利条件过度自信和对有利条件过度自信的情形下，建立网约车市场关于平台、司机和乘客的委托代理模型，通过数理推导对比分析与完全理性情况下的结果差异，来考察两种过度自信水平对网约车平台收益和补贴、司机努力程度和乘客网约车使用意愿的影响，得到以下结论：司机对网约车市场环境不利条件的过度自信会对司机从事网约车服务的积极性产生负面影响，容易使得其产生降低努力投入、减少努力程度的机会主义道德风险问题，而有利条件下的过度自信有利于提高司机努力程度和乘客使用意愿，并且最终实现网约车平台乃至市场整体较高的收益水平。而且，司机一定程度的过度自信水平会对网约车平台的补贴行为产生正面影响，而网约车平台的补贴契约可对司机努力程度和乘客使用意愿形成诱导，由此，在设计网约车合理的补贴契约和成果分享机制时考虑司机过度自信倾向及市场环境相关因素的影响，将使得结论更贴近现实情况。

（3）网约车平台与传统出租车行业的竞争博弈。第9章建立了网约车新政背景下网约车的定价模型，在此基础上分析了网约车新政对我国出租车市场的均衡价格的影响（包括网约车均衡价格的影响分析、网约车平台定价方式的影响分析、政府价格管制的影响分析），并运用博弈理论分别探讨在网约车新政背景下乘客、网约车司机及网约车平台各自的最优行为决策。研究结果表明：补贴力度回落、驾驶成本增加显著影响了网约车司机的从业意愿，进而影响乘客的出行成本，使得乘客对网约车的用户黏性有所下降。这将促使中国网约车行业回归商业本质，探索合适的盈利策略，重回用服务和品质赢得市场的时代。

基于博弈理论,第10章进一步阐述我国网约车市场上存在的多家网约车平台之间以及其与传统出租车公司之间的博弈关系,分别分析了网约车平台采取不合作策略以及合作策略情况下三方 Cournot-Nash 博弈竞争的均衡解。在此基础上探讨两家网约车平台的合作动机,如果预约出租车和巡游出租车的替代程度过高,则网约车平台没有动机合作,反之,如果预约出租车采取差异化战略,两家网约车平台的替代性较小,则网约车平台有动机合作。还重点分析了网约车平台合作行为对我国预约出租车价格的影响,证明了网约车平台的合作策略使得预约出租车的价格上涨。基于上述分析可知,网约车合法化后,网约车平台放弃了高额补贴、不计前期投资成本的资本运作模式,"烧钱大战"已成历史,价格上涨成为必然趋势。

第11章分别从政府监管主导和消费者协同政府监管的角度出发构建了规制电商平台大数据"杀熟"行为的演化博弈模型,探究政府惩罚力度、消费者公平关切水平、利他性惩罚成本、声誉效应等关键因素对政府和消费者的监督行为以及平台定价行为的影响。研究结论表明,在规范网约车平台"公平定价"的过程中,不能忽视市场的自组织调节作用,要充分发挥政府管控和市场调节的协同监管作用,为网约车的发展营造公平的竞争环境。

13.2 主要创新工作

本书在主体有限理性的假设下,从决策者认知与心理特征这样一个独特的视角来分析我国网约车市场发展背后的驱动因素。首先,从微观层面分析复杂问题情景下平台、司机和乘客的利益诉求和决策行为特征,探究利益相关者之间错综复杂的博弈关系;然后,基于有限理性的视角构建更符合客观实际和更有针对性的博弈模型,从而有效协调我国网约车众多利益相关者的冲突关系;最后,在宏观层面研究整个出租车行业的竞争与合作博弈,构建符合我国国情和经济体制的网约车发展路径和监管机制。针对网约车监管领域利益相关者的演化博弈关系及行为决策理论研究成果较为薄弱的现状,基于有限理性的视角加强网约车利益相关者之间演化博弈行为的研究，本身就是理论研究的创新。同时，本书以问题为导向，将理论研究与实际应用需要相结合，探讨符合我国国情和经济体制的网约车行业发展路径和监管机制，选题来自管理实践又高于实际，具有较好的研究价值，具体而言：

（1）近年关于网约车的研究多集中于探讨网约车合法化及其安全监管的法律问题，并且这些研究大多停留在定性描述和推理阶段，主要是从理论探讨和案例分析角度出发，关于网约车市场各利益相关者的博弈关系及博弈行为的研究尚未引起足够的关注，且定量分析的研究结论绝大部分是建立在基于绝对理性假设下的传统期望效用理论的评价体系之上的。本书旨在从有限理性视角出发，采用定性与定量相结合的方法解决网约车市场实际存在的问题，在选题立意方面具有较显著的特色和新颖性。

（2）基于前人的文献基础，本书将博弈理论与社会热点问题相结合，主要分为三部分：①网约车市场运营管理研究，围绕网约车市场利益相关者（网约车平台、司机、乘客以及政府）之间错综复杂的博弈关系展开研究，建立多元主体之间的演化博弈模型；②考虑有限理性行为的博弈研究，在第一部分的研究内容基础之上，第二部分将乘客忠诚度和司机过度自信倾向的有限理性行为特征引入三方自主博弈模型中，将博弈理论应用到实际问题中去；③网约车平台与传统出租车行业的竞争博弈，第三部分不再局限于网约车市场的微观个体研究，而是延伸到整个出租车行业，探究网约车平台与传统出租车公司的竞争博弈，为我国网约车平台的运营管理策略提供可资借鉴的决策方法和建议。因而，在研究内容方面具有一定的创新性和探索意义。

（3）本书综合运用演化博弈、Stackelberg博弈、委托代理理论以及Cournot博弈等理论分析方法探究了网约车市场利益相关者之间错综复杂的博弈关系，丰富了博弈理论在网约车行业的应用，这为之后定量研究网约车问题以及其他实际问题上提供了一定的思考维度。

13.3 展　　望

我国网约车市场涉及网约车平台公司、出租车公司、网约车司机、巡游出租车司机、乘客以及交通管理部门等众多主体，这一主体群存在多元化的利益诉求和多样化的作用关系。在市场经济体制下，网约车市场管理问题的复杂整体性特征凸显，各利益相关者的价值观念、利益诉求和行为特征各不相同，并且具有主观能动性和环境适应性的决策主体往往具有很强的学习能力，容易出现"上有政策，下有对策"的自主博弈行为，也不可避免地会受到过度自信、损失规避等心理和行为因素的影响，致使决策结果出现偏差或失误，最终造成网约车市场管理的失衡。针对本书的主体研究内容而言，还有如下方面有待进一步开展更深入的研究：

（1）设计关于网约车用户出行特征的调查问卷，对乘客出行方式选择行为和网约车用户出行特征进行实证研究，主要包括：①对网约车、巡游出租车和公交车等出行方式在用户体验方面的差异进行比较分析，系统分析网约车用户的群体特征和消费习惯；②利用多元线性回归分析法对多模态时间序列的出行数据集进行分析，分析乘客出行方式选择的行为表现过程、心理过程和单一决策过程，探索每一个阶段存在的影响因素；③调查城市居民对滴滴出行和易到用车等网约车平台的态度感知，分析网约车服务对城市居民出行行为和出行习惯的影响。通过对大规模网约车用户进行问卷和调研访谈，结合统计分析方法，确定和构建影响乘客出行方式的关键因素以及指标体系，如出行方式选择行为的环境因素、乘客类型特征等，再结合实证分析，建立乘客出行方式选择行为概念模型，探究网约车用户出行方式选择的行为机理，为准确预测网约车市场出行需求量和提高网约车供给效率提供基础性支持。

（2）司机的载客行为和乘客的日常出行并非一次性活动，更多时候面临的是一个包含信息反馈机制的序贯决策情境，决策者主要基于历史经验、信息和习惯等因素进行决策，表现出一种适应性的学习行为。另外，司机和乘客间的合作除了受到市场机制和正式契约规范以外，还受到共享经济所特有的隐形契约的影响。所谓网约车隐形契约是指被网约车利益相关者广泛接受并共同遵守的行为方式，包括信用、声誉、被广泛接受的行为标准以及在重复关系中形成的共识等，大量研究证明这些隐形契约能有效抑制合作主体的机会主义行为。因此，基于此，可以将司机和乘客间的一次性委托代理模型扩展到重复博弈，并看作是无限次重复的"囚徒困境"，同时将网约车行业的隐形契约看作是无限次重复"囚徒困境"中的"冷酷"策略（"触发战略"）或者"针锋相对"策略，在此基础上引入决策主体的"记忆"和"学习"机制，通过对司机和乘客无限次重复博弈模型的"冷酷"策略和"针锋相对"策略进行比较分析，探讨隐形契约的激励效应，寻求以隐形契约与正式规范相结合的作用机制，对司机和乘客在合作中的双重违约行为加以统一规范，以期能够在满足个体理性的前提下，包容参与方由于某次意外产生的违约行为，也能够推进隐形契约被网约车利益相关者广泛长期接受，从而最终防止机会主义违约行为，维护双方良好稳定的合作。

（3）当合作成员具有较强的机会主义行为倾向时，为使合作伙伴实现共同利益，除了考虑隐形契约的激励效应以外，还可以引入违约的利他性惩罚机制来对合作主体的行为进行规范。所谓违约利他性惩罚是指个体自愿花费一定成本去惩罚那些违反或破坏集体规范的违约者，即使承担的成本得不到预期补偿，但惩罚的结果客观上具有一定的利他性。基于此，可以考虑规避司机和乘客违约行为的两种合作规范机制，即规范的内化机制和专用性投资机制。"规范的内化"是指当某个成员出于机会主义行为违背已经建立和存在的某种规范时，虽然可能收获直接的、短期的利益，但在内部非物质性的心理约束力的作用下，违约行为的长期利益为负。而"专用性投资"是指为支撑特定交易而进行的耐久性投资，即具有相似利益的主体为了进一步强化彼此之间的合作关系，通过一系列有形的、无形的资产投资缔结同盟，既可以依靠合同等正规形式，也可以仅靠相互信任和承诺等非正规形式达成一致。然后将司机和乘客之间的重复博弈视为一个复杂自适应系统，从复杂适应系统理论的自组织演化视角，构建考虑利他性惩罚的司机和乘客重复博弈的理论数学模型，利用演化博弈理论和多 Agent 数值仿真实验方法，将利他性惩罚行为作为因变量，比较分析两种合作规范机制如何作用于惩罚执行成本和惩罚行为的伤害能力，并深入探究他们如何进一步作用于违约利他性惩罚行为的演化。

（4）在考虑主体有限理性博弈行为的基础上构建符合我国国情和经济体制的网约车发展路径与监管机制。一方面，收集2016年7月至今中央和地方出台的网约车监管新政，以及相关专家的政策解读和新闻报道的公众舆情，运用文本挖掘方法形成文本数据资料，并运用政策文本分析法，分析我国网约车"公序"监管机制的总体内容，构建我国网约车运行模式和"公序"监管体系；另一方面，针对网约车利益相关者的自主博弈行为，设置一定的激励约束机制，构建我国网约车的"私序"监管机制，考虑主体的公平关切和习惯偏好等行为特征，加强国内网约车市场的监管，在坚持"以市场为导向"原则的基础上，保障国内网约车市场与巡游出租车市场、租赁市场的公平竞争，也让消费者拥有更多的知情权与选择权，保障广大消费者的权益，促进国内网约车市场的稳定发展。

参考文献

◎ 艾媒咨询，2018. 滴滴出行夜间停服热点监测报告 [R/OL].（2018-09-18）[2023-05-06].https://www.iimedia.cn/c400/62501.html.

◎ 艾瑞咨询，2017. 中国共享经济行业及用户研究报告：2017年 [R/OL].（2017-08-15）[2023-05-06].https://report.iresearch.cn/report_pdf.aspx?id=3036.

◎ 曹磊，2020. 我国网约车地方立法中的规制措施及完善路径 [J]. 南通大学学报（社会科学版），36（6）：72-80.

◎ 曹祎，罗霞，2016. 考虑手机召车软件的城市出租车网络均衡研究 [J]. 交通运输系统工程与信息，16（2）：70-76.

◎ 常缨征，2014. 对移动打车软件价格战的经济学思考 [J]. 价格理论与实践（4）：116-118.

◎ 陈克贵，宋学锋，王新宇，等，2015. 非对称过度自信水平下的激励机制研究 [J]. 系统工程理论与实践，35（7）：1887-1895.

◎ 陈其安，杨秀苔，2007. 基于代理人过度自信的委托代理关系模型研究 [J]. 管理工程学报，21（1）：110-116.

◎ 陈越峰，2017. "互联网 +" 的规制结构：以 "网约车" 规制为例 [J]. 法学家（1）：17-31，175-176.

◎ 陈占存，2018. 价格和成本波动对 CoPS 合约方不合作行为影响的演化分析 [J]. 中国管理科学，26（5）：157-168.

◎ 陈昭，2021. 路径依赖、众创试验与双向建构：新兴产业监管模式的演化机制与逻辑：基于网约车监管的实证分析 [J]. 中国科技论坛（6）：161-170.

◎ 崔航，李书峰，王维才，2017. 网约车需求对城镇居民出行的影响研究：以北京市为例 [J]. 城市发展研究，24（5）：1-4.

◎ 崔亚梅，陈淑凌，杨晶照，2016.基于绩效的知识共享推进机制：演化博弈的视角 [C]// 管理科学与工程学会.管理科学与工程学会2016年年会论文集.镇江：江苏大学出版社：426-436.

◎ 代业明，高岩，朱红波，等，2017.考虑消费者激励因素的智能电网多零售商多用户实时定价策略 [J].工业工程，20（1）：12-19.

◎ 戴圆圆，梅强，2013.我国高新技术企业技术创新模式选择研究：基于演化博弈的视角 [J].科研管理，34（1）：2-10.

◎ 邓爱民，陶宝，马莹莹，2014.网络购物顾客忠诚度影响因素的实证研究 [J].中国管理科学，22（6）：94-102.

◎ 董成惠，2017.网约车类共享经济的价值分析 [J].兰州学刊（4）：148-155.

◎ 董瑞，陈琳，王先甲，2016.基于补偿 - 惩罚措施的双边平台的促合作控制研究 [C]// 管理科学与工程学会.管理科学与工程学会2016年年会论文集.镇江：江苏大学出版社：562-577.

◎ 度巍，干宏程，刘炳全，2016.存在打车软件服务的出租车运营市场仿真模型 [J].交通运输系统工程与信息，16（5）：90-96.

◎ 弗里曼，2006.战略管理：利益相关者方法 [M].王彦华，梁豪，译.上海：上海译文出版社.

◎ 付淑换，石肖然，2020.媒体作用下网约车平台与政府协同治理的演化博弈研究 [J].运筹与管理，29（11）：29-36.

◎ 高鸿业，2011.西方经济学（宏观部分）[M].5版.北京：中国人民大学出版社.

◎ 耿磊，2015.打车 APP 平台定价策略分析：基于双边与多边市场视角 [D].广州：暨南大学.

◎ 龚本刚，汤家骏，程晋石，等，2019.产能约束下考虑消费者偏好的双渠道供应链决策与协调 [J].中国管理科学，27（4）：79-90.

◎ 郭本海，方志耕，刘卿，2012.基于演化博弈的区域高耗能产业退出机制研究 [J].中国管理科学，20（4）：79-85.

◎ 郭军华，李帮义，倪明，2013.双寡头再制造进入决策的演化博弈分析 [J].系统工程理论与实践，33（2）：370-377.

◎ 侯登华，2015. 网约车规制路径比较研究：兼评交通运输部《网络预约出租汽车经营服务管理暂行办法（征求意见稿）》[J]. 北京科技大学学报（社会科学版），31（6）：96-103.

◎ 华忆昕，许恒，马清，2020. 网约车平台公司并购的福利效应研究 [J]. 财贸研究，31（9）：88-98.

◎ 黄凯南，2009. 演化博弈与演化经济学 [J]. 经济研究（2）：132-145.

◎ 黄庆余，2020. 网约车的监管模式：基于公共运营商的视角 [J]. 兰州学刊（5）：47-59.

◎ 蹇洁，袁恒，陈华，2014. 第三方网络交易平台与网店经营主体进化博弈与交易监管 [J]. 商业研究（8）：142-149.

◎ 姜凤珍，胡斌，2019. 劳资冲突行为演化的随机突变分析及稳定性 [J]. 系统管理学报，28（5）：991-997.

◎ 姜鹏，2015. 网约车管理：实行价格管控注意信息安全 [N/OL]. 中国交通报，10-23[2022-06-29].http：//www.zgjtb.com/zhuanti/2015-10/23/content_55226.html.

◎ 交通运输部，等，2020. 关于修改《网络预约出租汽车经营服务管理暂行办法》的决定 [A/OL].（2020-01-15）[2023-05-06].http://www.gov.cn/zhengce/zhengceku/2020-01/15/content_5469168.htm.

◎ 交通运输部，等，2016. 网络预约出租汽车经营服务管理暂行办法 [A/OL].（2016-07-28）[2023-05-06].http://www.gov.cn/xinwen/2016-07/28/content_5095584.htm.

◎ 交通运输部，等，2022. 关于修改《网络预约出租汽车经营服务管理暂行办法》的决定 [A/OL].（2022-12-05）[2023-05-06].https://www.gov.cn/zhengce/zhengceku/2022-12/05/content_5730599.htm.

◎ 雷丽彩，高尚，2020a. 基于司机过度自信的网约车平台最优补贴契约设计与选择 [J]. 预测，39（3）：74-81.

◎ 雷丽彩，高尚，曾恩钰，2018. 考虑有限理性行为的大型工程复杂大群体动态决策仿真 [J]. 系统工程，36（8）：123-131.

◎ 雷丽彩，高尚，陈瑞祥，2021. 大数据"杀熟"如何破？基于政府 - 消费者协同监管的演化博弈分析 [J]. 系统管理学报，30（4）：664-675.

◎ 雷丽彩，高尚，蒋艳，2020b. 网约车新政下网约车平台与网约车司机的演化博弈分析 [J]. 管理工程学报，34（1）：55-62.

◎ 雷丽彩，周晶，2010. 风险规避下的航空货运期权定价 Stackelberg 博弈模型 [J]. 系统工程理论与实践，30（2）：264-271.

◎ 雷切尔·博茨曼，路·罗杰斯，2015. 共享经济时代：互联网思维下的协同消费商业模式 [M]. 唐朝文，译. 上海：上海交通大学出版社.

◎ 李波，王汝锋，陈蔚淳，2019. 电子商务下风险规避制造商对供应链决策策略的影响研究 [J]. 管理工程学报，33（2）：173-179.

◎ 李博，2016. 若低价不再，网约车靠什么赢得客户？[N]. 中国经济导报，8-17（A03）.

◎ 李成功，2015. 手机打车软件用户满意度实证研究 [D]. 成都：西南交通大学.

◎ 李广海，2007. 基于有限理性的投资决策行为研究 [D]. 天津：天津大学.

◎ 李世杰，李倩，2019. 产业链整合视角下电商平台企业的成长机理：来自市场渠道变革的新证据 [J]. 中国流通经济，33（9）：83-92.

◎ 李侠，2019. 基于大数据的算法杀熟现象的政策应对措施 [J]. 中国科技论坛（1）：3-5.

◎ 厉春雷，孙博文，2012. 网络时代实体书店的困局解析与出路探讨 [J]. 编辑之友（2）：66-68.

◎ 梁益琳，张玉明，2012. 创新型中小企业与商业银行的演化博弈及信贷稳定策略研究 [J]. 经济评论（1）：16-24.

◎ 林树，俞乔，2010. 有限理性、动物情绪及市场崩溃：对情绪波动与交易行为的实验研究 [J]. 经济研究（8）：115-127.

◎ 刘德海，王维国，孙康，2012. 基于演化博弈的重大突发公共卫生事件情景预测模型与防控措施 [J]. 系统工程理论与实践，32（5）：937-946.

◎ 刘慧萍，张帆，2015. 网络约租车的保险困境与法律应对 [J]. 保险研究（12）：107-113.

◎ 刘凯强，范和生，2016. "互联网+"范式下出租车行业利益博弈及发展路向：基于合肥市"滴滴打车"影响下的出租车市场调研 [J]. 太原理工大学学报（社会科学版），34（2）：55-60.

◎ 刘连泰，2017. 网约车合法化构成对出租车牌照的管制性征收 [J]. 法商研究，34（6）：70-78.

◎ 刘新民，温新刚，吴士健，2010. 基于过度自信的双边道德风险规避问题 [J]. 上海交通大学学报，44（3）：373-377.

◎ 刘旭旺，汪定伟，2015. 分组评标专家行为的演化博弈分析 [J]. 管理科学学报，18（1）：50-61.

◎ 刘玉明，张卫莉，惠调艳，2012. 网络口碑对消费者价格敏感度的影响研究 [J]. 价格理论与实践（6）：77-78.

◎ 刘长玉，于涛，马英红，2019. 基于产品质量监管视角的政府、企业与消费者博弈策略研究 [J]. 中国管理科学，27（4）：127-135.

◎ 卢珂，周晶，和欣，2018a. 考虑用户对服务质量偏好的网约车平台定价策略研究 [J]. 软科学，32（6）：119-124.

◎ 卢珂，周晶，林小围，2018b. 基于三方演化博弈的网约车出行市场规制策略 [J]. 北京理工大学学报（社会科学版），20（5）：97-104.

◎ 栾琨，傅忠宁，隽志才，2016. 有限理性下个体出发时间选择行为研究 [J]. 交通运输系统工程与信息，16（1）：135-141.

◎ 罗清和，张畅，潘道远，2016. 我国"约租车"规制研究：兼及国外经验 [J]. 北京交通大学学报（社会科学版），15（3）：31-37.

◎ 罗琰，刘晓星，2016. 基于双边过度自信及风险厌恶的委托代理问题研究 [J]. 数学的实践与认识，46（5）：45-51.

◎ 马国顺，俞文茜，2017. 完全信息静态 cournot 博弈模型的改进 [J]. 统计与决策（8）：27-29.

◎ 马粤娴，严鸣，黄国华，2016. 团队群体性组织偏差行为的产生机制 [J]. 管理科学，29（3）：59-70.

◎ 纳西姆·尼古拉斯·塔勒布，2019. 非对称风险：风险共担，应对现实世界中的不确定性 [M]. 周洛华，译. 北京：中信出版社.

◎ 潘峰，西宝，王琳，2014. 地方政府间环境规制策略的演化博弈分析 [J]. 中国人口·资源与环境, 24 (6): 97-102.

◎ 彭向, 胡天宇, 孙俊芳, 等, 2021. 基于社会福利最大化的网约车平台定价模型研究 [J]. 系统工程论与实践, 41 (7): 1806-1818.

◎ 钱炳, 2015. 基于双边市场的网络型企业治理研究 [M]. 北京: 经济管理出版社.

◎ 乔晗, 宋楠, 高红伟, 2014. 关于欧盟航空碳税应对策略的 Stackelberg 博弈模型分析 [J]. 系统工程理论与实践, 34 (1): 158-167.

◎ 饶育蕾, 蒋波, 2010. 行为公司金融: 公司财务决策的理性与非理性 [M]. 北京: 高等教育出版社.

◎ 饶育蕾, 王建新, 丁燕, 2012. 基于投资者有限注意的"应计异象"研究: 来自中国 A 股市场的经验证据 [J]. 会计研究 (5): 59-66, 94.

◎ 任佳艺, 沈开举, 2020. 论我国网约车规制中的动态合作体系建构 [J]. 河南社会科学, 28 (4): 82-89.

◎ 申悦, 柴彦威, 王冬根, 2011. ICT 对居民时空行为影响研究进展 [J]. 地理科学进展, 30 (6): 643-651.

◎ 沈开举, 陈晓济, 2017. 分享经济视角下网约车政府规制问题研究 [J]. 湖北社会科学 (5): 135-143.

◎ 石晓阳, 夏恩君, 2020. 网约车对公共交通的影响: 合法性的调节作用 [J]. 技术经济, 39 (2): 79-86, 106.

◎ 宋心然, 张效羽, 2017. 网约车地方规制细则成本收益分析: 以北京市网约车规制细则为例 [J]. 国家行政学院学报 (5): 123-130, 148.

◎ 孙涛, 2019. 东北地区科技成果转化路径的优化研究 [J]. 中国软科学 (1): 175-183.

◎ 孙中苗, 徐琪, 2021. 随机需求下考虑不同竞争情形的网约车平台动态定价 [J]. 中国管理科学, 29 (1): 138-148.

◎ 谈婧, 2018. 共享经济的十字路口: 向左走还是向右走? [J]. 清华金融评论, 55 (6): 16-18.

◎ 唐维红, 唐胜宏, 刘志华, 2022. 移动互联网蓝皮书: 中国移动互联网发展报告: 2022[R/OL]. (2022-06-01) [2023-05-06].https://www.pishu.com.cn/skwx_ps/book

detail?SiteID=14&ID=13816377.

◎ 晚春东，秦志兵，吴绩新，2018. 供应链视角下食品安全风险控制研究 [J]. 中国软科学（10）: 184-192.

◎ 万轶凌，余跃武，2015. 可持续出行行为的心理学研究综述 [J]. 重庆交通大学学报（自然科学版），34（4）: 117-121.

◎ 王冲，唐曼萍，王莉莉，2013. 基于 Stackelberg 博弈的生鲜农产品供应链决策研究 [J]. 软科学，27（4）: 99-101，105.

◎ 王静，2016. 中国网约车的监管困境及解决 [J]. 行政法学研究（2）: 49-59.

◎ 王垒，刘新民，丁黎黎，2015. 委托代理理论在国有企业的拓展：从单边道德风险到三边道德风险 [J]. 商业研究（12）: 18-23.

◎ 王垒，刘新民，丁黎黎，2019. 异质委托情境下国企过度自信高管激励合同设计 [J]. 系统管理学报，28（1）: 134-140，154.

◎ 王鹏，陈迅，郑效晨，2015. 基于消费者监督的弱税市场税收监管 [J]. 系统工程理论与实践，35（4）: 847-856.

◎ 王仁和，李兆辰，韩天明，等，2020. 平台经济的敏捷监管模式：以网约车行业为例 [J]. 中国科技论坛（10）: 84-92.

◎ 王先甲，全吉，刘伟兵，2011. 有限理性下的演化博弈与合作机制研究 [J]. 系统工程理论与实践，31（增刊1）: 82-93.

◎ 王耀东，2021. 工程风险的公众群体认知偏差生成与纠正研究 [J]. 自然辩证法研究，37（12）: 39-44.

◎ 王勇，朱龙涛，2012. 考虑公平偏好的两级供应链 Stackelberg 博弈模型 [J]. 工业工程，15（4）: 28-34.

◎ 温新刚，刘新民，丁黎黎，等，2012. 动态多任务双边道德风险契约研究 [J]. 运筹与管理，21（3）: 212-219.

◎ 吴士健，孙向彦，刘新民，2017. 过度自信、补偿性契约与生鲜电商三边道德风险规制研究 [J]. 商业经济与管理（7）: 29-36，62.

◎ 吴孝灵，刘小峰，周晶，等，2016. 基于私人过度自信的 PPP 项目最优补偿契约设计与选择 [J]. 中国管理科学，24（11）: 29-39.

◎ 吴艳，2017. "互联网+"的政府规制逻辑：兼评"网约车"新政 [J]. 东南大学学报（哲学社会科学版），19（增刊1）：27-30.

◎ 鲜于建川，隽志才，2012. 家庭成员活动-出行选择行为的相互影响 [J]. 系统管理学报，21（2）：252-257.

◎ 肖海燕，庹巍，2015. 出行者出行方式选择行为的重复博弈分析 [J]. 交通运输系统工程与信息，15（2）：24-28，35.

◎ 肖条军，盛昭瀚，程书萍，2004. 组建横向型企业集团抉择的博弈分析 [J]. 管理科学学报（5）：18-23.

◎ 谢志刚，2015. "共享经济"的知识经济学分析：基于哈耶克知识与秩序理论的一个创新合作框架 [J]. 经济学动态（12）：78-87.

◎ 徐岩，胡斌，钱任，2011. 基于随机演化博弈的战略联盟稳定性分析和仿真 [J]. 系统工程理论与实践，31（5）：920-926.

◎ 许民利，王俏，欧阳林寒，2012. 食品供应链中质量投入的演化博弈分析 [J]. 中国管理科学，20（5）：131-141.

◎ 杨偲琪，林岩，黄苑洹，2021. 基于用户感知的网约车服务信息选择行为研究 [J]. 情报科学，39（3）：128-135.

◎ 杨成越，罗先觉，2018. 算法歧视的综合治理初探 [J]. 科学与社会，8（4）：1-12，64.

◎ 杨浩雄，魏彬，2016. 网络约车与出租车的竞争博弈研究：以平台补贴为背景 [J]. 北京社会科学（5）：68-76.

◎ 杨浩雄，张丁，孙丽君，2020. 网约车对交通拥堵的影响：基于复杂系统视角 [J]. 系统工程，38（3）：92-99.

◎ 杨慧，宋华明，周晶，2014. 收益管理环境下乘客有限理性购票行为研究 [J]. 管理科学学报，17（6）：20-27.

◎ 杨建春，吴颖，佘升翔，2020. 网约车用户心理契约的动态演化研究 [J]. 软科学，34（9）：97-102.

◎ 杨星星，陈幽燕，王勤原，等，2016. 新规视野下政府对网约车的监管研究：以北京市为例 [J]. 法制与社会（22）：198-199.

◎ 银川市交通运输局，等，2020. 银川市交通运输局　工业和信息化局　公安局　商务局　市场监管局　网信办关于印发《银川市网络预约出租汽车经营服务管理实施细则》的通知 [A/OL].（2022-04-30）[2023-05-06].https://www.yinchuan.gov.cn/xxgk/bmxxgkml/sjtj/xxgkml_2231/bmqtwj_2239/202004/t20200430_2054816.html.

◎ 尹贻林，杨旋，2016. 新兴移动打车软件对我国出租车市场均衡的影响 [J]. 大连理工大学学报（社会科学版），37（2）：65-70.

◎ 于跃，李雷鸣，2019. 从出租车到网约车的乘客出行方式选择行为演化博弈分析 [J]. 软科学，33（8）：126-132.

◎ 于跃，李雷鸣，2021. 私家车合乘共享背景下居民通勤模式选择行为演化博弈 [J]. 北京理工大学学报（社会科学版），23（2）：112-122.

◎ 袁亮，吴佩勋，2018. 城市居民对网约车与出租车的选择意愿及影响因素研究：基于江苏省调查数据的 Logistic 分析 [J]. 软科学，32（4）：120-123.

◎ 袁韵，徐戈，陈晓红，等，2020. 城市交通拥堵与空气污染的交互影响机制研究：基于滴滴出行的大数据分析 [J]. 管理科学学报，23（2）：54-73.

◎ 张波，隽志才，倪安宁，2013. 前景理论在出行行为研究中的适用性 [J]. 北京理工大学学报（社会科学版），15（1）：54-62.

◎ 张辰，田琼，2016. 考虑旅客忠诚度的航空机票在线分销模型 [C]// 中国管理科学与工程学会. 管理科学与工程学会2016年年会论文集. 镇江：江苏大学出版社：514-524.

◎ 张米宁，2019. 网约车的发展与监管：英国伦敦 Uber 的案例研究 [J]. 电子政务（6）：41-50.

◎ 张学军，2016.“专车”服务的法律属性及有限许可研究 [J]. 苏州大学学报（哲学社会科学版），37（2）：80-90.

◎ 张杨，贾建民，黄庆，2007. 城市交通中车辆择路行为实证研究 [J]. 管理科学学报，22（5）：78-85.

◎ 赵传林，黄海军，2014. 基于满意准则的有限理性用户均衡流量分配性质研究 [J]. 系统工程理论与实践，34（12）：3073-3078.

◎ 赵道致，杨洁，2019. 考虑公平目标的网约车服务价格管制策略 [J]. 控制与决策，

34（5）：1060-1068.

◎ 赵道致，杨洁，李志保，2020.考虑等待时间的网约车与出租车均衡定价研究 [J].
系统工程理论与实践，40（5）：1229-1241.

◎ 赵延昇，高佳，2015.移动社交支付 APP 用户持续使用意愿研究：主观参照的
调节作用 [J].大连理工大学学报（社会科学版），36（4）：47-52.

◎ 甄艺凯，2017.网约车管制新政研究 [J].中国工业经济（8）：81-99.

◎ 郑华良，赖诗攀，2020.交易费用与出租汽车政府规制模式选择：基于 Q 市个
案的分析 [J].甘肃行政学院学报（1）：114-124，128.

◎ 郑君君，韩笑，邹祖绪，等，2012.IPO 市场中风险投资家策略的演化博弈分析
[J].管理科学学报，15（2）：72-82.

◎ 周春林，邹丽芳，2010.电子商务交易双方的博弈模型分析 [J].经济问题探索
（1）：187-190.

◎ 周乐欣，徐海平，李烨，2020.因特网约车平台双边报价交易机制创新及策略
研究 [J].中国管理科学，28（3）：201-212.

◎ 周丽霞，2015.规范国内打车软件市场的思考：基于美国对 Uber 商业模式监管
实践经验借鉴 [J].价格理论与实践（7）：21-24.

◎ 周溪召，许琰，智路平，2018.打车软件混合随机均衡模型时间可靠性研究 [J].
计算机应用研究，35（8）：2332-2337.

◎ 邹开亮，刘佳明，2018.大数据"杀熟"的法律规制困境与出路：仅从《消费
者权益保护法》的角度考量 [J].价格理论与实践（8）：47-50.

◎ 邹伶媛，2016.网约车合法化及其安全监管问题研究 [J].法制博览（23）：127，
129.

◎ 左文明，黄枫璇，毕凌燕，2020.分享经济背景下价值共创行为的影响因素：
以网约车为例 [J].南开管理评论，23（5）：183-193.

◎ 左晓露，郑锐，施文，2017.基于需求扩张效应的电动汽车充电设施投资策略
研究 [J].科技管理研究（2）：207-214.

◎ 左志，潘晓锋，2014.基于有限理性的交通方式划分模型 [J].大连理工大学学报，
54（5）：531-536.

◎ AQUILINA M, 2011. Quantity de-restriction in the taxi market: results from English case studies[J]. Journal of transport economics and policy, 45(2): 179-195.

◎ ARMSTRONG M, 2006. Competition in two-sided markets[J]. The rand journal of economics, 37(3):668-691.

◎ AUSTIN D, ZEGRAS P C, 2012. Taxicabs as public transportation in Boston, Massachusetts[J]. Transportation research record: journal of the transportation research board, 2272(1): 65-74.

◎ BARANN B, BEVERUNGEN D, MÜLLER O, 2017. An open-data approach for quantifying the potential of taxi ridesharing[J]. Decision support systems, 99: 86-95.

◎ BÁRCENA-RUIZ J C, ESPINOSA M P, 1999. Should multiproduct firms provide divisional or corporate incentives?[J]. International journal of industrial organization, 17: 751-764.

◎ BENDOLY E, CROSON R, GONCALVES P, et al., 2010. Bodies of knowledge for research in behavioral operations[J]. Production and operations management, 19(4): 434-452.

◎ BENGTSSON N, 2015. Efficient informal trade: theory and experimental evidence from the Cape Town taxi market [J]. Journal of development economics, 115: 85-98.

◎ BIMPIKIS K, EHSANI S, İLKILIÇ R,2019. Cournot competition in networked markets[J]. Management science, 67(6): 2467-2481.

◎ BLACKWELL S A, SZEINABCH S L, BARNSES J H, et al., 1999. The antecedents of customer loyalty an empirical investigation of the role of personal and situational aspects on repurchase decisions[J]. Journal of service research,1(4): 362-375.

◎ BUSENITZ L W, BARNEY J B, 1997. Differences between entrepreneurs and managers in large organizations: biases and heuristics in strategic decision-making[J]. Journal of business venturing, 12: 9-30.

◎ ÇETIN T, ERYIGIT K Y, 2013. The economic effects of government regulation: evidence from the New York taxicab market[J]. Transport policy, 25: 169-177.

◎ CHEN Z, 2015. Impact of ride-sourcing service on travel habits and transportation planning[D]. Pittsburgh: University of Pittsburgh.

◎ CHIHIRO W, KASHIF N, PEKKA N, 2016. Co-evolution of three mega-trends nurtures un-captured GDP: Uber's ride-sharing revolution[J]. Technology in society, 46: 164-185.

◎ CHOWDHURY S, CEDER A, 2016. Users' willingness to ride an integrated public-transport service: a literature review[J]. Transport policy,48: 183-195.

◎ COHEN B, KIETZMANN J, 2014. Ride On! Mobility business models for the sharing economy[J]. Organization & environment, 27(3): 279-296.

◎ CONTRERAS S D, PAZ A, 2018. The effects of ride-hailing companies on the taxicab industry in Las Vegas, Nevada[J]. Transportation research part A: policy and practice, 115: 63-70.

◎ DAVIS J, 2015. Drive at your own risk: Uber's misrepresentations to Uber X drivers about insurance coverage violate California's unfair competition law[J]. Boston college law review, 56: 1097-1142.

◎ DAWES M, 2016. Perspectives on the ridesourcingrevolution:surveying individual attitudes toward Uber and Lyft to inform urban transportation policymaking[D]. Cambridge: Massachusetts Institute of Technology.

◎ DE SOUZA SILVAL A, DE ANDRADE M O, MAIA M L A, 2018. How does the ride-hailing systems demand affect individual transport regulation?[J]. Research in transportation economics, 69: 600-606.

◎ DIXIT V V, HARB R C, MARTÍNEZ-CORREA J M, et al., 2015. Measuring risk aversion to guide transportation policy: contexts, incentives, and respondents[J]. Transportation research part A: policy and practice, 80: 15-34.

◎ EMERALD, 2015. A focus on consumer behaviors and experiences in an online shopping environment[M]. [S.l.]: Emerald Group Publishing Limited.

◎ FISCHHOFF B, SLOVIC P, LICHTENSTEIN S, 1977. Knowing with certainty: the appropriateness of extreme confidence[J]. Journal of experimental psychology: human perception & performance, 3(4): 552-564.

◎ FLORES O, RAYLE L, 2017. How cities use regulation for innovation: the case of Uber, Lyft and Sidecar in San Francisco[J]. Transportation research procedia, 25: 3751-3768.

◎ FRIEDMAN D, 1991a. Evolutionary games in economics[J]. Econometrica, 59(3): 637-666.

◎ FRIEDMAN D, 1991b. A simple testable model of double auction markets[J]. Journal of economic behavior & organization, 15(1): 47-70.

◎ GALASSO A, SIMCOE T S, 2011. CEO overconfidence and innovation[J]. Management science, 57(8): 1469-1484.

◎ GANAPATI S, REDDICK C G, 2018. Prospects and challenges of sharing economy for the public sector[J]. Government information quarterly, 35: 77-87.

◎ GARCIA-SIERRA M, VAN DE JEROEN C J M, MIRALLES-GUASCH C, 2015. Behavioural economics, travel behaviour and environmental-transport policy[J]. Transportation research part D: transport and environment, 41: 288-305.

◎ HARDIN A M, LOONEY C A, 2012. Myopic loss aversion: demystifying the key factors influencing decision problem framing[J]. Organizational behavior and human decision processes, 117: 311-331.

◎ HERBERT A, 2016. Portlandia, ridesharing, and sex discrimination[J]. Michigan law review onlion, 115: 18-25.

◎ HERNÁNDEZ R, CÉSAR C, MUNOZ M, 2018. Game theory applied to transportation systems in smart cities: analysis of evolutionary stable strategies in a generic car pooling system [J]. International journal on interactive design and manufacturing, 12: 179-185.

◎ HOLMSTROM B, MILGROM P, 1987. Aggregation and linearity in the provision of intertemporalincentives[J]. Econometrica, 55(2): 303-328.

◎ JI P, MA X, LI G, 2015. Developing green purchasing relationships for the manufacturing industry: an evolutionary game theory perspective[J]. International journal of production economics, 166(S1): 155-162.

◎ JIN S T, KONG H, WU R, et al., 2018. Ridesourcing, the sharing economy, and the future of cities[J]. Cities, 76: 96-104.

◎ JONES M A, MOTHERSBAUGH D L, BEATTY S E, 2000. Switching barriers and repurchase intentions in services[J]. Journal of retailing, 76(2): 259-274.

◎ KING D A, PETERS J R, DAUS M W, 2016. Taxicabs for improved urban mobility: are we missing an opportunity? [C]//Transportation Research Board 95th Annual Meeting, January 10-14, 2016, Washington, D. C.[S.l.:s.n.].

◎ KRETSCHMER T, PURANAM P, 2008. Integration through incentives within differentiated organizations[J]. Organization science, 19(6): 860-875.

◎ LANDIER A, THESMAR D, 2009. Financial contracting with optimistic entrepreneurs [J]. The review of financial studies, 22(1): 117-150.

◎ LANGER E J, ROTH J, 1975. Heads I win, tails it's chance: the illusion of control as a function of the sequence of outcomes in a purely chance task[J]. Journal of personality and social psychology, 32(6): 951-955.

◎ LEBOUCHER C, SHIN H S, SIARRY P, et al., 2016. Convergence proof of an enhanced particle swarm optimisation method integrated with evolutionary game theory[J]. Information sciences, 346/347: 389-411.

◎ LEENDERS L, BAHL B, HENNEN M, et al., 2019. Coordinating scheduling of production and utility system using a Stackelberg game[J]. Energy, 175: 1283-1295.

◎ LEI L C, GAO S, 2018. Evolutionary game analysis of ridesourcing industry between transportation network companies and passengers under new policies of ridesourcing [J]. IEEE access, 6: 71918-71931.

◎ LEI L C, GAO S, 2019. Transportation network companies and drivers dilemma in China: an evolutionary game theoretic perspective[J]. Transport, 34(5): 579-590.

◎ LEI L C, GAO S, ZENG E Y, 2020. Regulation strategies of ride-hailing market in China: an evolutionary game theoretic perspective[J]. Electronic commerce research, 20(3): 535-563.

◎ LIU D H, XIAO X Z, LI H Y, et al., 2015a. Historical evolution and benefit-cost explanation of periodical fluctuation in coal mine safety supervision: an evolutionary game analysis framework[J]. European journal of operational research, 243(3): 974-984.

◎ LIU Q L, LI X C, HASSALL M, 2015b. Evolutionary game analysis and stability control scenarios of coal mine safety inspection system in China based on system dynamics[J]. Safety science, 80: 13-22.

◎ LOBEL O, 2016. The law of the platform[J]. Minnesota law review: 88-166.

◎ LOCH C H, 2007. Behavioral operations management[M]. Hanover: Now Publishers.

◎ LYAPUNOV A M, 1992. The general problem of the stability of motion[J]. International journal of control, 55(3): 531-534.

◎ LYNCH J G, ARIELY D, 2000. Wine online: search costs affect competition on price, quality, and distribution [J]. Marketing science, 19(1): 83-103.

◎ MARQUET O, 2020. Spatial distribution of ride-hailing trip demand and its association with walkability and neighborhood characteristics[J]. Cities, 106: 102926.

◎ MEISSNER P, WULF T, 2013. Cognitive benefits of scenario planning: its impact on biases and decision quality[J]. Technological forecasting & social change, 80: 801-814.

◎ MILGROM P, ROBERTS J, 1990. The economics of modern manufacturing: technology, strategy, and organization [J]. The American economic review, 80(3): 511-528.

◎ MOORE D A, HEALY P J, 2008. The trouble with overconfidence[J]. Psychological review, 115(2): 502-517.

◎ MORGAN R M, HUNT S D, 1994. The commitment-trust theory of relationship marketing[J]. Journal of marketing, 58(6): 20-38.

◎ NARASIMHAN R, GHOSH S, MENDEZ D, 1993. A dynamic model of product quality and pricing decisions on sales response[J]. Decision sciences, 24(5): 893-908.

◎ NOBLE A W, 2014. The effectiveness of local government regulation of the taxi trade[D]. Birmingham: University of Birmingham.

◎ OLIVER R L, 1999. Whence consumer loyalty?[J]. Journal of marketing, 63: 33-44.

◎ OZKAN-CANBOLAT E, BERAHA A, BAS A, 2016. Application of evolutionary game theory to strategic innovation[J]. Procedia-social and behavioral sciences, (1): 685-693.

◎ PEREZ L,2016. The Uber controversy reveals the rottenness of the taxi industry [EB/OL].(2015-12-17)[2023-05-06].https://www.marxist.ca/article/the-uber-controversy-reveals-the-rottenness-of-the-taxi-industry.

◎ PING R A, 1993. The effects of satisfaction and structural constraints on retailer exiting, voice, loyalty, opportunism and neglect[J]. Journal of retailing, 69(3): 320-352.

◎ QIAN X W, VKKUSURI S V, 2017. Taxi market equilibrium with third-party hailing service[J]. Transportation research part B: methodological, 100: 43-63.

◎ RAMEZANI M, NOURINEJAD M, 2018. Dynamic modeling and control of taxi services in large-scale urban networks: a macroscopic approach[J]. Transportation research part C: emcrging technologing, 94: 203-219.

◎ RASOULI S, TIMMERMANS H, 2014. Applications of theories and models of choice and decision-making under conditions of uncertainty in travel behavior research[J]. Travel behaviour and society, 1: 79-90.

◎ RAYLE L, DAI D, CHAN N, et al., 2016. Just a better taxi?A survey-based comparison of taxis, transit, and ridesourcing services in San Francisco[J]. Transport policy, 45: 168-178.

◎ REN Y F, CROSON D C, CROSON R T A , 2017. The overconfident newsvendor[J]. Journal of the operational research society, 68(5): 496-506.

◎ RITZBERGER K, WEIBULL J W, 1996. Evolutionary selection in normal form games[J]. Econometrica, 63(6): 1371-1399.

◎ ROGERS B, 2015. The social costs of Uber[J/OL]. University of Chicago Law Online, 82(1): 85-102[2023-05-06].https://chicagounbound.uchicago.edu/uclrev_online/vol82/iss1/6.

◎ RUBINSTEIN D, 2014. Uber, Lyft, and the end of taxi history[EB/OL].(2014-10-30)

[2023-05-06].https://www.politico.com/states/new-york/city-hall/story/2014/10/uber-lyft-and-the-end-of-taxi-history-017042.

◎ SANDRONI A, SQUINTANI F, 2013. Overconfidence and asymmetric information: the case of insurance[J]. Journal of economic behavior & organization, 93(1): 149-165.

◎ SAPPINGTON D E M, 1991. Incentives in principal-agent relationships[J]. Journal of economic perspectives, 5(2): 45-66.

◎ SATO H, 2017. Pollution from cournot duopoly industry and the effect of ambient charges[J]. Journal of environmental economics and policy, 6(3): 305-308.

◎ SCHNEIDER A, 2015. Uber takes the passing lane disruptive competition and taxi-livery service regulations[J]. Elements Boston College undergraduate research journal, 11(2): 11-23.

◎ SELTEN R, 1980. A note on evolutionarily stable strategies in asymmetric animal conflicts[J]. Journal of theoretical biology, 84(1): 93-101.

◎ SEOW K T, DANG N H, LEE D H, 2010. A collaborative multiagent taxi-dispatch system[J]. IEEE transactions on automation science and engineering, 7(3): 607-616.

◎ SHEFRIN H, 2001. Behavioral corporate finance[J]. Journal of applied corporate finance, 14(3): 113-126.

◎ SHI H Y, LIU Y C, PETRUZZI N C, 2013. Consumer heterogeneity, product quality, and distribution channels[J]. Management science, 59(5): 1162-1176.

◎ SIGGELKOW N M, 2002. Misperceiving interactions among complements and substitutes: organiza-tional consequences[J]. Management science, 48(7): 900-916.

◎ SIMON H A, 1955. A behavioral model of rational choice[J]. The quarterly journal of economics, 69: 99-120.

◎ SMITH J M, 1974. The theory of games and the evolution of animal conflicts[J]. Journal of theoretical biology, 47(1): 209-221.

◎ SUN Q P, HE Y Q, WANG Y J, et al., 2019. Evolutionary game between government and ride-hailing platform: evidence from China[J]. Discrete dynamics in nature and society, 11: 1-14.

◎ SZABÓ G, HÓDSÁGI K, 2016. The role of mixed strategies in spatial evolutionary games[J]. Physica A: statistical mechanics and its applications, 462: 198-206.

◎ TAYLOR S E, BROWN J D, 1988. Illusion and well-being: a social psychological perspective on mental health[J]. Psychological bulletin, 103(2): 193-210.

◎ TVERSKY A, KAHNEMAN D, 1991. Loss aversion in riskless choice: a reference-dependent model[J]. The quarterly journal of economics, 106(4): 1039-1061.

◎ VON NEUMANN J, MORGENSTERN O, 2007. Theory of games and economic behavior[M]. Princeton: Princeton University Press.

◎ WANG Y H, CHENG D Z, 2016. Stability and stabilization of a class of finite evolutionary games[J]. Journal of the Franklin Institute, 354: 1607-1617.

◎ WEINSTEIN N D, 1980. Unrealistic optimism about future life events[J]. Journal of personality and social psychology, 39(5): 806-820.

◎ WIRTZ J, TANG C, 2016. Uber: competing as market leader in the US versus being a distant second in China [M]//Services marketing: people technology strategy. Singapore: World Scientific publishing company: 626-632.

◎ WOOD A D, MASON C F, FINNOFF D, 2016. OPEC, the Seven Sisters, and oil market dominance: an evolutionary game theory and agent-based modeling approach [J]. Journal of economic behavior & organization, 132: 66-78.

◎ WU J J, SUN H J, WANG D Z W, et al., 2013. Bounded-rationality based day-to-day evolution model for travel behavior analysis of urban railway network[J]. Transportation research part C: emerging technologies, 31: 73-82.

◎ XIANG Y, JONATHAN L, ZHAO X L, 2019. Integrating ridesourcing services with public transit: an evaluation of traveler responses combining revealed and stated preference data [J]. Transportation research part C: emerging technologies,105:683-696.

◎ YECHIAM E, HOCHMAN G, 2013. Loss-aversion or loss-attention: the impact of losses on cognitive performance[J]. Cognitive psychology, 66: 212-231.

◎ ZHANG X L, BAO H J, SKITMORE M, 2015. The land hoarding and land inspector dilemma in China: an evolutionary game theoretic perspective[J]. Habitat international, 46: 187-195.

◎ ZHANG Y J, GU C H, YAN J, et al., 2019. Cournot game based multi-supplier local energy trading[J]. Energy procedia, 158: 3528-3533.

◎ ZHAO R, ZHOU X, HAN J J, et al., 2016. For the sustainable performance of the carbon reduction labeling policies under an evolutionary game simulation[J]. Technological forecasting & social change, 112: 262-274.

◎ ZHU B, XIA X H, WU Z, 2016. Evolutionary game theoretic demand-side management and control for a class of networked smart grid[J]. Automatica, 70: 94-100.

◎ ZOU M Q, LI M, LIN X, et al., 2016. An agent-based choice model for travel mode and departure time and its case study in Beijing[J]. Transportation research part C: emerging technologies, 64: 133-147.